みんなで伝えよう

にいがた文化の記憶

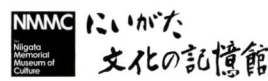

まえがき

　新潟の文化とは何かと問われて、どう答えたらよいのでしょうか。国宝や重要文化財がどのくらいあるかということになると、残念ながら他府県と比較して決して多いとはいえません。なにしろ新潟県で国宝に指定されているのは、縄文時代の火焔型土器だけなのですから。それにはそれなりの理由があります。そこでまず、私たちの郷土、新潟県の歴史をさかのぼって眺めてみることから始めたいと思います。

●新潟の歴史

　日本でもっとも古い記録である『古事記』や『風土記』などの時代に、新潟は「越の国」という名前で登場してきます。海や山を越えたはるかかなたの国というイメージです。当時の大和朝廷の支配がおよぶ、北の果ての国と感じられていたのでしょう。その越の国の、今でいうと糸魚川の近くに越の沼河比売という美しい乙女がいました。このことを伝え聞いた大国主命が、遠い出雲の国からはるばる海を渡ってプロポーズにやってきたという伝説が記されています。

　伝説から歴史の時代になると、『日本書紀』以降の史書に日本海北部の蝦夷支配の拠点とされた渟足柵や磐舟柵についての記録が見受けられます。この時代もまだまだ越の国は、見るべき文化もない辺境の地でしかありませんでした。古代から中世に時代が移ると、越後と佐渡は、承久の変で敗れた順徳院、正中の変で捕らえられた日野資朝、前衛歌人の京極為兼、能の大成者の世阿弥、宗教の改革を目指した親鸞、日蓮などの僧侶が流罪に処せられた、遠流の地として知られるようになります。彼らは罪人といっても政争に敗れ、あるいは信仰や思想の対立から罪せられた人たちです。京の都から遠く離れたこの地に、初めて文化の種をまいたのは、この人たちではなかったでしょうか。

　この新潟を初めて統一したのが、弱肉強食の戦国の世に「義」の旗をかかげた無敵の武将、上杉謙信でした。この頃になると農業技術も発展し、南北に広がる越後平野は全国でも有数な米産地となり、また当時の衣服の原料だった青麻の最大の生産地ともなりました。上杉家は製塩にも力を入れ、関東一円に広い販売網を持っていました。謙信がライバルだった武田信玄に塩を送った美談はよく知られています。これに加えて、上杉家は佐渡の金銀山をわがものにしたのですから、その富と力は他の戦国大名を圧倒するものがありました。

　いつ風雲に乗じて天下をうかがうかも知れない上杉家の実力を、織田信長も豊臣秀吉も徳川家康もとても恐れていました。そこで秀吉は謙信の跡を継いだ景勝を、越後から会津に国替えをさせてしまいます。関ヶ原の合戦の後、徳川幕府は「分割して統治せよ（ディバイド・アンド・ルール）」という政策をとりました。その結果、幕藩体

制での越後国は、まるで碁石をばらまいたように、越後13藩と呼ばれた譜代と外様大名の領地と幕府直轄の天領が入り乱れて存在するようになりました。大名の石高も高田の榊原家の15万石がせいぜいで、これに続くのが新発田の溝口家、長岡の牧野家、村上の内藤家、村松の堀家、この他には1、2万石の小大名しかいませんでした。それ以来、新潟の人たちは、金沢100万石の前田家や仙台の伊達家などの大大名の支配地の文化に、何とはなしの引け目を感じてきたように思います。

　明治維新の廃藩置県によって、枠組みだけは大きな新潟「県」が誕生しました。新潟県は広大です。上中下越と佐渡のそれぞれに質の高い独自の文化が伝承されてきました。しかしなお今にいたるまで、県民すべてが共有できる「新潟の文化」という、誇らしい自覚はついに生まれてこなかったように思えます。

● 新潟の文化力

　さて、ここで注目してもらいたいことがあります。明治の中頃まで、東京や大阪を抜いて全国で最大の人口を擁していたのが新潟県だったことです。それだけの人間を養っていける豊かさ、経済力が、新潟県にはあったのです。そこから文化が育って来ないはずはありません。そもそも文化とは何でしょうか。形あるものとして残された文化財も大切でしょうが、もっと重要なのが文化を生み出す活力、すなわち文化的な創造力ではないでしょうか。新潟の文化の特徴は文化財といったものにではなく、文化そのものを生み出したマンパワーにこそ求められるべきではないでしょうか。新潟の文化は「ものの文化」ではない「人の文化」なのです。

　はじめに触れたように、確かに新潟には観光名所になるような神社やお寺、あるいはお城、それに関わる歴史的文化財は多いとは言えません。ところが幕末から明治、大正、昭和にかけての時期、近代化を目指した日本という国家の歩みとともに、その発展に寄与し、これを支えた有為な人物が続々と現れています。綺羅星のごとくといっても言い過ぎではありません。これらの人たちの活躍の主な舞台は、新たに首都と定められた東京でした。しかし彼らが新潟人であったことには間違いありません。特に目立つのは、医学、漢学、美術、文学の分野で、しかも全国でもトップクラスの人材が出ています。

　新潟県人、それも若者たちが、そうした先人たちの優れた業績を知らないまま、新潟には誇るべき文化がないなどと思い込んでいるとすれば、これは大きな誤解です。この本を読むことで、日本の近代を切り開いた郷土の先達たちに思いをはせ、新潟人のたくましいパワーを再認識してもらいたいと思います。そんな気持ちをこめて、私たちはこの本をつくりました。

にいがた文化の記憶館　館長
神林 恒道

目次

まえがき 2
目次・本書の使い方 4

● にいがたの心 7
- エピソード1 何もしなかった偉人 良寛さま 8
- プロフィール 良寛 10

● 医学・自然科学・工学 11
- エピソード2 越佐の医学者たち 12
- エピソード3 新潟の医学の伝統 14
- エピソード4 医師と医者～入澤達吉と長谷川泰～ 16
- エピソード5 解剖学の先駆 小金井良精 18
- エピソード6 野口英世と石塚三郎の友情 20
- エピソード7 新潟の米と酒 22
- エピソード8 「酒博士」坂口謹一郎 24
- エピソード9 法隆寺再建非再建論争と関野貞 26

プロフィール
- 司馬凌海／池田謙斎 28
- 長谷川泰／石黒忠悳 29
- 小金井良精／入澤達吉 30
- 荻野久作／中田瑞穂 31
- 平澤興／坂口謹一郎 32
- 伊藤誠哉／浅島誠 33
- 清水司 34
- 尾台榕堂／式場隆三郎／石塚三郎 35
- 石田名香雄／川上善兵衛／並河成資 36
- 屋井先蔵／関野貞 37

コラム01
文化功労者、文化勲章、人間国宝について 38

● 人文・社会科学 39
- エピソード10 長善館の漢学者たち 40
- エピソード11 諸橋轍次と『大漢和辞典』 42
- エピソード12 倉石武四郎と中国語学 44
- エピソード13 平安文学と白居易 46
- エピソード14 「妖怪博士」井上円了 48
- エピソード15 田中美知太郎とギリシャ哲学 50
- エピソード16 『大日本地名辞書』と「世阿弥発見」 52
- エピソード17 近代政治学の基礎を築いた小野塚喜平次 54
- エピソード18 海を渡った女性たち 56

プロフィール
- 星野恒／桂湖村 58
- 小柳司氣太／鈴木虎雄 59
- 諸橋轍次／倉石武四郎 60
- 久保田きぬ子／高橋誠一郎 61
- 石田吉貞／金子彦二郎／井上円了 62
- 土田杏村／田中美知太郎／吉田東伍 63
- 田中耕太郎／小野塚喜平次／建部遯吾 64

● 文 学 ……… 65

エピソード19	「日本のアンデルセン」小川未明 … 66
エピソード20	坂口安吾と「無頼派」 ……… 68
エピソード21	越後の哲学者　松岡譲 ……… 70
エピソード22	コロンビア大学で日本文化を教えた「武士の娘」… 72
エピソード23	新潟の文学 ……… 74
エピソード24	新潟の女性作家たち ……… 76
エピソード25	独力で完訳した『大トルストイ全集』… 78
エピソード26	詩集『ルバイヤート』と小川亮作 … 80
エピソード27	會津八一の理想 ……… 82
エピソード28	相馬御風と良寛研究 ……… 84
エピソード29	堀口大學とフランス詩 ……… 86
エピソード30	西脇順三郎とシュルレアリスム … 88
エピソード31	埋没の精神の歌人　宮柊二 ……… 90
エピソード32	鈴木牧之と『北越雪譜』 ……… 92
エピソード33	故郷思いの文化人　市島謙吉 ……… 94

プロフィール

小川 未明／吉屋 信子 ……… 96
坂口 安吾／山岡 荘八 ……… 97
杉本 鉞子／大庭 みな子 ……… 98
水島 あやめ／會津 八一 ……… 99
相馬 御風／堀口 大學 ……… 100
西脇 順三郎／宮 柊二 ……… 101
鷲尾 雨工／長谷川 海太郎／小田 嶽夫 ……… 102
松岡 譲／平出 修／金子 健二 ……… 103
内山 賢次／原 久一郎／小川 亮作 ……… 104
鈴木 牧之／市島 謙吉／青野 季吉 ……… 105

● 美 術 ……… 107

エピソード34	日本洋画のパイオニア　小山正太郎 ……… 108
エピソード35	新潟大好き岡倉天心 ……… 110
エピソード36	反骨の絵師　尾竹三兄弟 ……… 112
エピソード37	「線の画家」小林古径 ……… 114
エピソード38	土田麦僊と桃山美術の再発見 ……… 116
エピソード39	蕗谷虹児と抒情画の世界 ……… 118
エピソード40	日本画の風雲児　横山操 ……… 120
エピソード41	「日本のゴッホ」山下清と式場隆三郎 ……… 122
エピソード42	工芸王国としての新潟 ……… 124
エピソード43	新潟の写真家たち ……… 126
エピソード44	近代デザインの歴史を生きた亀倉雄策 … 128
エピソード45	マンガ王国　新潟 ……… 130
エピソード46	実業家にして大茶人　鈍翁・益田孝 ……… 132
エピソード47	「大冒険的商人」と称された大倉喜八郎 ……… 134

プロフィール

小山 正太郎／尾竹 竹坡 ……… 136
小林 古径／土田 麦僊 ……… 137
岩田 正巳／蕗谷 虹児 ……… 138
三輪 晁勢／横山 操 ……… 139
佐々木 象堂／三浦 小平二 ……… 140
伊藤 赤水／天田 昭次 ……… 141
玉川 宣夫／巻 菱湖 ……… 142
渡邉 義雄／亀倉 雄策 ……… 143
岡倉 天心／富岡 惣一郎／岡田 紅陽 ……… 144
近藤 喜文／大倉 喜八郎／益田 孝 ……… 145
山本 悌二郎 ……… 146

コラム02

「号」について ……… 106

● 音楽・芸能 ……… 147

- エピソード48 日本舞踊の革新と藤蔭静樹 ……… 148
- エピソード49 演劇人 青山杉作 ……… 150
- エピソード50 遠藤実と大衆音楽 ……… 152

プロフィール

瓜生 繁子／小唄 勝太郎 ……… 154
遠藤 実／藤蔭 静樹 ……… 155
川田 芳子 ……… 156
小山 作之助／三波 春夫／青山 杉作 ……… 157

コラム03
戦前の学制の移り変わり ……… 158

● 教育・出版・社会 ……… 159

- エピソード51 越後の漢学と長善館の学風 ……… 160
- エピソード52 三餘堂と農本主義 ……… 162
- エピソード53 「米百俵」と小林虎三郎 ……… 164
- エピソード54 前島密と情報ネットワーク ……… 166
- エピソード55 「博文館文化」と大橋佐平 ……… 168
- エピソード56 反骨の系譜 ……… 170
- エピソード57 思想弾圧への抵抗者 ……… 172
- エピソード58 人頭税を廃止させた中村十作 ……… 174

プロフィール

鈴木 文臺／藍澤 南城 ……… 176
小林 虎三郎／赤沢 鍾美／増村 朴斎 ……… 177
前島 密／坂口 仁一郎／大橋 佐平 ……… 178
増田 義一／長谷川 巳之吉／池田 恒雄 ……… 179
北 一輝／大杉 栄／中村 十作 ……… 180

あとがき ……… 181

索引 ……… 182

行ってみよう 調べてみよう！ 顕彰施設一覧
……… 189

参考文献 ……… 190

◆この本では新潟ゆかりの先人を、分野別に紹介しています。
◆各分野は、エピソードとプロフィールにわかれています。詳しく知りたいときはエピソードを、人物の基本情報を知りたいときはプロフィールを見ましょう。
◆エピソードは見開き2ページでひとつの話になっています。すべて読みきりなので、どのエピソードから読んでもかまいません。
◆新潟ゆかりの人名は、顕彰施設や顕彰団体の表記を優先し、旧字体を使っていることがあります。
　例：澤（沢）、氣（気）、會（会）、學（学）、邉（辺）、臺（台）、萬（万）
◆出身地は、生誕の地としました。

# にいがたの心

新潟の文化は「ものの文化」ではなく「人の文化」です。この「人の文化」をつなぐのが、「にいがたの心」です。これから皆さんに新潟の先人たちの大活躍を読んでもらいますが、そうした人たちが自らの内に安らぎを求めようとするとき、いつもその心のより所としてきたのが良寛さまの生き方でした。なぜと問われても、すぐには答えられません。この本を終わりまで読んでみるなら、それぞれ納得のいく答えがきっと見つかるだろうと思います。

エピソード❶
何もしなかった偉人 良寛さま

良寛（りょうかん） | 1758(宝暦8)年 — 1831(天保2)年 | 出雲崎町

安田 靫彦《良寛和尚像》良寛記念館蔵

　この里に　手毬つきつつ　子どもらと
　　　　　遊ぶ春日は　暮れずともよし[1]

　良寛[2]さまはお坊さんです。いつもふところに入れた手毬をついて、子どもたちと遊んでいました。かくれんぼうもよくやりました、本気でかくれるものですから、子どもたちは見つけられずに、日が暮れてみんな家に帰ってしまいました。それでも良寛さまはじっと、子どもたちが見つけにくるのを待ちつづけました。

　書が上手で、凧が揚がらないで泣いている子どものために「天上大風」という文字を書いてやりました。ところが大人が、いくら良寛さまに書を頼んでも、ごめんごめんと逃げていってしまいます。良寛さまの和歌はおおらかで、その漢詩は中国の人も驚くほどのものでした。身なりは粗末なお坊さんですが、子どもも大人も良寛さまが大好きでした。

　昔、越後の国で偉い人はというと、いつも上杉謙信と良寛さまという答えが返ってきたそうです。上杉謙信は越後を統一し、織田信長でさえ恐れた戦国武将なので分かるような気がしますが、良寛さまのどこが偉かったのでしょうか。それを測る物差しが見つかりません。良寛さまには何かやりたい、何かになりたいという欲がまるでありません。だから何もしません。

　良寛さまは人嫌いだったのでしょうか。とんでもない。いつでも子どもと遊べるように、手毬をふところ

用語解説

1．この里に　手毬つきつつ　子どもらと　遊ぶ春日は　暮れずともよし
この里で、手毬をつきながら子どもたちと遊ぶ春の長い一日は、いつまでも暮れなくてよい、という意味。

2．良寛
プロフィールは10ページ。

3．托鉢
修行僧が鉢を持って家々をまわり、食べ物やお金を乞うこと。

4．相馬御風
プロフィールは100ページ。

5．會津八一
プロフィールは99ページ。

6．新美南吉
1913～1943年、愛知県出身。童話作家。代表作『ごんぎつね』など。『良寛物語　手毬と鉢の子』は、新美が最初に出版した長編作品。良寛さまの生涯が、17のエピソードで分かりやすく書かれています。

にいがたの心

にしていた良寛さまですから。手毬といっしょにもうひとつ、良寛さまが大切にしていたのが、托鉢[3]にもち歩いた鉢の子です。良寛さまと村の人たちとの心をつなぐ大事な品でした。自分を「大愚」、つまり愚か者と称した良寛さまは、大人であろうと子どもであろうと区別なく、誰とでも自然のままに接しました。でも欲ばりな大人よりも、純真な子どもらの方が好きだったようです。

　日々の生活に追われる中で人間が、ふと自然にふれることで心がなごみ、いやされることがあります。良寛さまは何もしません。あるがままです。良寛さまのあたたかい人柄にふれると、どんな人でも心がなごみました。良寛さまは、おしつけがましいお説教もしません。ただ自然のまま、やさしく相手をつつみこんでくれたのです。

　しかし良寛さまは初めから、春日のようにのどかな良寛さまではありませんでした。出雲崎の名主の跡取りに生まれた良寛さまは、正直すぎて人付き合いが下手で、人並み以上の苦労をしました。悩んだ末に出家し、厳しい修行にも耐えました。若い頃の良寛さまの人生には、激しいものがありました。

　厳しい良寛さまと、温かい良寛さまを、ひとりの人間としてとらえた研究が相馬御風[4]の『大愚良寛』です。御風はいったんくじけた自分の人生を、もう一度やり直すお手本にしようと良寛研究を思いたちました。それを勧めたのが、早稲田の同級生だった會津八一[5]でした。この著作は、良寛研究の古典となっています。しかしまず良寛さまを身近に知る手引きとして、童話作家の新美南吉[6]の『手毬と鉢の子』をすすめたいと思います。

(TK)

参考画像

峰村哲也《良寛さん　遊ぼ》
2011年　新潟良寛会建立
（新潟市中央区西大畑公園内）

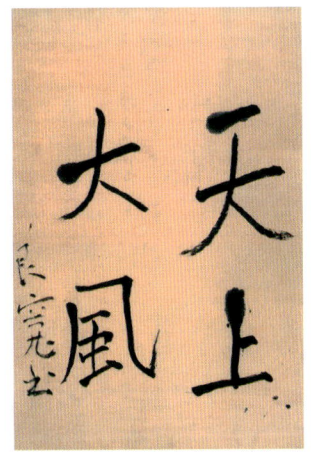

良寛《天上大風》

良寛記念館（出雲崎町米田）

にいがたの心

新潟の文人の理想
良寛
〈りょうかん〉

生没年	1758(宝暦8)年－1831(天保2)年
出身地	出雲崎町
職業	禅僧・文人

出雲崎の名主の家の長男として生まれました。出家して諸国行脚した後、越後（新潟県）に戻り、燕市の国上山に庵を結びました。自分の寺を持たず、弟子も取らず、風変わりなお坊さんと評されましたが、日が暮れるまで子どもたちと手まりで遊び、地元の人々には親しまれていました。また書に秀で、多くの歌を残し、江戸の儒学者・亀田鵬斎や燕市で私塾をおこした鈴木文臺ら当時の文人との交流もありました。勤皇の志士で南画家の村山半牧は『僧良寛歌集』を編さんし、明治時代には會津八一がこの歌集を正岡子規に紹介、さらに相馬御風らの研究で広く世に知られるようになりました。

 ▶良寛記念館（出雲崎町）、良寛の里美術館（長岡市）、ふるまち良寛てまり庵（新潟市）、良寛展示室（加茂市文化会館）他に碑や像が全国各地にあります。

医学・自然科学・工学

ここは発明と工夫、そして発見のお話です。世界で最初に乾電池を発明したのが、新潟県人だったことを知っていますか。新潟県は全国有数の米の生産地であり、お酒もおいしいことで知られています。この分野の研究でも素晴らしい成果をあげた人たちが大勢いました。人々を病から救うのが、医学の使命です。新潟の医学は幕末までさかのぼる伝統を誇り、医学の歴史に名を残す、多くの人材を輩出してきました。

エピソード❷
越佐の医学者たち

池田 謙斎
いけだ けんさい
1841（天保12）年 － 1918（大正7）年　｜　長岡市

　わが国の医学はまず中国から伝わりました。これを「漢方」といいます。この分野で新潟が誇るべき人物がいました。尾台榕堂[1]といいます。江戸時代後期、十日町から江戸へ出て漢方を学びました。貧しい人々の医療に尽くし、名医として知られました。やがて評判を聞いて幕府から将軍の御典医[2]に招かれますが、頭は剃らない、庶民の治療も続けるという条件付きで引き受けたという気骨の人です。その著書『類聚方広義』は、漢方の二大古典『傷寒論』『金匱要略』を分かりやすく解説した応用書として、いまでも高い評価を受けています。

　この頃、世間で西洋医学への関心が高まってきます。長崎のオランダ（阿蘭陀）人を通じて入ってきたので「蘭方」といいます。この西洋医学を組織だって教えたのが、長崎の鳴滝に塾をかまえたドイツ人のシーボルト[3]でした。以後、西洋医学を学ぼうとする者たちは皆、長崎を目指すようになりました。その後、全国にも蘭学を教える塾が出来、そのなかから幕府の御典医、つまり奥医師[4]に取り立てられる人たちが出てきます。大坂で適塾[5]を開いた緒方洪庵[6]もその一人です。

　そうしたなかで、越後と佐渡から西洋医学を志した3人の人物がいました。まず奥医師池田多仲[7]の養子となり、緒方洪庵に師事した池田謙斎[8]です。長崎におもむき、そこでオランダ人医師ボードウィンのもとで学びました。江戸が東京と名を変える頃、大学東校（現東京大学医学部）が開設され、当時先端をいっていたドイツ医学が採用されることになりました。これに伴い謙斎は官費留学生[9]としてベルリン大学に留学、日本人初の医学博士の学位を得て帰国します。その後は明治天皇の侍医、東京大学医学部綜理[10]となり、日本にも博士制度が導入されると最初の医学博士の称号を授与されました。

用語解説

1．尾台榕堂
プロフィールは35ページ。

2．御典医
江戸時代、幕府や大名に仕えた医者。

3．シーボルト
1796～1866年。ドイツの医学者、博物学者。1823年、長崎のオランダ商館の医者として来日。日本の自然、風土、歴史、言語を研究し、鳴滝塾で日本人に西洋医学を教えました。

4．奥医師
江戸幕府に仕え、将軍やその家族の診療に携わった医師。

5．適塾
緒方洪庵が大坂（現在の大阪府）で1838年に開いた蘭学塾。全国から塾生が集まり、福沢諭吉や大村益次郎など日本の近代化に貢献した人材を多く輩出しました。

6．緒方洪庵
1810～1863年、岡山県出身。江戸時代後期の蘭方医。江戸や長崎で学び、大坂で医者になりました。後に幕府に招かれ、奥医師兼西洋医学所頭取を務めました。日本の洋学教育に多大な足跡を残しました。

7．池田多仲
1820～1872年、山口県出身。江戸や長崎で西洋医学を学び、幕府の西洋医学所の前身「お玉ヶ池種痘所」を設立しました。

8．池田謙斎
プロフィールは28ページ。

9．官費留学生
政府が出す費用で留学する学生。

10．綜理
現在の東京大学総長に相当します。

11．石黒忠悳
プロフィールは29ページ。

12．攘夷論
幕末、鎖国を主張し、外国を排除しようとした考え。

謙斎より少し若い石黒忠悳[11]は、もともと熱狂的な攘夷論[12]者でしたが、信州（現在の長野県）で佐久間象山[13]と出会い、西洋の学術の必要性に目覚めました。その後、江戸に出て西洋医学を修めました。師とした奥医師松本良順[14]の勧めで兵部省[15]に入り軍医を目指しました。そこでトップの軍医総監[16]の地位まで上りつめました。部下に森鷗外[17]がおりましたが、あまり仲がよくなかったようです。

本名は島倉伊之助、司馬凌海[18]という医師がいました。この重々しい姓名は、自分でつけたものだといいます。佐渡の真野の出身で、奥医師松本良甫[19]についてオランダ語と医学を学びました。養子の良順が長崎でオランダ人医師ポンペのところへ派遣されたとき、助手として同行、講義をそのまま同時通訳したという、語学の天才です。ただ勝手気ままな性格で周囲を困らせたそうです。語学の才能は、ドイツ語、英語、フランス語、オランダ語、ロシア語、中国語の６カ国語におよび、さらにギリシャ語やラテン語など古典語にも通じていました。しかもオランダ語以外は独学で身につけたといいます。ドイツ人医師が凌海と会話していて、あなたは何年ドイツにいましたかと聞いたというエピソードがあります。ちなみに凌海はわが国最初のドイツ語塾「春秋社」を開き、最初の独和辞典「和訳独逸辞典」を出版しています。漢学の素養も深く、その場で医学用語を翻訳造語したそうです。今日も使用される「蛋白質」（アイヴァイス）や「十二指腸」（ツヴェルフフィンガーダルム）など、その発明によるものが多くあります。晩年に名古屋に移り、公立医学所教授、愛知医学校校長を務めました。後藤新平[20]はその頃の学生の一人です。　　　　（TK）

用語解説

13. 佐久間象山
1811～1864年、長野県生まれ。洋学を学び、塾を開いて西洋の兵法を教えました。門下生に勝海舟、吉田松陰らがいます。河井継之助（長岡市）にも影響を与えました。

14. 松本良順
1832～1907年。幕末から明治にかけて活躍した医師、政治家。江戸時代には将軍侍医や「西洋医学所」の頭取を務め、明治に入ってからも西洋医学の普及に努めました。

15. 兵部省
1869年に設置された省庁のひとつ。陸海軍、軍備、兵学校を管轄する機関。

16. 軍医総監
明治から昭和初期の旧陸海軍に勤める軍医の最高の階級。

17. 森鷗外
1862～1922年、島根県出身。東京大学医学部の前身である医学校出身。ドイツに留学し、軍医総監を務めました。文学にも造詣が深く、夏目漱石と並ぶ明治の文学界の重鎮。

18. 司馬凌海
プロフィールは28ページ。

19. 松本良甫
1806～1877年。幕末から明治初期の蘭方医師。「西洋医学所」の前身である「お玉ヶ池種痘所」設立に参画。松本良順はその養子。

20. 後藤新平
1857～1929年、宮城県出身。明治から大正時代に活躍した政治家。関東大震災直後に内務大臣となり、巨額予算の復興計画を提唱し、今日の東京の都市づくりの骨格をつくりました。

参考画像

尾台榕堂肖像（想像）
十日町市中条公民館蔵

石黒 忠悳

司馬 凌海

エピソード❸
新潟の医学の伝統

中田 瑞穂
なかた みずほ
1893（明治26）年 ― 1975（昭和50）年　島根県

　新潟で最初に医学教育が行われたのは、新潟市中央区の毘沙門島にあった仮病院（共立病院）で、一等主医竹山屯[1]がこれを担当しました。竹山は入澤達吉[2]の母方の叔父にあたります。その後、官立（国立）医学専門学校が、千葉、仙台、岡山、金沢、長崎に開校しました。新潟の医専は軍医総監石黒忠悳[3]に陳情、「北越医学会[4]」の後押しもあり、数年おくれでしたが開校の運びとなります。これらの医専がやがて医科大学に昇格し、現在の新潟大学医学部につながります。こうして見てみると、新潟の医学は全国でも指折りの伝統と歴史を持っていることが分かります。

　新潟大学医学部の研究で目をひくのは、脳神経外科[5]ではないでしょうか。この分野での研究で中田瑞穂[6]が文化功労者に選ばれています。京都大学総長になった平澤興[7]もこの方面で国際的に知られた研究者です。

　新潟には文人医師の伝統があります。中田は東京帝大[8]の出身で、在学中に帝大俳句会に入り、高浜虚子[9]に学びました。法医学の教授となった高野素十[10]はそのころからの友人で、虚子門下の４Ｓ[11]に数えられています。同じく同僚で内科の濱口今夜[12]といっしょに「真萩会」という俳句の結社を作っています。中田は東洋の書にも深い理解があり、會津八一[13]と親交があり、「心友合作」という「詩書画一致[14]」のコラボを楽しんでいます。このことから八一の主治医となり、その最

用語解説

1. 竹山屯
1840〜1918年、新潟県出身の医師。入澤達吉の叔父にあたります。長崎で医学、とくに眼科を学びました。新潟医学校校長を務めた後、私立竹山病院を開業しました。

2. 入澤達吉
プロフィールは30ページ。

3. 石黒忠悳
プロフィールは29ページ。

4. 北越医学会
東大医学部出身の医師のうち新潟県出身者の同窓会。

5. 脳神経外科
運動や知覚をつかさどる脳神経に生じた疾患を治すため外科手術する治療分野。

6. 中田瑞穂
プロフィールは31ページ。

7. 平澤興
プロフィールは32ページ。

8. 東京帝大
東京帝国大学の略。現在の東京大学。158ページのコラム03参照。

9. 高浜虚子
1874〜1959年、愛媛県出身。明治から昭和期に活躍した俳人・小説家。正岡子規に学び、客観写生を提唱しました。子規から俳誌「ホトトギス」を引き継ぎました。

10. 高野素十
1893〜1976年、茨城県出身。医師、俳人。新潟医科大学（現新潟大学医学部）教授。高浜虚子に学んだ客観写生俳句の忠実な実践者。

11. ４Ｓ
名前の頭文字がＳで始まる水原秋桜子、山口誓子、阿波野青畝、高野素十の４人のこと。

期を看取っています。ここで中田(俳号は櫨翁)の一句を紹介します。

「学問の　静かに雪の　降るは好き」

　医学部教授ではなく、生涯一町医師として過ごしつつ、国際的な業績をあげた人物がいます。新潟市名誉市民の荻野久作[15]です。いつどうすれば子どもができるか、不妊症に悩む女性のために研究した成果が、逆手にとられて、カトリック教会[16]の本山バチカンが唯一公認した受胎調節法が「オギノ式」と呼ばれています。荻野先生にとっては心外なことだったようです。荻野が勤めていた病院が、竹山屯が開いた私立竹山病院です。
　最後に紹介するのが、日本の解剖学の先駆者小金井良精[17]です。「米百俵」の逸話で知られる長岡藩士小林虎三郎[18]は伯父にあたります。これまで見てきたお医者さんはすべて臨床医[19]でしたが、小金井はドイツ留学から帰ってから、医学応用の基礎となる、いわば縁の下の力持ちのような地味な解剖学[20]の道に進む決心をしました。東大医学部解剖学教授となり、「日本解剖学会」を創設した偉大な医学者です。

(TK)

用語解説

12. 濱口今夜
1893〜1943年、和歌山県出身。新潟医科大学教授、俳人。中田瑞穂に句作を学び、その後高浜虚子の指導を受け、ホトトギス同人になりました。学生俳句会などを指導しました。

13. 會津八一
プロフィールは99ページ。

14. 詩書画一致
「三絶」といい、文学と書と絵画の理想は一つのものだとする中国の伝統的な芸術観のこと。

15. 荻野久作
プロフィールは31ページ。

16. カトリック教会
イタリア・ローマのバチカン市国を総本山とするキリスト教の伝統派の教会。

17. 小金井良精
プロフィールは30ページ。

18. 小林虎三郎
プロフィールは177ページ。

19. 臨床医
実際に病人を診察・治療にあたる医師。

20. 解剖学
生物の体を切り開いて、構造や形状を調べる学問。

参考画像

平澤　興

荻野　久作
竹山病院提供

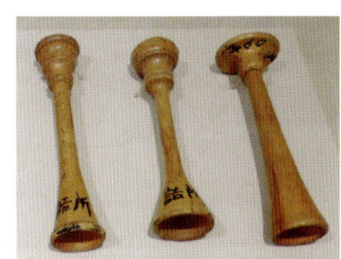
荻野久作が使用した木製聴診器
竹山病院提供

エピソード❹
医師と医者
～入澤達吉と長谷川泰～

入澤 達吉（いりさわ たつきち）　1865（元治2）年 ─ 1938（昭和13）年　見附市

　わが国の医学を発展させるために、西欧先進国のどこの国の医学をモデルにしたらよいか、さまざまな議論のすえ、ドイツ医学が採用されることとなりました。現在でも医学用語として「オペ」「メス」「カルテ」「クランケ」[1]などのドイツ語が残っています。そのドイツ医学を教授するために、東京医学校に招かれたのが、チュービンゲン大学出身のベルツ博士[2]でした。

　このベルツに師事したのが、池田謙斎[3]の甥にあたる入澤達吉[4]でした。父は長崎で西洋医学を学んだ軍医でしたが、早くに亡くなっています。叔父の謙斎を頼って上京、東大医学部予科を受験して合格します。当時の医学部には越後出身者が多く、60～70人いて「北越医学会」という同窓会が組織されていました。

　達吉は卒業してすぐに、ベルツの助手として内科に勤務、翌年シュトラースブルク大学[5]、その後はベルリン大学に移り、内科学[6]と病理学[7]を研究しました。そのかたわら、すぐれた語学力を生かしてヨーロッパ各国の政治、経済、社会問題、文化、芸術とさまざまな分野の情報を収集して、日本の新聞や雑誌にレポートしています。並外れた好奇心と理解力は、同じくドイツに留学した、先輩の森鷗外[8]を思わせます。専門の医学ではベルツの後任として入澤内科を設立、そこから多くの優秀な内科学者が出ています。また叔父に続き、大正天皇の侍医頭も務めました。

用語解説

1.「オペ」「メス」「カルテ」「クランケ」
それぞれ、「手術」「手術用ナイフ」「診療録」「患者」のこと。

2. ベルツ博士
1849～1913年、ドイツ出身。明治期に日本に招かれたお雇い外国人の医師。27年間、東京大学で医学を教え、日本医学界の発展に貢献しました。

3. 池田謙斎
プロフィールは28ページ。

4. 入澤達吉
プロフィールは30ページ。

5. シュトラースブルク大学
ドイツ・フランス国境に位置するアルザス地方の中心都市の大学。ドイツ領時代の名前で、現在はフランス領でストラスブール大学。

6. 内科学
消化器や呼吸器など内臓の各器官の疾患を、手術を施さずに治療する分野の学問。

7. 病理学
病気を分類し、その性質や状態を分析し、原因と成り立ち方を研究する学問。

8. 森鷗外
1862～1922年、島根県出身。東京大学医学部の前身である医学校出身。ドイツに留学し、軍医総監を務めました。文学にも造詣が深く、夏目漱石と並ぶ明治の文学界の重鎮。

9. ヒポクラテスの誓い
古代ギリシャの医聖ヒポクラテス（紀元前460年頃～紀元前370年頃）が説いたと伝えられる、医師のあるべき姿となすべきこと。

10. 長谷川泰
プロフィールは29ページ。

達吉は「医者」という言葉を嫌いました。医学は単に病をいやす技術ではない、「医師」として人間的にも社会の規範となるべしと説いていました。その手本としたのが、ギリシャの医聖「ヒポクラテスの誓い[9]」というものでした。これが郷土の先輩長谷川泰[10]と衝突する原因となりました。

長谷川泰は河井継之助[11]の最期を看取った、長岡藩の藩医でした。長谷川は漢方医から西洋医への切り替えの時期にあたり、医者不足の解消のため西洋医学の免許取得の速成教育を目指していました。その医学校が「済生学舎」（現日本医科大学）であり、そこから約１万人の西洋医が送り出されました。野口英世[12]、そして女医吉岡弥生[13]もこの学校で学びました。ちなみにこの時代、女性は国公立の学校で医学を修める道は閉ざされていたのです。

生命倫理を尊ぶ先進国の医学教育の実態を見てきた達吉には、医者の開業試験の予備校化していた済生学舎の教育が我慢できませんでした。医師にふさわしい高度な医学教育の必要性を痛感した達吉は、従来の医学専門学校を医科大学とし、開業試験の撤廃を説いたのです。結局、数年後に「済生学舎」は閉校となります。ここに西洋医学の黎明期における、理想と現実の葛藤を見る思いがします。

(TK)

用語解説

11. 河井継之助
1827～1868年。幕末の長岡藩の家老。戊辰戦争にあたり藩の中立を求めました。しかし政府軍に入れられず徹底抗戦し、負傷して亡くなりました。

12. 野口英世
1876～1928年、福島県出身。細菌学者。北里伝染病研究所を経て、アメリカの大学助手、その後ロックフェラー医学研究所員となり、梅毒の研究で業績を上げました。アフリカで黄熱病研究中に感染し亡くなりました。

13. 吉岡弥生
1871～1959年、静岡県出身。医師、教育者。日本女医界の先導者。東京女医学校（現東京女子医科大学）を創設し校長を務めました。

参考画像

長谷川 泰

野口 英世

吉岡 弥生

エピソード❺
解剖学の先駆 小金井良精

小金井 良精（こがねい よしきよ）　1859（安政5）年 ― 1944（昭和19）年　長岡市

　それまで漢方医学しか知らなかった日本の医師たちが、西洋医学に目覚めるきっかけとなったのが、オランダ語の医書『ターヘル・アナトミア[1]（解体新書）』という一冊の本でした。オランダ語のABCも知らない状況で、杉田玄白[2]らが手探りでこれを解読した苦心談を記したのが『蘭学事始』です。やがて解剖図が本当に正しいかどうかを確かめるために、小塚原[3]で処刑された罪人の「腑分け（解剖）」をおこなったというのが、解剖学の始まりでしょう。

　さて新潟は医学の分野で、池田謙斎[4]、入澤達吉[5]、長谷川泰[6]といった優れた人材を輩出してきました。そのなかで忘れてはならないのが、解剖学研究の先駆者小金井良精[7]です。長岡藩士の次男として生まれ、「米百俵」の逸話で知られる小林虎三郎[8]の甥に当たります。北越戦争[9]で長岡落城のおり父親とはぐれ、一家は東北の山中を流浪するなど苦しい目にあいました。医学で身を立てようと、貧しい生活のなかで上京して東京大学医学部の前身である医学校に入学しました。

　まずデーニッツ[10]に解剖学を、その後はベルツ[11]のもとで内科学を学びました。卒業するとすぐに助手に採用され、つづいてドイツへ留学を命じられ、ベルリン大学、シュトラースブルク大学[12]で、公費と私費を合わせて４年半の長きにわたって研究に励みました。良精は重要な論文はすべてドイツ語で書いたそうです。この時期、現地の医学者たちと対等に渡りあい、国際

用語解説

1．『ターヘル・アナトミア』
ドイツで出された「解体図譜」のオランダ語訳書。日本では一般に「解体新書」と訳されています。

2．杉田玄白
1733〜1817年。江戸時代後期の蘭学医。若狭国小浜藩（現福井県）江戸屋敷の藩医。前野良沢らと人体解剖を実見し、オランダ医師の持つ図譜の正確さに驚き、前野とともに『解体新書』を翻訳しました。

3．小塚原
現在の東京都荒川区南千住にあった江戸時代の刑場。

4．池田謙斎
プロフィールは28ページ。

5．入澤達吉
プロフィールは30ページ。

6．長谷川泰
プロフィールは29ページ。

7．小金井良精
プロフィールは30ページ。

8．小林虎三郎
プロフィールは177ページ。

9．北越戦争
幕府軍と明治政府軍とが戦った戊辰戦争のうち、新潟県内を戦場にした戦い。

10．デーニッツ
1838〜1921年、ドイツの解剖学者。1873年来日し東京医学校で教えた。警視庁でも講義した。

11．ベルツ博士
1849〜1913年、ドイツ出身。明治期に日本に招かれたお雇い外国人の医師。27年間、東京大学で医学を教え、日本医学界の発展に貢献しました。

12．シュトラースブルク大学
ドイツ・フランス国境に位置するアルザス地方の中心都市の大学。ドイツ領時代の名前で、現在はフランス領でストラスブール大学。

的にも評価されていた一人が良精です。ちなみに森鷗外[13]は医学校の1年後輩の親しい友人で、良精は鷗外の妹を妻にめとっています。作家の星新一[14]は孫に当たり、『祖父・小金井良精の記』を書いています。

　医学者として良精が選んだ道は、臨床ではなく、目立たない、しかし大切な基礎研究である解剖学でした。良精はその心構えを次のように述べています。「解剖学者たるには、仙人のごとき忍耐心、芸術家のごとき巧妙さ、豚の胃のごとく汚れる覚悟、この三つが必要である。自分はこの道に尽くし、よい医者を多く世に出すことにつとめたい。楽しみはその中にある」と。こうして良精は日本人初の東大医学部解剖学教授となり、「日本解剖学会」を創設しています。

　もうひとつの業績は、ベルツに触発されて始めた、日本人の起源についての実証的な人類学研究です。人類学の創始者ともいわれた坪井正五郎[15]が伝説に基づくコロボックル説を唱えたのに対し、小金井は解剖学研究を通じての実証的立場から、縄文人こそが日本の先住民族であり、アイヌはその子孫だと主張しました。良精の書斎の机にはいつも頭蓋骨が置いてあったと、孫の星新一は回想しています。

（TK）

13. 森鷗外
1862～1922年、島根県出身。東京大学医学部の前身である医学校出身。ドイツに留学し、軍医総監を務めました。文学にも造詣が深く、夏目漱石と並ぶ明治の文学界の重鎮。

14. 星新一
1926～1997年、東京都出身。小説家。日本でのSF・短編小説の第一人者です。

15. 坪井正五郎
1863～1913年、東京都出身。日本最初の人類学者。石器時代の日本の先住民はコロボックル（フキの下に住むという背の低い種族）との説を唱えました。

参考画像

《小金井良精像》
東京大学医学部細胞生物学／解剖学教室蔵

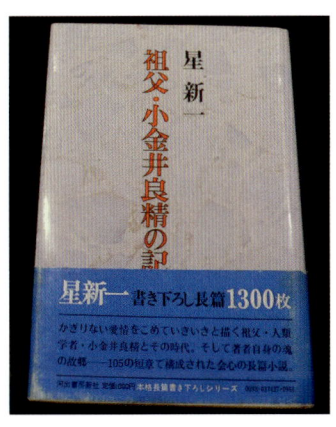

星新一 『祖父・小金井良精の記』
1974年

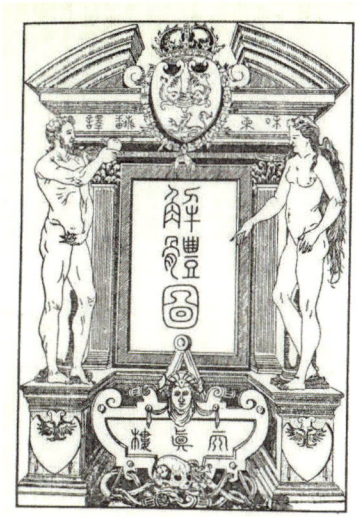

『解体新書』扉絵

エピソード❻
野口英世と石塚三郎の友情

石塚 三郎（いしづか さぶろう）　1876(明治9)年 ― 1958(昭和33)年　阿賀野市

　石塚三郎[1]は17歳のとき医師になる夢を抱いて上京しましたが、健康を害して帰郷。故郷の歯科医院で書生をした後、今度は歯科医師を目指して再び東京へ向かいました。実家は地主・旗野家の下で働く農民で、三郎も同家に奉公しながら当主の旗野餘太郎[2]に漢学や英語を学んでおり、当主から医師になることを勧められていたのです。

　東京では高山歯科医学院（現東京歯科大学）の学僕[3]として雇ってほしいと何度も通いつめ、ようやく同学院の主事・血脇守之助[4]に入所を認めてもらいました。一足先に入所していたのが野口英世[5]で、2人は狭い部屋で共同生活をすることになりました。

　2人は同じ年齢、ともに貧しい農家の生まれで、病院の書生も経験してきたという非常によく似た境遇でした。野口は医師、三郎は歯科医師、おのおのの夢実現のため学院の用務員をしながら勉学に励みました。翌年、野口は済生学舎[6]（現日本医科大学）に進み、医師開業試験に合格後、北里柴三郎[7]の伝染病研究所に入所しました。1年後には三郎も歯科医師開業試験に合格しました。

　野口が医師になる学費は、三郎と恩師血脇が稼ぎ出しました。歯科技術に優れた三郎と血脇は歯医者の少なかった北陸地方を巡回診療し、その収入を提供したのです。間もなく野口はアメリカへ渡り、蛇毒の研究をはじめカビ毒など種々の細菌を発見し世界の脚光を浴びます。

用語解説

1. 石塚三郎
プロフィールは35ページ。

2. 旗野餘太郎
1851～94年、安田村（現阿賀野市）の名望家、地主。近世－近代の内外の詩文集を中心とした餘太郎の蔵書が、県立図書館に旗野文庫として所蔵されています。吉田東伍は実弟。

3. 学僕
師の家や塾などに住み込み、雑用をしながら学問をする人。

4. 血脇守之助
1870～1947年、千葉県出身。歯科医学者。歯科医師法の制定に尽くし日本歯科医師会の初代会長を務めました。

5. 野口英世
1876～1928年、福島県出身。細菌学者。北里伝染病研究所を経て、アメリカの大学助手、その後ロックフェラー医学研究所員となり、梅毒の研究で業績を挙げました。アフリカで黄熱病研究中に感染し亡くなりました。

6. 済生学舎
1876年、長谷川泰が開いた医学校。「済生」とは、人々を苦しみから救うことで、貧しく、病気で苦しんでいる人々を助けるのが医師の最も大切な道だという意味があります。入学には学歴は不要で講義期間は3年。医術開業試験に合格すれば卒業できました。

7. 北里柴三郎
1853～1931年、熊本県出身。細菌学者。破傷風の血清療法開発やペスト菌の発見で知られています。北里研究所を開設し、慶応大学医学部初代学部長、日本医師会初代会長を務めました。

8. 帝国学士院
学術の発達を図ることを目的に1906年、文部大臣のもとに設置された最高学術機関。日本学士院の前身。

三郎も長岡市で歯科医院を開業して成功しました。趣味で素人写真を楽しんでいた頃、福島県の猪苗代湖で開催されていた撮影会を抜け出し、野口の生家を訪ね、母親シカのスナップを撮影。この写真を同封して「君のお母さんは病み衰えている」と野口に帰国を促す手紙を送りました。

　これに応えて野口は15年ぶりに帰国。世界的名声を得た野口への歓迎ぶりは熱狂的でした。東京大学から博士の称号、帝国学士院[8]から恩賜賞、政府から勲三等の勲章が次々と贈られ、全国から講演依頼が舞い込んでいました。多忙な合間をぬって野口は故郷に帰り、母や恩師にお礼参りを重ね、その後、三郎の友情に応え、わざわざ新潟医科専門学校（現新潟大学医学部）で講演。別れの前夜には「今回の帰国は親友石塚君の手紙によるもの」と一筆書き残すほどでした。また「白金属には万能薬の可能性がある。僕は発見と治療の両方はできない。ぜひ石塚君にやってほしい」と夢を託されたと後に石塚が語っていました。

　野口はアフリカに渡り黄熱病[9]の研究に専念しましたが、自ら黄熱病に侵され死去。その頃、三郎は国会議員になり歯科医師の地位向上のため奔走していましたが、親友の死に衝撃を受け、議員を辞めて研究生活に入りました。6年がかりで白金パラジウムコロイド溶液[10]製剤の開発に成功しました。約束を実現した三郎は「余生は野口君の顕彰に生きる」と決意し、私財を投げ打って野口英世記念会を創立・運営に参画、猪苗代湖湖畔の記念館開設に尽力しました。

（AM）

> **用語解説**
>
> **9. 黄熱病**
> アフリカや中南米の熱帯地域にみられる伝染病。ウイルスによっておこり、蚊が媒介する。発病後5〜10日で死亡することが多い。
>
> **10. 白金パラジウムコロイド溶液**
> 白金とパラジウムがきわめて細かい粒子になって液体中に分散している状態。活性酸素を取り除く効果があるとして薬やサプリメント、化粧品などに用いられています。

参考画像

米国に戻る野口英世（左）を横浜港に見送った石塚三郎（後ろ）と血脇守之助（右）（1915年11月、佐渡丸甲板上）

石塚三郎《野口英世の母シカ》（1915年4月21日）

石塚三郎《帆掛舟》（『よみがえる日本の近代』）背景には明治末期から大正期の木橋の万代橋がみえます。

図版はすべて阿賀野市立吉田東伍記念博物館蔵　許諾No.150510

エピソード❼
新潟の米と酒

並河 成資　　1897(明治30)年 ― 1937(昭和12)年　　京都府
なみかわ せいし

　新潟は日本一の米どころ、その米から造るお酒も天下一品といわれています。ところが昭和の初め頃まで、新潟米はむしろまずいことで有名でした。魚の好きなネコでもまたいで通るほどまずい魚のことを「ネコまたぎ」といいますが、こちらは鳥も食べない「トリまたぎ」とまでばかにされていました。もともと雪国の新潟は夏の日照時間が少なく、また刈り入れ時期には秋雨に見まわれます。しかも当時の稲は病虫害に弱く、生産量も不安定で、農家の人たちの生活は苦しいものでした。

　この問題を克服して、日本一おいしいといわれる「コシヒカリ」の親となる新品種「農林１号」の育種に成功したのが、1931（昭和６）年春、新潟県農事試験場の主任技師、並河成資[1]と５人の研究者たちでした。並河は京都の生まれで東大農学部の出身でした。着任早々、上役から「雪国でも実る稲を作って、農家を幸せにしてやってほしい」と言われました。並河たちの苦心の研究から誕生したのが、寒さに強くて早く育つ、しかもおいしい「農林１号」でした。これをさらに交配改良して生まれたのが「越の国に光り輝く」ことを願って命名された「コシヒカリ」でした。今や質量ともに日本一の評価を受けている新潟産米の誕生に、先人たちの地道な努力があったことを忘れてはなりません。

　さて新潟のお酒の方はどうだったのでしょうか。お米が「トリまたぎ」なら、お酒の方は昭和30年頃まで、

用語解説

1．並河成資
プロフィールは36ページ。

2．発酵
酵母・細菌などの微生物が有機化合物を分解してアルコール・有機酸・炭酸ガスなどを生じる過程。

3．硬水
カルシウム、マグネシウムなどの塩類を多く含んでいる天然水。洗濯に適しません。

4．軟水
カルシウム、マグネシウムなどの塩類をほとんど含まない水。洗濯や染色に適しています。

5．醪
醸造で、まだ粕のまじっている酒やしょうゆ。

6．坂口謹一郎
プロフィールは32ページ。

金魚が泳げるほど水っぽい「金魚酒」と呼ばれていました。お酒をつくるのに必要なのは、言うまでもなく米と水です。お米の方は、その後の品種改良や栽培技術の進歩によって飛躍的に向上しました。残るは水の問題でした。昔から銘酒といえば、京都府の伏見か兵庫県灘の酒が定番でした。ここで酒造りに用いられたのが、灘では宮水という、カルシウムやマグネシウムなど、発酵[2]に必要な微生物のための栄養、つまりミネラルを含んだ硬水[3]でした。ところが新潟の水は地質の関係で軟水[4]しか出ません。これでつくられる酒は、やさしい味わいとなり女酒と呼ばれました。これが従来、新潟の酒が水っぽいといわれた理由でした。

　水に加えて寒冷な新潟の気候も、酒の醸造に合いませんでした。発酵のための醪[5]の適温である15度から16度の温度を保つことが難しかったからです。そこで工夫されたのが長期低温発酵の技術でした。これが地元の軟水とマッチして淡麗辛口といわれる、すっきりとした飲みくちで、きりりとした味わいの酒が生まれたのです。日本の醸造学の権威で、歌人としても知られた坂口謹一郎[6]博士は、こんな歌を詠んでいます。

　　　うまさけは　うましともなく　飲むうちに
　　　　　　　　　　　酔ひての後も　口のさやけさ

　もともと不利な条件を克服して、全国一の米と酒を造り上げた、粘り強い県民性をここに見ることができるでしょう。
　　　　　　　　　　　　　　　　　　　　　　　　　　　　　　　　　　　　（TK）

参考画像

亀田郷（現在の新潟市江南区など）は低湿地帯で、農民はひどいときには胸まで水につかりながら田植えや稲刈りを行うなど厳しい状況にありました。
引用：『写真は語る　亀田の百年』亀田町

2014年3月新潟市で開催された「第10回にいがた酒の陣」県産の日本酒を楽しむイベントで、全国から多くの人が訪れます。新潟日報社提供

エピソード❽
「酒博士」坂口謹一郎
さけはかせ　さかぐちきんいちろう

坂口　謹一郎　1897（明治30）年 ― 1994（平成6）年　上越市
さかぐち きんいちろう

　「酒博士」と呼ばれた坂口謹一郎[1]は、応用微生物学[2]の世界的な権威として知られた科学者です。これは酒や味噌などの発酵食品をつくり出す、細菌やカビそして酵母などの微生物による醸造の過程の研究で、今日のバイオテクノロジーの基礎となっている科学です。

　謹一郎は高田中学に入学して間もなく小児麻痺[3]にかかり、ようやく歩けるようになるまで3年もかかりました。そこで高田中学を中退、東京の順天中学に編入をしています。このつらい時期に、余る時間を思い切り文学の世界に親しむことに充てたといいます。その後、最難関といわれた一高[4]に首席で合格、東京帝国大学[5]農学部に進学しています。この経験がすぐれた科学者であると同時に、幅広い教養に裏打ちされた、豊かな人格形成に役立ったといえます。

　謹一郎は偉大な科学者であると同時に、すぐれた随筆家、歌人としても知られています。「古い文明は必ずうるわしい酒を持つ。すぐれた酒を持つ国民は進んだ文化の持主であるといっていい」。この酒と文化の関わりを論じた『世界の酒』『日本の酒』は、このジャンルの著作のなかでも歴史的な名著として不動の地位を占めています。しかもその文章は上品で洒脱、面白くてしかも含蓄に富んでいます。

　「酒博士」と呼ばれながら、本当に酒をたしなむようになったのは、40歳を過ぎてからだといいます。「私は酒を愛し酔を楽しむ。否むしろ酔があるがために酒

用語解説

1．坂口謹一郎
プロフィールは32ページ。

2．応用微生物学
微生物（藻類、真菌、細菌）の働きを研究し、その働きを農業、食品、化学、環境、健康などの分野に応用する研究。

3．小児麻痺
神経中枢が侵されることによって起こる子どもの運動能力が麻痺する病気。ポリオ・ウイルスによる感染症。

4．一高
158ページのコラム03を参照。

5．東京帝国大学
現在の東京大学。158ページのコラム03を参照。

6．酔吟先生
白居易の号の一つ。酔吟とは、酒に酔って詩歌を吟じること。

7．白居易
772～846年。中国・唐時代の詩人。白楽天ともいいます。詩はなめらかで分かりやすく、日本の平安朝文学に大きな影響を与えました。「長恨歌」「琵琶行」などの詩が有名です。

8．酒仙
俗事を離れ心から酒を楽しむ人。

9．李白
701～762年。盛唐時代の詩人。同時代の杜甫と並ぶ最高の詩人として「詩仙」と呼ばれています。酒を愛し、奇行も多く、最後は水中の月を取ろうとして溺死したといわれています。

10．神人交流
神と人の交わり。仏壇や神棚に飲食物や花を供えることなども交流の形といえます。

11．宮中歌会始
宮中における新年最初の歌会。天皇皇后はじめ皇族の和歌や国民の歌のうち優秀な作品を披露します。

を愛する」。ほどよい酒の酔いは、人と人との交わりを和やかなものにします。古来、酔吟先生[6]・白居易[7]や酒仙[8]・李白[9]のような文人たちは、杯を傾けながら談論風発するなかで、素晴らしい詩を吟じました。しかし飲み過ぎはいけません。酒博士は「酔は神人交流[10]の境地であるが、大酔の傍若無人な酔態は憎むべきものである」と戒めています。

　歌人としてもすぐれ歌集『醗酵』があります。ご本人は謙遜して「うたのようなもの」とおっしゃいますが、新年の宮中歌会始[11]の召人[12]にも選ばれています。酒博士の弁によれば「アルコールは食味の中の感動味であるから、その記述は必然的に韻文のような表現形式に陥る結果になってしまったまでのこと。決して私の得手や得意とするところではない」といいます。ここでその一首を引いてみます。

　　　　さはりなく　水のごとくに　のどをこす
　　　　　　　　　　　酒にも似たる　わが歌もがな

　これは歌人「酒博士」の究極の境地といえましょう。専門の醸造学の分野での数々の業績により、坂口謹一郎は日本学士院賞[13]、そして文化勲章[14]の栄に輝いています。

　　　　　　　　　　　　　　　　　　　　　　　　　　　　　　（TK）

用語解説

12. 召人
宮中歌会始で、題にちなんだ和歌を詠むよう特に選ばれた人。

13. 日本学士院賞
日本学士院がその年の論文・著書・研究業績ですぐれたものに授与する賞。戦前の名称は帝国学士院（賞）。

14. 文化勲章
38ページのコラム01を参照。

参考画像

坂口謹一郎
『酒学集成　全5巻』
1997〜1998年

坂口フラスコ
微生物の培養実験などのため、坂口謹一郎が開発した首の部分が長く、下部が半球状のフラスコ。

酒杜り館（さかもりかん）
坂口記念館（上越市頸城区鵜ノ木）に併設

エピソード❾
法隆寺再建非再建論争と関野貞

関野 貞
せきの ただし

1868（慶応3）年 ― 1935（昭和10）年　上越市

　日本文化の原点は法隆寺¹です。なにしろこの寺には、建造物、美術工芸品を合わせて、国宝に指定されている物件が115件あります。これは国宝すべての1割に近い件数です。この伽藍²はかつて、寺伝のとおり飛鳥時代³の創建のままと信じられていました。ところが明治時代になって、歴史学研究が進歩するにつれて、天智天皇の時代に火災にあって全焼したという『日本書紀』⁴の記録が俄然、注目されるようになり、歴史学者の喜田貞吉らによって再建論が唱えられました。『日本書紀』には次のように記されていました。「夜半ノ後、法隆寺ニ災アリ、一屋モ余スナシ、大ニ雨フリ雷震フ」と。この論争に、2人の県人が関わっています。東洋美術史学者の會津八一⁵は再建論、非再建論を唱えていたのが関野貞⁶でした。

　関野は東京帝国大学⁷で造家学、つまり建築学を学びました。卒業後、奈良県技師となり、「古社寺保存法」による文化財の初めての調査を行いました。そして、この現場調査の記録をもとに「法隆寺金堂塔婆及中門非再建論」を主張しました。これによれば、大化改新以後の建築はすべて中国の唐尺⁸が用いられているが、法隆寺の建物はいずれもそれ以前の朝鮮伝来の高麗尺⁹が使用されているというのです。なぜならば、唐尺で計測すると端数が出てしまうからです。加えて伽藍の敷地に焼け土もなく、礎石¹⁰に何の損傷も認められないと述べたのです。この科学的な実地調査で、論争は

用語解説

1. 法隆寺
奈良県斑鳩町にある、現存する世界最古の木造建築物です。西院伽藍には金堂、五重塔が、東院には夢殿があり、《釈迦三尊》《救世観音》《百済観音》など多くの国宝があります。

2. 伽藍
寺院の建築物の総称。僧侶たちが住んで仏教の道を修行する場所。

3. 飛鳥時代
奈良県の飛鳥地方を都とした、推古天皇前後の時代を指します。中大兄皇子（後の天智天皇）による大化改新を経て、時代は奈良時代へと移ります。

4.『日本書紀』
奈良時代に天皇の命により編集された日本最古の歴史書。神代から持統天皇まで朝廷に伝わった神話・伝説・記録などが漢文で記述されています。

5. 會津八一
プロフィールは99ページ。

6. 関野貞
プロフィールは37ページ。

7. 東京帝国大学
現在の東京大学。158ページのコラム03を参照。

8. 唐尺
中国唐時代の尺貫法で、寸法を測る基準。天平文化のころは1尺が29.6センチでしたが、時代が下るに従って寸法が伸びているそうです。

9. 高麗尺
朝鮮半島の高麗人が日本に伝えた尺貫法で、1尺が35.6センチ。

10. 礎石
建物の基礎になる石。

11. 心柱
五重塔など仏塔の中心に立てる柱。

非再建論に大きく傾いたように思われました。

　ところが昭和になってから、これを覆す発掘調査が行われました。それは以前から注目されていた、境内で若草伽藍跡と呼ばれていた、塔の心柱[11]の礎石周辺の調査です。そのあたりには明らかに火災の跡が認められました。これが『日本書紀』に記されている、最初の法隆寺の焼け跡であり、その後、伽藍の位置をずらし、創建当時のままに再建されたのが、現在の法隆寺だというのが、現在ほぼ定説となっています。ですがご心配なく。再建されたとしても法隆寺は依然として、現存する世界最古の木造建築であることには変わりありません。

　関野の文化財調査はその後、日本美術の源流である朝鮮から中国にまで及びました。日清・日露の戦争[12]で混乱のきわみにあった朝鮮で、系統的な文化財調査と保護への道をひらいたのが関野でした。その成果は『朝鮮古蹟図譜』全15冊にまとめられています。また中国での学術調査では、天龍山石窟[13]を発見しています。日本にとどまらず、東アジア全域に広がる考古学、美術史研究の先駆者として関野貞の業績は、もっと評価されてもよいと思うのです。　　　　　　　　　　　　　　（TK）

用語解説

12. 日清・日露の戦争
「日清戦争」
1894年、朝鮮の支配権をめぐって日本と清国（中国）との間で行われた戦争。日本が勝利し、1895年に下関条約が結ばれました。
「日露戦争」
1904年、満州（中国東北部）や朝鮮の支配権をめぐって日本とロシアの間で行われた戦争。日本は軍事的に勝利したものの財源難に陥り、またロシアでは革命運動が起こるなど、両国ともに戦争を続けるのが困難になり、1905年アメリカの仲介でポーツマス条約が結ばれました。

13. 天龍山石窟
中国山西省の天竜山にある仏教石窟。東魏・隋・唐の時代に造営された20窟余があります。

参考画像

法隆寺金堂（奈良・斑鳩町）
奈良・飛鳥園提供

若草伽藍跡
奈良・飛鳥園提供

関野貞、伊東忠太 編
『東洋建築』　1925年

医学 ❶

医学用語を発明した語学の天才
司馬 凌海
〈しば りょうかい〉

生没年	1839(天保10)年 － 1879(明治12)年
出身地	佐渡市
職業	愛知県医学校教授兼病院長・語学者

11歳で江戸に出て、将軍の侍医松本良甫に才能を認められオランダ語を学び、長崎の医学伝習所でオランダ軍医ポンペに西洋医学を学び、佐渡で医師を開業しました。維新後は東京、愛知で医学校教授、病院長などを歴任しました。語学の天才で、ドイツ語、英語、フランス語など6カ国語を自由にあやつり、「蛋白質」「十二指腸」「窒素」など現代でも使われている翻訳語を発案して、西洋医学を日本に伝える上で大きく貢献しました。日本初のドイツ語塾「春秋社」を創設、日本初の独和辞典『和訳独逸辞典』を出版しました。著書に『七新薬』などがあります。

 ▶司馬遼太郎の歴史小説『胡蝶の夢』に登場します。

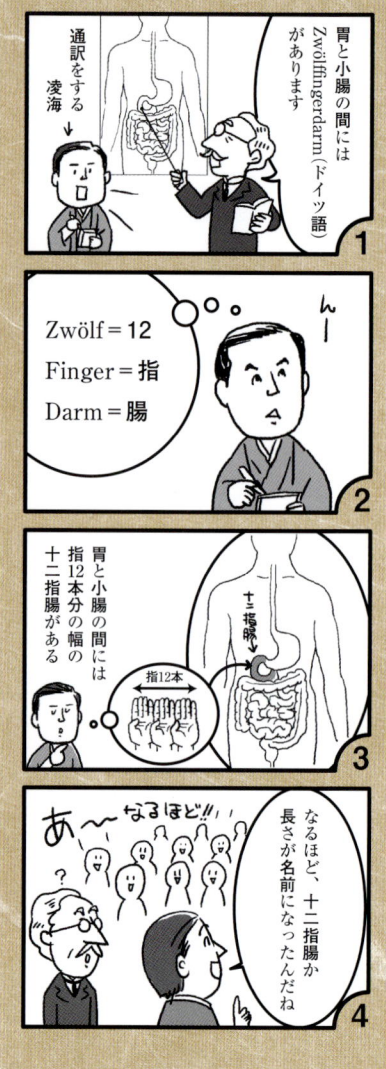

医学 ❷

日本で最初の医学博士
池田 謙斎
〈いけだ けんさい〉

生没年	1841(天保12)年 － 1918(大正7)年
出身地	長岡市
職業	東京大学医学部綜理(初代学長)・明治天皇侍医

日本の医学発展の基礎を築いた医学者。尊王攘夷派でしたが、江戸で剣術修行中、「敵(外国)を知るため」に蘭学者の緒方洪庵に弟子入り。これを機に医学の道へ進み、長崎ではオランダ人医師に学びました。その後、江戸で医師を営み、上野の彰義隊の戦いでは負傷者の治療に際し、イギリス人医師から外科手術を学びました。明治維新後、ドイツのベルリン大学に留学し、医学博士の学位を得ています。帰国後、宮内省御用掛(天皇の侍医)、陸軍軍医監、東京大学医学部綜理(文系綜理と並ぶ初代学長)を務めました。日本に博士制度が導入されると、最初の医学博士の称号が贈られました。

 ▶入澤記念庭園(長岡市中之島西野)
▶長岡市中之島文化センター展示室(長岡市中之島)

医学 ③

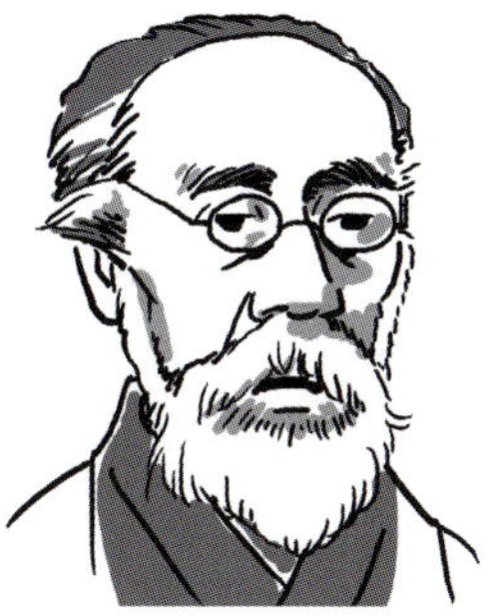

日本初の私立医学校を創設
長谷川 泰
〈はせがわ たい〉

生没年	1842(天保13)年 － 1912(明治45)年
出身地	長岡市
職業	医師・済生学舎創設者・衆議院議員

幕末から明治時代の医師。長岡藩医の長男として生まれ、漢方医を経て医学塾の順天堂、西洋医学所などで西洋医学を学びました。戊辰戦争の北越の戦いでは長岡藩医として従軍、河井継之助の最期を看取りました。維新後は長崎医学校校長などを経て、西洋医の早期育成を目指した済生学舎（現在の日本医科大学）を東京に設立。これは日本初の私立医学校で、野口英世や女医の吉岡弥生を含む約1万人の医師を育てました。衆議院議員を3期務め、京都帝国大学の設立、北里柴三郎の伝染病研究所設立を実現させ、清潔な生活環境を実現する「下水道法」制定にも尽力しました。

ココで発見
▶ 銅像（長岡市大黒町＝生誕の地）
▶ 長岡市北越戊辰戦争伝承館（長岡市大黒町）

1. 衝撃！寝巻で講義をする教師

2. 男女共学で恋わずらいが大流行り！／野口英世

3. 毒舌で有名な帝国議会議員長谷川泰が校長！

4. 医師試験合格者約九千六百名！日本の医師の約半数を輩出！／済生學舎／野口英世

医学 ④

初代の陸軍軍医総監
石黒 忠悳
〈いしぐろ ただのり〉

生没年	1845(弘化2)年 － 1941(昭和16)年
出身地	福島県
職業	陸軍軍医総監・日本赤十字社社長

帝国陸軍の軍医制度を確立した医師。若い頃は片貝村（現小千谷市）で私塾を開く、熱狂的な尊王攘夷派でした。その頃の弟子に「妖怪博士」井上円了がいます。その後、佐久間象山との出会いで医学を志し、大学東校（現東京大学医学部）で学び軍医になりました。西南戦争に従軍した後、陸軍初代軍医総監、医務局長を務め、部下に森鷗外がいました。退任後、大倉財閥の総帥・大倉喜八郎に要請され、大倉商業学校（現在の東京経済大学）を創設しました。また日比谷公園の設計に参画し、日本赤十字社社長も務め幅広く活躍しました。妻は傷痍軍人や家族の慰労活動に大きく貢献しました。

1. 1887(明治20)年ドイツ第4回万国赤十字総会で／戦争の時に敵も味方も区別せず治療するのはヨーロッパの国だけにしましょう！

2. 森鷗外／森(鷗外)くん通訳をたのむ！

3. オォー!!／地理や人種による差別を提案するなら退席する！

4. ザワザワザワ／会議場は大騒ぎとなり提案は撤回されたのでした……

ココで発見
▶ 森鷗外『舞姫』に出てくる上司役のモデルとされています。
▶ JR信越本線押切駅前にある開駅の碑の題字

医学 ⑤

解剖学と日本人の起源
小金井 良精
〈こがねい よしきよ〉

生没年	1859（安政5）年 － 1944（昭和19）年
出身地	長岡市
職業	解剖学者・人類学者

日本の解剖学の先駆者。長岡藩士の次男で、「米百俵」で知られる小林虎三郎は叔父、妻は森鷗外の妹で、小説家・星新一は孫にあたります。東京の医学校（現在の東京大学医学部）でドイツ人デーニッツに解剖学、ベルツに内科学を学び、留学したベルリン大学では助手を務めました。帰国後は日本人として初めて解剖学を講義。東大医学部解剖学教授となり、日本解剖学会を創設しました。また骨格研究を極め、日本人の起源について、縄文人こそ先住民族で、アイヌはその子孫であるという説を唱えるなど、85歳まで学術論文100編余りを書きました。

　▶星新一『祖父・小金井良精の記』で描かれています。

1. 1880（明治13）年　ドイツへ行く船の上で／留学を機会に日記でもつけようか
2. 「くせがつきやすい人」とは奥さんの言葉ですが
3. 日記は1942（昭和17）年までの62年間のあいだ毎日つけられました
4. 62冊！／孫の星新一はこの日記をもとに『祖父・小金井良精の記』という文学作品を書いたのです

医学 ⑥

「医師」の理想を追求
入澤 達吉
〈いりさわ たつきち〉

生没年	1865（元治2）年 － 1938（昭和13）年
出身地	見附市
職業	医師・東京帝国大学教授・随筆家

新発田藩医の長男として生まれ、東京大学、ドイツのベルリン大学などで学びました。その後、東京帝国大学医科大学教授、同附属病院長などを歴任。脚気や十二指腸虫の感染経路、血色素測定法などを研究するとともに、多くの内科医を育成しました。さらに日本内科学会結成に尽力、大正天皇の侍医頭を務めました。「医者」という表現を嫌い、弟子たちに「医師」として人間的にも社会の規範となることを説きました。また博識で文才にも恵まれ、「雲荘」と号し多くの随筆を残しています。漢詩集『雲荘詩存』は中国で出版されました。會津八一も入澤に脚気と診断され帰郷しました。

　▶入澤記念庭園（長岡市中之島西野＝生家跡）

1. 1920（大正9）年に入澤達吉が考えた百年後の日本／①みんな洋服を着る／②下駄ではなく靴をはく
2. ③主食はパン／④住宅は不燃性／⑤生活はイス式
3. ⑥華族の廃止／⑦議会の西欧化／⑧世界に通じる日本人学者の出現／物理／朝永振一郎　科学／福井謙一　医学生理／山中伸弥
4. ⑨黄色人種が世界をリード　日本　世界第2位の経済大国　中国　世界第3位の経済大国／当たってます？

医学 ❼

不妊の女性に希望を
荻野 久作
〈おぎの きゅうさく〉

生没年	1882(明治15)年 － 1975(昭和50)年
出身地	愛知県
職　業	産婦人科医師

新潟市で臨床医を続けながら、女性の排卵、受胎について研究、「荻野学説」を提唱。不妊や子だくさんに悩む人々に希望をもたらしました。ローマ法王庁が認める唯一の受胎調節法は、この学説を応用したものです。愛知県出身で東京帝国大学医学部に学び、恩師入澤達吉（いりさわたつきち）の紹介で新潟市の竹山病院に就職。大学や大病院からの誘いなどを断り町医者に専念、急患があれば夜中でも病院に駆けつけ、90歳まで診察を行いました。自宅前の市道は市民の発意で「オギノ通り」と名付けられ、自宅跡は「オギノ公園」となりました。新潟市名誉市民、朝日文化賞などを受賞しました。

 ▶オギノ公園、オギノ通り、銅像（新潟市中央区寄居町＝自宅跡）

医学 ❽

脳神経外科の基礎確立
中田 瑞穂
〈なかた みずほ〉

生没年	1893(明治26)年 － 1975(昭和50)年
出身地	島根県
職　業	脳神経外科医・文化功労者

日本における脳神経外科体系の基礎を作り、新潟医科大学（現在の新潟大学医学部）教授として、地道に研究成果を積み上げていく学風を育みました。東京帝国大学医科大学で学び、欧米へ2度の遊学。日本の脳神経外科の近代化に力を注ぎ、第1回日本脳・神経外科研究会（現日本脳神経外科学会）を新潟で開催。日本初の脳神経外科の専門講座を新潟大学に開設しました。学生時代から高浜虚子（たかはまきょし）に俳句を学ぶなど、同僚の高野素十（たかのすじゅう）とともにホトトギス派の俳人としても活躍。写生画や書でも才能を発揮。こうした縁で、會津八一（あいづやいち）の主治医も務めました。1967（昭和42）年に文化功労者に選ばれました。

 ▶新潟大学医学部脳研究所に、研究室の再現があります。

医学・自然科学・工学

医学 ❾

脳神経解剖学の権威
平澤 興
〈ひらさわ こう〉

生没年	1900（明治33）年 － 1989（平成元）年
出身地	新潟市
職業	神経解剖学者・京都大学総長

新潟の小学校を卒業後、父のいた京都へ移りました。京都帝国大学で学び、新潟医科大学（新潟大学医学部の前身）助教授などを経てスイス、ドイツへ留学しました。帰国後は京都大学で教授、医学部長、総長を歴任、京都市民病院長も務めました。解剖学研究で多くの成果をあげ、中枢神経、特に人間の運動を無意識につかさどる「錐体外路」の研究などが世界的に認められています。一般向けの医学解説書、啓蒙書、随筆も多く講演活動では尊敬と人気を博しました。あつい仏教信者で、国宝菩薩半跏像を本尊とする奈良の中宮寺の発展にも寄与しました。旧味方村名誉村民。

 ▶曽我・平澤記念館（新潟市南区味方）

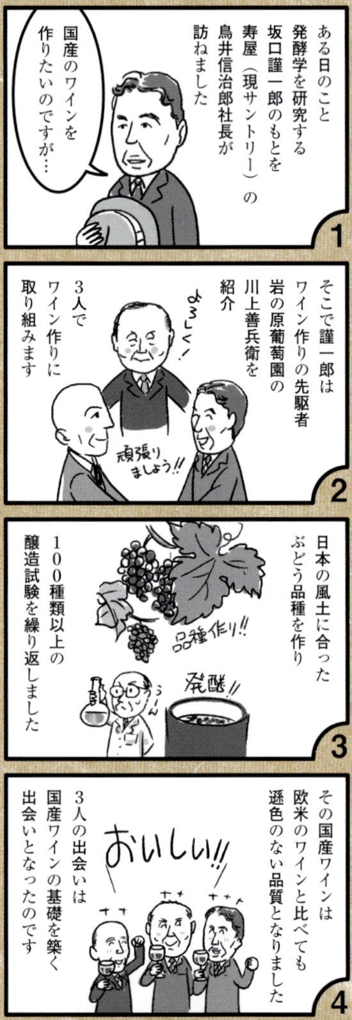

醸造学 ❶

世界に知られた酒博士
坂口 謹一郎
〈さかぐち きんいちろう〉

生没年	1897（明治30）年 － 1994（平成6）年
出身地	上越市
職業	応用微生物学者・ 文化勲章受章者

「酒博士」と呼ばれた農芸化学者で「応用微生物学」の世界的権威。高田中学（旧制）から東京の順天中学を経て第一高等学校に首席で入学。東京帝国大学農学部で学び、同校の教授となります。酒や味噌、醤油など麹菌を利用した発酵の過程を化学的に解明し、クエン酸の工業利用や、うまみ成分イノシン酸の製造技術開発にも貢献しました。『世界の酒』『日本の酒』など名著も多数あります。日本初の微生物学研究の場「応用微生物学研究所（現分子細胞生物研究所）」を創設し研究者の指導と育成にも力を尽くしました。歌人でも有名で歌集『醗酵』があります。1967（昭和42）年に文化勲章を受章しました。

 ▶坂口記念館（上越市頸城区鵜ノ木）

農学 ①

いもち病予防法を開発
伊藤 誠哉
〈いとう せいや〉

生没年	1883(明治16)年 – 1962(昭和37)年
出身地	新潟市
職業	植物病理学者・文化功労者

稲の病気、特に昔から凶作の原因となっていた「いもち病」の研究に取り組み、イモチ菌がワラ、モミに付着して越冬することを解明して、総合防除法を開発しました。また麦に黒や灰色などの斑点が出て、穂や粒の減少を招く「麦サビ病」も研究しました。新潟市で生まれ、新潟中学（旧制）、東北帝国大学農科大学（現北海道大学）を卒業しました。北海道帝国大学教授を経て、総長に就任しました。第二次世界大戦後は教官のレッドパージを強いた「イールズ事件」で学長を辞任しました。日本の菌類を系統的に分類した『大日本菌類誌』をまとめました。1959（昭和34）年に文化功労者に選ばれました。

▶北海道大学に、総長時代に書いた式辞の原稿や、扁額が所蔵されています。

1. 稲の疫病　いもち病（稲熱病）
2. 伊藤誠哉は予防法を提唱します　①種モミの消毒　②成育中の薬剤散布　③菌が越冬するイナワラの処分
3. 実験の結果　いもち病が発生した地域で予防を施した水田に被害は出ませんでした！　やったぞー！！
4. 予防法として普及した後画期的な成果について誠哉はこう語ったそうです　「研究に関わった人　採用して行政に生かした人　人の和のたまものです」

生物学 ①

発生生物学の世界的権威
浅島 誠
〈あさしま まこと〉

生没年	1944(昭和19)年～
出身地	佐渡市
職業	発生生物学者・文化功労者

卵細胞がさまざまな組織や器官を形成するために必要な誘導物質「アクチビン」を発見した発生生物学者です。佐渡の自然の中で昆虫採集に励む少年時代を送った後、東京教育大学（現筑波大学）を経て東京大学大学院に進みます。神田の古本屋で手にした『発生生理学への道』がきっかけで発生生物学研究に取り組みます。横浜市立大学教授となり「アクチビン」を発見、世界的評価を得ました。その後東京大学教授となり、現在も名誉教授として活躍を続けています。2008（平成20）年に文化功労者に選ばれました。佐渡市名誉市民。

▶金井町名誉町民記念碑（佐渡市金井能楽堂近く）

1. 昆虫採集に熱中した小学生時代

2. トキを見るために山を歩いた中学生時代　「あのへんにトキの巣があるぞ！」

3. 初めて見たトキは明け方の青い空を飛んで行きました　「美しいトキを残すにはどうしたらいいんだろう」

4. 豊かな佐渡の自然の中で育まれた生命への興味は卵細胞が器官に変化する際に必要な誘導物質「アクチビン」の発見という偉業に結実するのでした

工学 ❶

電波工学の権威
清水 司
〈しみず つかさ〉

生没年	1925(大正14)年～
出身地	新潟市
職　業	電波工学者・文化功労者

　酸化鉄を主成分とするセラミックスの総称であるフェライトは、強磁性を持つものもあります。この中のマイクロ波伝播の研究をはじめ、各種ガスレーザーとホログラム等への応用の研究、半導体、磁性体等電子材料の研究など幅広く活躍しました。また教育問題にも熱心で、早稲田大学第11代総長、東京家政大学学長を務めた後、学校法人渡辺学園理事長に就任した他、日本私学振興財団理事長、中央教育審議会会長を歴任。放送大学の開設などマルチメディアによる新たな教育の礎も築きました。1997（平成9）年に文化功労者に選ばれました。

 ▶日本で最初に新幹線が開通するときに研究開発した信号装置の技術が現在でも活かされています。

1. マイクロ波を研究し電波工学の発展に貢献した研究者 清水司は教育者としても手腕を発揮！

2. 早稲田大学総長時代には人間科学部創設の中心的役割を担い学科の枠にとらわれず問題を解決しよう！

3. 放送大学創設にも力を尽くし生涯教育の可能性を広げました！マルチメディアを教育に使おう！

4. 日本私学振興財団理事長も務め私立大学の育成と発展に大きな功績を残しました！水準向上！教育研究改善！

医学・自然科学・工学

医学 ⑩

町医者のまま将軍主治医に
尾台 榕堂
〈おだい ようどう〉

生没年
1799(寛政11)年－1870(明治3)年
出身地
十日町市
職業
漢方医

中条村（現十日町市）の漢方医の子として生まれ、少年時代から祖父や父に医学の手ほどきを受けました。16歳で江戸に上り、儒学者・亀田鵬斎の紹介で尾台浅嶽門下に入ってさらに医学を学びます。その後いったん故郷に戻って漢方医として活躍しますが、再び江戸に上り、浅田宗伯と並ぶ名医となりました。私塾「尚古塾」を開き、弟子300人余を育成。町医者のままで将軍家茂の代の奥医師になるという前例のない兼務を務めました。主著の『類聚方広義』は漢方医学が軽視された時代を乗り越え、複製本が今日も出版されています。東京八重洲口には顕彰碑があります。

 ▶顕彰碑（東京駅八重洲口近く）

医学 ⑪

山下清をプロデュース
式場 隆三郎
〈しきば りゅうざぶろう〉

生没年
1898(明治31)年－1965(昭和40)年
出身地
五泉市
職業
医師・美術評論家

精神科医師でありながら、画家ゴッホの研究家で、山下清の貼り絵画家としての才能を発掘したことでも知られています。村松中学（旧制）を出て、新潟医学専門学校（現新潟大学医学部）を卒業。一方、叔父・式場麻青（旧制新潟中学で會津八一の俳句仲間）の影響で、早くから白樺派などの文学に傾倒していました。静岡脳病院院長時代に『ファン・ホッホの生涯と精神病』や『バーナード・リーチ』を著しています。後に、式場病院（千葉県市川市）を開業し、山下清の才能を見いだして、戦後自ら創刊した日刊紙「東京タイムズ」紙上で『放浪記』を連載し、山下清ブームを巻き起こしました。

 ▶東京都目黒区の日本近代文学館に「式場隆三郎文庫」があります。

歯科学 ①

野口英世の親友
石塚 三郎
〈いしづか さぶろう〉

生没年
1876(明治9)年－1958(昭和33)年
出身地
阿賀野市
職業
歯科医・写真家・衆議院議員

明治末期から大正期の風俗を撮ったアマチュア写真家ですが、本業は歯科医です。豪農・旗野家の奉公人の息子で、旗野餘太郎の下で学びました。上京し、高山歯科医学院（現東京歯科大学）で野口英世と出会い、ともに学僕をしながら猛勉強。卒業後、長岡で開業する傍ら、写真に傾倒し、県内写真愛好会「北越写友会」を結成。全国をリードする実力を誇りました。撮影したガラス乾板約3000枚は阿賀野市立吉田東伍記念博物館に残っています。衆議院議員を2期務め、歯科医師界の改革に貢献。晩年は「野口英世記念会」の理事長に就任して、親友の偉業の顕彰に尽力しました。

 ▶阿賀野市立吉田東伍記念博物館（阿賀野市保田）

細菌学 ❶

新ウイルス発見
石田 名香雄
〈いしだ なかお〉

生没年
1923(大正12)年 －
2009(平成21)年

出身地
上越市

職業
ウィルス学者

ウイルス・ベクター（運び屋）として知られるセンダイウイルス、また世界最初の高分子制癌剤ネオカルチノスタチン（せいがんざい）の発見者です。第二高等学校（旧制、仙台市）卒業後、東北帝国大学医学部に進み、細菌学を研究しました。卒業後も研究室に残り、助手・助教授を務める間に2年間ミシガン大学のウイルス研究所に留学して最先端のウイルス学を学びました。1960（昭和35）年、東北大学医学部教授に就任。1983（昭和58）年から6年間は同大学の総長を務め、多くの後進を育てました。日本学士院賞、野口英世記念医学賞などを受賞。1996（平成8）年、勲一等瑞宝章を受章。仙台市名誉市民。

 ▶「東北大学ひと語録」http://www.bureau.tohoku.ac.jp/alumni/hitogoroku/vol_020/index.html（東北大学萩友会ホームページ）

農学 ❷

日本ワインぶどうの父
川上 善兵衛
〈かわかみ ぜんべえ〉

生没年
1868(明治元)年 －
1944(昭和19)年

出身地
上越市

職業
岩の原葡萄園創設者、
日本ワインぶどうの父

「岩の原ワイン」をつくった「日本ワインぶどうの父」。上越市の大地主川上家の長男で、病死した父の跡を受け7歳で当主になりました。父と親交のあった勝海舟（かつかいしゅう）の勧めで、岩の原葡萄園（ぶどう）を開き、ブドウ栽培に着手。ヨーロッパなどからブドウの苗木を取り寄せ、品種改良に取り組みました。ワインづくりではブドウが発酵する際、高熱を発するため何度も失敗しましたが、くじけず地下水や雪を使った冷却法を編み出し、成功しました。また虫害や多湿に強い「マスカット・ベーリーA」というワインに適合する優良品種の開発・育成に成功しました。民間人初の日本農学賞を受賞。

 ▶岩の原葡萄園（上越市北方）に川上善兵衛資料室があります。

農学 ❸

コシヒカリの生みの親
並河 成資
〈なみかわ せいし〉

生没年
1897(明治30)年 －
1937(昭和12)年

出身地
京都府

職業
農業技術者

「水稲農林1号」の開発者で、稲や麦の品種改良に取り組んだ新潟県農事試験場の技師。昭和初期の北陸地方のコメは「トリまたぎ米」と呼ばれるほど品質が悪く、輸入米に圧倒されていました。早生（わせ）で、良品質の多収米を期待され、品種改良が続けられました。京都生まれで東京帝国大学農学部出身の並河技師らはたくさんの品種の中から、寒さに強い、多収穫、食味が良いなどそれぞれ特長を持つ品種の交配を重ね、ついにすべての長所を兼ね備えた優良品種を開発しました。農林1号の開発は戦中、戦後の食糧不足から国民を救い、その後コシヒカリやササニシキの子孫を生みました。

 ▶胸像（長岡市長倉町　新潟県農業総合研究所入口）

工学 ❷

世界に先がけ乾電池を発明
屋井 先蔵
〈やい さきぞう〉

生没年
1864（文久3）年－
1927（昭和2）年

出身地
長岡市

職業
工学者・乾電池発明者

現在でも世界中で使われている乾電池を世界で最初に発明した人物です。早くに父を亡くし、15歳のとき時計店で働き始めます。機械技術に関する知識を深め、さらに上京して大学での研究を目指すも受験に失敗。仕事をしながら、独学で乾電池の開発に成功しましたが、世間ではなかなか認められませんでした。1892年、アメリカで開かれたシカゴ万国博覧会で、東京帝国大学理学部が出品した地震計に屋井が発明した乾電池が使用され、国際的に注目されました。その後、屋井乾電池は日清戦争で採用されて評判となり、屋井は乾電池王と呼ばれました。

ココで発見 ▶上山明博『白いツツジ』という伝記小説があります。

建築学 ❶

文化財調査保護の道開く
関野 貞
〈せきの ただし〉

生没年
1868（慶応3）年－
1935（昭和10）年

出身地
上越市

職業
建築史家

奈良・京都の古い社寺の調書と図面を作製し、平城京大極殿跡を発見するなど、現在につながる大きな業績を残しました。高田学校（旧制）から第一高等学校を経て、東京帝国大学工科大学造家学科を卒業。1905（明治38）年に発表した『法隆寺金堂塔婆及中門非再建論』は、再建説の歴史学者・喜田貞吉（きだ さだきち）との間で大論争となりました。関野は、建築士の立場から歴史学や美術史、考古学などの広い分野で優れた先駆的な研究を残しました。朝鮮・中国・インドの文化財の調査・保護にも活躍し、文化財防災の基礎を築いて法隆寺や姫路城の解体修理の道を開きました。

ココで発見 ▶生家跡（上越市西城町）

医学・自然科学・工学

（プロフィールの執筆はAM、KA）

コラム 01

文化功労者、文化勲章、人間国宝について

【文化功労者・文化勲章】

　文化功労者とは学問や芸術で、特に優れた仕事をし、日本の文化の発展に尽くした人をたたえる仕組みです。さらに、前年度までに文化功労者に選ばれた人の中から毎年5人くらいが、文化勲章を授与されます。勲章は毎年11月3日の「文化の日」に、皇居で天皇陛下から直接授与されます。

【2014年度の文化功労者に選ばれた　小池和男(こいけかずお)さん】

「現代日本の労働を研究」

　1932(昭和7)年生まれ。新潟市出身。経済学者。

　新潟中学(旧制)を卒業後、東京大学に進み、現代日本の労働を研究しました。研究のきっかけは、新潟に住んでいた頃、実家の縫製工場で、自分は学校に通っているのに、働く女性は学校に行けないと気付いたことでした。日本の経済成長を支えた人材育成が、学校や企業でどのようになされたのかを調査し、国内外の企業への聞き取りなどをもとに論文にまとめました。労働経済学や人的資源管理論の第一人者として知られ、法政大学や京都大学、スタンフォード大学で教授を務めました。1996(平成8)年紫綬褒章受章。2009(平成21)年に『日本産業社会の「神話」』で読売・吉野作造賞を受賞。

【人間国宝】

　正式な名称は「重要無形文化財保持者」ですが、一般的には親しみをこめて「人間国宝」と呼ばれています。重要無形文化財には、日本の伝統文化で特に重要とみなされる雅楽、歌舞伎、演芸、演劇などの「芸能」と、陶芸、染色、竹細工、和紙などの「工芸技術」の2つの分野があります。新潟県出身の人間国宝は5人で、全員「工芸技術」の分野から出ています(エピソード124ページ、プロフィール140〜142ページ参照)。

(KA)

人文・社会科学

この分野で目をひくのは、漢学と呼ばれた時代からの中国学研究の伝統と、その近代化を担った人たちの圧倒的な業績です。また今日に至る歴史学や歴史地理学の基礎もまた県人によって築かれました。人はいかに生きるべきかという人生の根本問題と取り組んだ哲学者もいました。政治や経済といった人間社会の仕組みについての研究を社会科学といいます。この領域からも抜きんでた研究者が出ています。

エピソード❿
長善館の漢学者たち

鈴木 虎雄（すずき とらお）　1878（明治11）年 ― 1963（昭和38）年　燕市

　「漢学[1]」というと、まず孔子[2]や孟子[3]が説いた「儒教」のことが思い出されます。儒教は東洋でもっとも古い道徳哲学、つまり人間はどのように生きるべきかを述べた教えです。なかでも幕府は「士農工商[4]」の封建的な秩序を重んじる、朱熹[5]の解釈による「朱子学」を、重視しました。ところがもっと自由に東洋の思想や文化を学ぼうとしたのが、長善館[6]の学風でした。

　ここから育った漢学者のひとりが桂湖村[7]でした。新潟市・福島潟の近くの庄屋、いまでいう代々の村長の家柄の出でした。漢詩が大好きで、長善館から早稲田大学に進学しますが、そこでは英文学を学んでいます。その幅広い学識が評価されて早稲田の漢学の最初の教授となりました。当時、陸羯南[8]が経営していた「日本新聞社」の社友となり、漢詩の選評を担当しました。明治の文豪、森鷗外[9]も湖村を先生として敬い、漢詩の添削を願ったといいます。

　湖村を漢学の兄弟子としていたのが鈴木虎雄[10]です。東京帝国大学[11]を出てから、新聞記者を志して「日本新聞社」に入ります。彼もまた文学を好みました。当時、この新聞の俳句と短歌の選者をやっていたのが、近代短歌・俳句の改革者、正岡子規[12]でした。虎雄はそこで子規について短歌を習いました。だがその本領は漢詩人でした。やがて学問研究の道にもどり、東京高等師範学校（現在の筑波大学）教授となります。この時代の弟子が諸橋轍次[13]です。ついで京都帝国大学[14]に

用語解説

1. 漢学
日本で、中国の古典をもとに中国思想や詩文を研究する学問。

2. 孔子
紀元前551〜紀元前479年。中国・春秋時代の思想家。儒家の祖。仁をもって道徳の理想としました。その教えは『論語』などの書物にまとめられ儒教として東アジアに広まりました。

3. 孟子
紀元前372〜紀元前289年頃。中国・戦国時代の思想家。道徳に基づいて国を治める仁義王道の政治を説き、自ら孔子の継承者をもって任じました。

4. 士農工商
江戸時代の階級についての考え。武士を最上位において、農民・職人・商人と順に並べています。

5. 朱熹
1130〜1200年。中国・南宋の思想家。倫理学、政治学、宇宙論までに及ぶ体系的哲学を完成させました。朱熹の教えを朱子学といい、江戸時代の幕府の官学とされました。

6. 長善館
エピソード51「越後の漢学と長善館の学風」（160ページ）参照。

7. 桂湖村
プロフィールは58ページ。

8. 陸羯南
1857〜1907年、青森県出身。新聞人・評論家。新聞「日本」を創刊し、欧化政策に反発して日本主義・国民主義の立場から政治批判をしました。

9. 森鷗外
1862〜1922年、島根県出身。東京大学医学部の前身である医学校出身。ドイツに留学し、軍医総監を務めました。文学にも造詣が深く、夏目漱石と並ぶ明治の文学界の重鎮。

10. 鈴木虎雄
プロフィールは59ページ。

迎えられ、新しい中国学研究の道をひらきました。近代的な文学の視点から、漢文学を読み直し、世界で初めての『支那詩論史』を書きあげ、その功績が認められてこの分野での２番目の文化勲章[15]受章者となりました。

　もうひとり挙げなければならないのが、老子[16]や荘子[17]の「道教」を研究した第一人者、小柳司氣太[18]です。「儒教」と「道教」、それと「仏教」を含めて、東洋の三大思想といいます。「儒教」が人の道を説いたとすれば、「道教」は宇宙の真理を追究した哲学と言えるでしょう。この思想には、広大な宇宙に比べれば、しょせん人間など小さい存在だという気分があります。小柳自身もまた、その生活や風貌からして、細かいことにはこだわらない、まるで仙人のような飄々とした雰囲気がありました。ですが学問は超一流、その研究は従来の漢学の枠を超えた国際的視野に立ったものでした。そこには、鈴木虎雄と共通する自由な「長善館」の学風が感じられます。　　　　　　　　　　　　（TK）

用語解説

11. 東京帝国大学
現在の東京大学。158ページのコラム03を参照。

12. 正岡子規
1867〜1902年、愛媛県出身。明治時代の俳人、歌人。俳誌「ホトトギス」を創刊し、俳句と短歌の革新運動を起こしました。写生俳句、写生文を提唱しました。

13. 諸橋轍次
プロフィールは60ページ。

14. 京都帝国大学
現在の京都大学。158ページのコラム03を参照。

15. 文化勲章
38ページのコラム01を参照。

16. 老子
生没年不詳。中国・春秋戦国時代の思想家。道家の祖。人間の道徳を超えたあるがままの自然の道を提唱しました。

17. 荘子
生没年不詳。中国・戦国時代の思想家。老子と並ぶ道家思想の中心人物で、万物は平等であり、自然に任せる生き方を説きました。

18. 小柳司氣太
プロフィールは59ページ。

人文・社会科学

参考画像

桂 湖村

小柳 司氣太

中之口先人館（新潟市西蒲区中之口）
小柳司氣太を顕彰しています。

エピソード⓫
諸橋轍次と『大漢和辞典』

諸橋　轍次（もろはし てつじ）　　1883（明治16）年 ― 1982（昭和57）年　　三条市

　漢字の意味や成り立ち、使い方をまとめたものを「字典」といいます。最初の字典『説文解字』が作られたのは中国の後漢の時代、紀元1世紀の頃です。その後、さまざまな改良が加えられた決定版が、清の時代、康熙帝の命令で編さんされた『康熙字典』[1]です。これは全42巻4万9000字余を収めた巨大な字典です。ちなみに日本での最初の本格的な「漢和辞典」は、1903（明治36）年に三省堂から出版された『漢和大字典』でした。

　これらすべてを超える字典をたった一人で、作りあげた日本人がいました。下田村（現三条市）出身の諸橋轍次[2]です。諸橋は新潟第一師範学校（現新潟大学教育学部）を経て東京高等師範学校（現筑波大学）に進学し、そこで同郷の先輩だった鈴木虎雄[3]の教えを受けました。卒業後、同校教授となりますが、その間、2年間中国に留学して、現地で見聞を広めました。帰国してから、三菱財閥の岩崎小弥太[4]から、日本と東洋の古典書籍と古美術品を収蔵する静嘉堂文庫を管理する、文庫長の仕事を任されることになりました。この貴重なコレクションを前にして、中国4000年の漢字文化を網羅する大構想に着手したのは、この頃からのことです。

　先行文献を徹底的に調べ尽くして、その練りに練った構想を実現しようと出版社と契約を交わし、ようやく第1巻が完成したのは1943（昭和18）年、戦争のさなかのことでした。ところが東京大空襲で、印刷のた

用語解説

1．『康熙字典』
中国・清の康熙帝（1654～1722年）の勅命で編さんされた漢字字典として、1716年に完成しました。

2．諸橋轍次
プロフィールは60ページ。

3．鈴木虎雄
プロフィールは59ページ。

4．岩崎小弥太
1879～1945年。東京都出身。実業家。三菱財閥4代目で、重工業部門に事業を広げ、財閥の最盛期を築きました。

5．校正刷り
本などを作る際、文章を原稿や資料、辞典と比べ合わせ、誤りを正すために印刷したもの。

6．白内障
眼球の水晶体が白く濁り、視力が低下する病気。

7．文化勲章
38ページのコラム01を参照。

8．孔子
紀元前551～紀元前479年。中国・春秋時代の思想家。儒家の祖。仁をもって道徳の理想としました。その教えは『論語』などの書物にまとめられ儒教として東アジアに広まりました。

めの組版と資料のすべてが何もかも焼けてしまいました。戦後は、残された校正刷り[5]をもとにしての再スタートでした。集中力と根気を必要とする作業です。白内障[6]で視力が落ちるなど完成が危ぶまれるなかで、たゆまぬ努力を重ねて、1955（昭和30）年、第1巻の再発行にこぎつけます。その5年後、ついに念願の『大漢和辞典』全巻が完結、刊行されました。着手30数年、諸橋轍次、78歳のときです。

　この辞典は索引を含め全13巻、収録字数5万354字、熟語・成句は52万6000語に及びました。これは漢字の母国である中国の『康熙字典』をはるかに超える壮大な規模のものです。この仕事は日本や中国だけでなく、東アジアの漢字文化圏にまたがる、まだ誰も達成したことのない偉大な業績です。アジアだけでなく、欧米の中国学研究者の間でも国際的に高い評価を得ています。これによって、1968（昭和43）年に文化勲章[7]を授与されました。

　諸橋先生がその座右の銘としていたのが「行くに径によらず」という、孔子[8]の『論語』の一節でした。学問研究には近道などない。堂々と自分が信じる道を進むべきだという意味です。これは学問に限らず、人間の生き方すべてに通用する教えではないでしょうか。

（TK）

参考画像

『大漢和辞典』全12巻と索引1巻

諸橋轍次記念館　展示室（三条市庭月）

『康熙字典（翻刻）』国立印刷局　お札と切手の博物館蔵

エピソード⑫
倉石武四郎と中国語学

倉石 武四郎（くらいし たけしろう）　1897（明治30）年 ― 1975（昭和50）年　上越市

写真提供：日中学院

今では大学で中国の思想や歴史、芸術や文化を学ぼうとするには、まず現代中国語の初級から入るのが普通です。私たちは国語の時間に「漢文」を習います。これは漢字で書かれた文章ですが、もともとの中国語としてではなくて、これを翻訳して読みあげているだけです。日本に漢字文化が入ってきた頃、まずは中国語で発音して、それを翻訳していたはずです。英語の勉強といっしょですね。ところが、いつの頃からか、漢字の文章を日本語の文章に翻訳して読みくだす、独特の「訓読」というやり方が定着していきます。文字をみれば意味はわかるけど、中国語として発音されるとまるで分からないという奇妙なシステムです。この訓読法に基づく「漢文」という伝統が、江戸時代を通じてごく最近まで続いていたのです。

こうしたやり方に最初に疑問をいだいたのが、江戸時代の漢学者、荻生徂徠[1]という人物でした。彼は中国式の発音を習うために、長崎に出向いて中国人通訳のもとで、生きた中国語を学ぼうとしました。これを「唐話学」または「崎陽[2]学」といいましたが、学問研究の方法として定着しませんでした。

倉石武四郎[3]は高田の生まれ、大きな商家の出です。代々学問を大切にする家風でした。分家には高田の藩校教授となった倉石典太[4]がいます。父は慶応義塾で福沢諭吉の弟子、母は国文学に親しむという環境でした。武四郎は成績抜群で高田中学を首席で卒業、一高[5]から

用語解説

1．荻生徂徠
1666～1728年。江戸中期の儒学者。当時の「朱子学」が後世の注や解説を頼った内容になっており、古典にさかのぼって真の意味を探るべきだと説きました。

2．崎陽
長崎の漢文風の美称。新潟市を柳都と呼ぶのと同じです。

3．倉石武四郎
プロフィールは60ページ。

4．倉石典太
1815～1876年。江戸後期から明治期の上越・高田藩の藩校の監督。号は侗高。戊辰戦争に際し、藩論を勤皇にまとめました。

5．一高
158ページのコラム03を参照。

6．東京帝国大学
現在の東京大学。158ページのコラム03を参照。

7．支那文学
中国文学のこと。支那とは第二次世界大戦前の中国に対する呼び名で、現在は使いません。

8．京都帝大
現在の京都大学。158ページのコラム03を参照。

9．吉川幸次郎
1904～1980年、兵庫県出身。中国古典文学研究に優れた業績をあげた中国文学者。京都大学で教授を務めました。

10．『岩波中国語辞典』
岩波書店から出版された倉石武四郎執筆の中国語辞典。北京方言の口語を収集しているのが特徴です。1963年の初版以来ロングセラーが続いています。

東京帝国大学[6]に進学しました。大学では支那文学[7]科を志望し、そこである時、清国人講師から美しい韻をふんだ唐詩の朗吟を聞いて感動します。「これだけのおもしろさ、たのしさをわすれて、千年ちかくも訓読ですましてきた日本の漢文漢学というものに対する、はげしい反発がいよいよたかまり、それがわたしの一生を規定してしまった」と。

　そこで武四郎は漢文中心の東京帝大から、新しい中国学研究を目指して「支那かぶれ」と皮肉られていた京都帝大[8]の大学院に進みます。やがて吉川幸次郎[9]と共に中国に留学し、これを契機に訓読法を「玄界灘に捨ててきた」と宣言し、以後は音読法を徹底して中国語教育の革新につとめました。生きた中国語を学ぶためには、いったん漢字・漢文から絶縁する必要がある、そこで編さんされたのが、「ピンイン（拼音）」というローマ字表記による日本初の中国語辞典『岩波中国語辞典[10]』でした。その一生は「中国へかける橋」である中国の言葉の研究と教育が、真に根付くために捧げられたのだと言えるでしょう。倉石武四郎こそは、古い伝統の殻を破って、新しい中国学研究の道筋をつけたパイオニアだったのです。
　　　　　　　　　　　　　　　　　　　　　　　　　　　　　　　　　　　（TK）

参考画像

一般的な中国語辞書は漢字から引きますが、この辞書は中国語の発音を表したローマ字（ピンイン）から引けるようになっているのが特徴です。

倉石武四郎『岩波中国語辞典』
　　　　　1963年

人文・社会科学

エピソード⓭
平安文学と白居易

金子 彦二郎（かねこ ひこじろう） 1889（明治22）年 — 1958（昭和33）年 新潟市

　国文学とは何でしょうか。日本語で書かれた文学のことです。私たちはもともと文字を知りませんでした。文字は中国から朝鮮を経て日本に伝わりました。つまり漢字です。アルファベットを表音文字といいますが、漢字は象形文字をもととした表意文字です。古い時代の人たちは、いまでいうなら、英語を勉強するようにして中国語を学び、これを用いてさまざまな物事を記録していました。やがて漢字の意味と関わりなく、中国語の発音の部分だけを用いて、日本語独特の発音を表す方法を発明しました。『古事記』や『万葉集』の、いわゆる「万葉仮名」という表記法です。これが簡略化され日常的に使われるようになったのが「仮名」文字です。

　相変わらず漢字にこだわる保守的な男性に対して、仮名文字を自由自在に使いこなしたのが女性たちでした。そこから生まれたのが、国文学の古典とされる、紫式部[1]の『源氏物語』や清少納言[2]の『枕草子』でした。これら宮中に仕える女性たちが、男性たちとわたり合える教養として求められたのが漢詩や漢文学の素養でした。またその一方で、当時の男女の社交儀礼として欠かせないものが、『古今和歌集』に象徴される和歌のたしなみでした。

　この平安時代の文学の特質を、日中比較文学の視点から取り上げて論じたのが、金子彦二郎[3]の『平安時代文学と白氏文集』でした。この研究は国文学と漢文学の両分野にまたがる幅広い、そして深い知識が必要とされます。「白氏文集」とは唐の詩人・白居易[4]の詩文集という意味です。聖徳太子の遣隋使の派遣から始まって、菅原道真による遣唐使の廃止までの約300年は、日本と中国の間

用語解説

1．紫式部
生没年は不明。平安時代中期の物語作者、歌人。世界最初の長編小説『源氏物語』の作者。

2．清少納言
生没年不明。平安時代中期の歌人・随筆家。漢詩文の教養と、才気と機知で宮廷に名前をはせました。

3．金子彦二郎
プロフィールは62ページ。

4．白居易
772～846年。中国・唐時代の詩人。白楽天ともいいます。詩はなめらかで分かりやすく、日本の平安朝文学に大きな影響を与えました。『長恨歌』『琵琶行』などの詩が有名です。

5．『長恨歌』
唐の白居易の作った長編叙事詩。一人の娘が皇帝の愛を受け妃となったが、戦乱で殺され、悲しんだ皇帝がその魂を探し求めるという筋。『源氏物語』など日本の王朝文学に大きな影響を与えました。

6．李白
701～762年。盛唐時代の詩人。同時代の杜甫と並ぶ最高の詩人として「詩仙」と呼ばれています。酒を愛し、奇行も多く、最後は水中の月を取ろうとして溺死したといわれています。

7．陶淵明
365～427年。中国・六朝時代の詩人。官職に就きましたが束縛を嫌って辞め、故郷で自然を愛する生活を送り、やさしい言葉ですぐれた詩を残しました。

8．杜甫
712～770年。中国・盛唐期の詩人。現実の社会と人間を見つめ、誠実な詩を作りました。律詩の完成者とされ、詩聖とも呼ばれています。

9．『唐詩選』
唐代詩人128人の詩選集。465首が収められています。日本には江戸時代初期に伝わり、漢詩の入門書となりました。

でもっとも親しい文化交流があった時代です。

白居易といえば、唐の玄宗皇帝と美妃・楊貴妃との永遠の愛を謳った『長恨歌』[5]がまず挙げられます。しかし現在、私たちが知る唐代の詩人として名が高いのは酔吟先生・白居易よりも、むしろ酒仙・李白[6]であり、また陶淵明[7]や杜甫[8]ではないでしょうか。ですが彼らの詩が愛好されるようになったのは、どうやら江戸時代の『唐詩選』[9]の流行以来のようです。

金子の研究以前にも『白氏文集』は、平安時代の文学者から群を抜いて愛読され、和漢にまたがる詩歌の世界に絶大な影響を与えてきたことが指摘されてきました。その理由として、白居易が同時代の唐の流行詩人であり、その詩が平易流暢で仏教味があったことが挙げられてきました。さらに金子が挙げたのは、白居易の詩の背景となる社会生活が日本の平安時代とよく似ていて、白居易の地位や身分、人となりが日本の文学者の身分や当時の日本人によくある性格ともそっくりだという点です。そして何よりも「白氏文集七十余巻が、量的・質的両方面より観て、我が平安時代の文学者に取つて、完備せる一大文学辞典兼辞典的性質の存在たりしこと」を指摘したのでした。この成果により、県出身の国文学者の中でただ一人、金子彦二郎は帝国学士院賞[10]の栄に輝いています。

（TK）

> **用語解説**
>
> 10. 帝国学士院賞
> 帝国学士院がその年の論文・著書・研究業績ですぐれたものに授与する賞。戦後は日本学士院（賞）と名前を改めました。

参考画像

白居易

東洋大学の教壇に立つ金子彦二郎
東洋大学井上円了研究センター提供

土佐光起《清少納言図》江戸時代17世紀 東京国立博物館蔵
白居易の詩句「香炉峰の雪は簾をかかげて看る」をめぐる、皇后定子と清少納言の機知に富んだやりとりが『枕草子』の中にあり、その様子を描いた作品。
Image:TNM Image Archives

人文・社会科学

エピソード⑭ 「妖怪博士」井上円了

井上 円了　1858（安政5）年 ― 1919（大正8）年　長岡市

　長岡生まれの哲学者井上円了[1]は「妖怪博士」と呼ばれました。なんだか水木しげる[2]の怪奇マンガの主人公のようです。実家は浄土真宗[3]のお寺で、子どもの頃からお化けが好きだったそうです。円了が最初に学んだのは、池津（現小千谷市片貝町）にあった石黒忠悳[4]の漢学塾でした。この石黒先生は初め、がちがちの攘夷論[5]者でしたが、洋学者佐久間象山[6]との出会いがきっかけで、西洋医学の研究を志し日本で最初の軍医総監[7]となった人物です。

　円了は抜きんでた秀才でした。新しい時代を開く人材を育成するため開校した長岡洋学校に入学して洋学を学びました。そこから京都の東本願寺直営の教師学校に推薦され、さらに東本願寺[8]の給費生に選ばれて、三段跳びで新設の東京大学文学部哲学科に入学しました。この年の哲学科の入学生は円了ただ一人でした。「哲学」とは西洋で育った学問です。その始まりは古代ギリシャにさかのぼります。ひとことで言えば、真理とはなにか、真実とは何かを追究する学問です。フランス近代の哲学者デカルト[9]はこんなことを言っています。「私は考える、だから私が在るのだ」と。この考える力を「理性」といいます。人間の理性によって組み立てられた「合理的」な世界が、今日の私たちの科学の世界です。

　近代化が始まったばかりの日本には、まだもののけやたたりを信じる人たちが多くいました。そんな時代に円了は「妖怪変化のほとんどすべては迷信なり」と言

用語解説

1．井上円了
プロフィールは62ページ。

2．水木しげる
1922年〜。鳥取県出身のマンガ家。『ゲゲゲの鬼太郎』や『悪魔くん』は、アニメ化もされた人気作です。

3．浄土真宗
鎌倉仏教の一宗派。開祖の親鸞（1173〜1263年）は35歳のとき越後に流罪となり（承元の法難）、新潟県内各地で布教活動を行いました。

4．石黒忠悳
プロフィールは29ページ。

5．攘夷論
幕末、鎖国を主張し、外国を排除しようとした考え。

6．佐久間象山
1811〜1864年。長野県生まれ。洋学を学び、塾を開いて西洋の兵法を教えました。門下生に勝海舟、吉田松陰らがいます。河井継之助（長岡市）にも影響を与えました。

7．軍医総監
明治から昭和初期の旧陸海軍に勤める軍医の最高の階級。

8．東本願寺
浄土真宗の一派「真宗大谷派」の本山。京都市下京区にあります。

9．デカルト
1596〜1650年。フランスの哲学者、数学者。「我思う、ゆえに我あり」という命題を提唱し、近世哲学の父といわれています。

10．釈迦
生没年不詳。本名ガウタマ・シッダールタ。世界三大宗教の一つである仏教の開祖です。

11．孔子
紀元前551〜紀元前479年。中国・春秋時代の思想家。儒家の祖。仁をもって道徳の理想としました。その教えは『論語』な

人文・社会科学

いきり、科学的精神による怪奇現象の実証的な解明を試みました。不思議に見えても、実は手品やトリックだったり、あるいは見間違え、蜃気楼(しんきろう)や不知火(しらぬい)も自然現象にすぎないことを明らかにしたのです。それが「妖怪博士」の名のもととなった『妖怪学講義』の研究だったのです。明治という新しい時代の到来は、西洋の先進国をモデルとする「文明開化」を理想として掲げていました。円了は西洋の科学技術ももちろんだが「人の心の文明開化」がもっと必要だと説いていました。

なによりも哲学者井上円了が目指したのは、西洋の「哲学」すなわち「知を愛する」(フィロソフィア)の精神から、伝統的な儒教や仏教の思想を「東洋哲学」として見直すこと、さらにこの東西の思想のお互いに優れたところを融合した「新哲学」を立ち上げることでした。この壮大な理想のもとに、東京の中野に「哲学堂」を建立して釈迦(しゃか)[10]、孔子(こうし)[11]、ソクラテス[12]そしてドイツの哲学者カント[13]を「四聖」としてまつりました。1887(明治20)年、円了は広く哲学の普及を目的とした私立学校を設立し、「哲学館」と名付けました。これが後の「哲学館大学」、そして今日の「東洋大学」の前身となりました。　　　　　　(TK)

用語解説

どの書物にまとめられ儒教として東アジアに広まりました。

12. ソクラテス
紀元前470(または469)～紀元前399年。「哲学の祖」といわれる古代ギリシャの哲学者。弟子にプラトンなどがいます。

13. カント
1724～1804年。ドイツの哲学者。経験を重視し、科学の根拠を明らかにする合理主義を唱えました。

参考画像

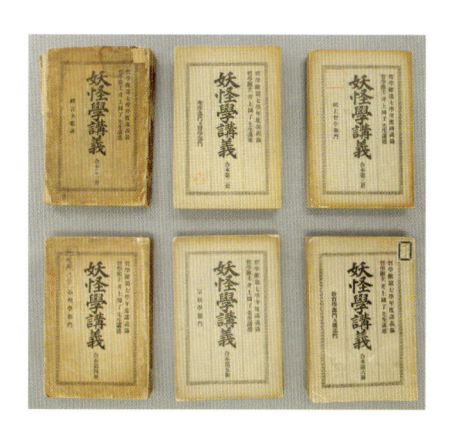

井上円了『妖怪学講義』全6巻
1896年

四聖堂(1904年完成)
(東京都中野区立哲学堂公園内)

橋本雅邦《四聖像》1890年

図版はすべて東洋大学井上円了研究センター提供

人文・社会科学

エピソード⑮
田中美知太郎とギリシャ哲学

田中 美知太郎（たなか みちたろう）　1902（明治35）年 ― 1985（昭和60）年　新潟市

　ギリシャの哲学者・ソクラテス[1]には、「無知の知」という思想があります。「無知の知」とは、自分は何も知らないことを知っている、という自覚です。知識をひけらかす知ったかぶりは、本当の知者、すなわち「愛知者（フィロソファー）」とは言えません。無知を自覚する謙虚さがあって、初めて知への欲求、ギリシャ人がいう愛（エロス）が高まり、そこから真理を追究する学問への道が開けていきます。この「初歩的な問題こそ、真に哲学的な問題であり、哲学の歴史を根本的に規定したソクラテスは、つねに自己を素人の立場に置いたのである」と、哲学者の田中美知太郎[2]は語っています。

　そのソクラテスの言行を書きとどめ、後世に伝えたのが弟子のプラトン[3]でした。この西洋哲学思想の源流であるプラトンの哲学について、実証的、文献学的に徹底的な読解をおこない、プラトンの『対話篇』[4]そのままにプラトンの思索と直接に向かいあったのが、田中美知太郎でした。

　数少ない哲学部門での文化勲章[5]の受章者である田中美知太郎は、新潟市中央区学校町に生まれました。新潟師範学校付属小学校に入学しますが、翌年東京に移住、早稲田小学校に転校しています。だが子どもの頃に見た、家の前の松林や海岸にまで続く長い砂路、佐渡が見える西の海に沈む真っ赤な夕日は、鮮明に記憶していると語っています。紛れもなく郷土新潟から出た偉大な哲学者なのです。

用語解説

1．ソクラテス
紀元前470（または469）〜紀元前399年。「哲学の祖」といわれる古代ギリシャの哲学者。弟子にプラトンなどがいます。

2．田中美知太郎
プロフィールは63ページ。

3．プラトン
紀元前427頃〜紀元前327年。古代ギリシャの哲学者で、ソクラテスの弟子。

4．『対話篇』
ソクラテスとの対話形式で書かれた著作。

5．文化勲章
38ページのコラム01を参照。

6．碩学
修めた学問の広く深いこと、またそのような人物。

「私は人々がとうに卒業してしまったと考えている古人プラトンの亜流であり、旧式なプラトン主義者であるとして嗤われることをむしろ誇りとする」。私たちは古代ギリシャ人ではありません。現代を生きる近代人です。その時代にはその時代の哲学があることは言うまでもありません。しかしこれを貫く真理は一つしかありません。それはどうやってものごとを正しく考え、正しく行動するかということです。「日本のソクラテス」ともいわれた、この哲学者がプラトンを精確に読み解くことで得たものは、プラトンの思想という知識ではなく、真理を追究してやまない愛知者としてあるべき「考え方」だったのです。

ソクラテス、そしてその思想を受け継いだプラトンの哲学は、今日のあらゆる学問の源であり、根本命題だといえます。日本の近代化とともに入ってきた「哲学」というサイエンスは、ひたすら専門分化して、難解で分からないものという印象があります。また一方で浅薄な功名心にはやり、手前勝手な独創性で人々をリードしようとする思想家は俗悪でしかありません。「初心忘るべからず」という言葉があります。西欧の哲学史の初心に位置づけられるのが、まさしくプラトンの思想です。最後にこの碩学[6]の言葉を引いておきましょう。

「哲学者の関心すべき第一義は、ただ真実を明らかにし、善を求めることにあるのみ。オリジナルということは、思想のもの珍しさにあるのではなくて、自己自身の胸底からあふれ出てきたことを言うだけである」。　　　　　　　　　　　　　　　　　（TK）

参考画像

ダビッド《ソクラテスの死》1787年
メトロポリタン美術館蔵
死刑を宣告され、弟子たちを前に毒杯を
受けとるソクラテス

プラトン像

エピソード⓰
『大日本地名辞書』と「世阿弥発見」

吉田 東伍（よしだ とうご）　1864（元治元）年 — 1918（大正7）年　阿賀野市

　1907（明治40）年、東京上野の精養軒で『大日本地名辞書』の完成披露祝賀会が開かれました。著者は安田（現阿賀野市）出身の吉田東伍[1]です。阿賀野市立吉田東伍記念博物館の入口にデモンストレーションとして積み上げられた原稿用紙の高さは15尺（4メートル半）、見る者を圧倒する分量です。地名の歴史的な起源や変遷について研究した労作で、そこに引かれた項目は4万を超えました。本来は国家的な事業ともいえるこの仕事を、名もない在野の研究者が独力でやってのけたのです。空前絶後の出来事と言えます。

　これは単に地名を検索するための辞書ではありません。その土地の自然的そして文化的風土を記したものを「地誌」といいます。そのもっとも古いものが『風土記』[2]です。東伍はこの辞書によって、記紀万葉の古代[3]から明治の近代までの日本の物語を地誌として語ろうとしたのです。地理学と歴史学が縦横にからみ合うところに、この研究の他に例のない特色が認められます。この業績によって文学博士の学位を授与され、早稲田大学の教壇に立つことになりました。

　生家は代々学問を大切にする家柄でした。家には郷土の歴史を記録した古文書や絵図面も多く残され、これが少年東伍の後の歴史地理学への関心をかき立てました。地元の小学校を経て新潟英語学校で学びます。東伍は小柄で華奢な体つきから「おなご（女子）」とからかわれたそうです。やがて「分かりきったことしか

用語解説

1．吉田東伍
プロフィールは63ページ。

2．『風土記』
奈良時代に地方その風土・産物・伝説その他について記した最古の地誌、現在は一部しか残っていません。

3．記紀万葉の古代
「古事記」、「日本書紀」、「万葉集」が作られた時代。

4．世阿弥
1363〜1443年頃。室町時代前期の能役者・能作者。父・観阿弥とともに、卑俗な芸能を能楽と呼ばれる芸術にまで高めました。

5．『風姿花伝』
世阿弥の演劇論。能の修業や演出等に関する広範囲の内容が書かれています。

6．安田財閥
安田善次郎（1838〜1921年）が築いた金融資本を中心にした財閥。東京大学安田講堂を寄付したことでも知られています。

7．校注
古典などの文章を校訂し、注釈を加えること。

8．観世座
中世、大和の国を本拠地にした「大和猿楽」の観世・宝生・金春・金剛の4座の一つ。

教えてくれない」学校教育に嫌気がさして退学、その後は独学で知識を身につけました。学歴を問われると「図書館卒業です」と答えていました。しかし東伍はただの本の虫ではありませんでした。北海道から中国大陸にまで足を延ばし、現地踏査を試みています。心身ともに見違えるほどたくましくなった東伍に、早稲田の学生がつけたあだ名は「おなご」から「猛獣」に変わっていました。

　吉田東伍のもうひとつの忘れてはならない業績が「世阿弥発見」です。今日、能の大成者である世阿弥[4]の名前を知らぬ人はいません。世阿弥が著した能楽論『風姿花伝』[5]は国際的に評価の高い演劇論です。ところが当時、世阿弥は本当にいたのかどうかも分からない伝説の人物でした。たまたま、大名の堀家が所蔵する能楽の秘伝書を安田財閥[6]の長男善之助が入手し、東伍がこの全16編の古文書を校注[7]、公刊したのが『世阿弥十六部集』でした。この研究を通じて、初めて世阿弥の実像が明らかとなり「観世座[8]の祖宗たるよりも、むしろ能楽の開山（創始者）である」と位置づけられたのです。この発見がなければ、世阿弥の存在は今も、歴史の闇に埋もれていたことでしょう。　　　　（TK）

参考画像

早稲田大学坪内博士記念演劇博物館
「世阿弥発見100年 ―吉田東伍と
能楽研究の歩み―」2009年

阿賀野市立吉田東伍記念博物館（阿賀野市保田）

完成した『大日本地名辞書』の原稿をバックにした
43歳の吉田東伍（1907年）
阿賀野市立吉田東伍記念博物館蔵　許諾No.150510

人文・社会科学

エピソード❶ 近代政治学の基礎を築いた小野塚喜平次

小野塚 喜平次（おのづか きへいじ）　1871（明治3）年 — 1944（昭和19）年　長岡市

　北越戦争[1]で焼け野原となった長岡の町に、未来を託する教育の種をまいたのが小林虎三郎[2]でした。やがて虎三郎の願いは実り、長岡は多くの有為な人材を世に送り出すことになります。その最初の一人が、東京帝国大学[3]総長となった小野塚喜平次[4]でした。

　長岡中学に学びますが、時の校長排斥運動に関わり、級長であったため責任を負って中途退学しています。そこから上京して共立学校に移り、第一高等学校[5]を経て東京帝国大学法科大学政治学科に入学しました。同期には東京駅で銃撃された総理大臣浜口雄幸[6]、その代行をつとめ、戦後に総理大臣に就任した幣原喜重郎[7]がいました。ここで首席を争ったのが、小野塚と浜口でした。小野塚は一高、浜口は三高[8]の出身でした。そこで人気だった野球の対抗戦になぞらえて「一高三高戦」だと言われました。

　同級生の多くが、政治家や官僚を目指すなかで、小野塚はひとり大学院に進学し研究者の道を選びました。ドイツ、フランス、イギリスに５年にわたって留学し、理論だけでなく、かの地の政治情勢を身をもって知りました。帰国後、ただちに新設の政治学講座の教授に任じられ、法学博士の学位を授与されました。日露戦争の前夜、刊行された『政治学大綱』[9]はわが国での最初の体系的な政治学の大著です。その同じ年に帝大の６人の同僚とともに、政府にロシアとの「満韓交換」に反対する意見書を提出しました。これが対ロシア強

用語解説

1. 北越戦争
幕府軍と明治政府軍とが戦った戊辰戦争のうち、新潟県内を戦場にした戦い。

2. 小林虎三郎
プロフィールは177ページ。

3. 東京帝国大学
現在の東京大学。158ページのコラム03を参照。

4. 小野塚喜平次
プロフィールは64ページ。

5. 第一高等学校
一高。158ページのコラム03を参照。

6. 浜口雄幸
1870〜1931年、高知県出身。大正から昭和前期の政治家。財政立て直しのため金解禁を断行した総理大臣。ロンドン海軍軍縮条約に調印し、反発した右翼青年に狙撃され死亡。

7. 幣原喜重郎
1872〜1951年、大阪府出身。大正・昭和前期の外交官・政治家。1945年、総理大臣となり、新憲法草案作りに尽力しました。

8. 三高
第三高等学校。158ページのコラム03を参照。

9.『政治学大綱』
1903年刊行。日本における政治学を初めて体系的にまとめた著述。

10. 七博士事件
中国東北部・満州と朝鮮をめぐる外交で、東京帝国大学の7人の博士が対ロシア強硬論を唱え、開戦への世論を喚起した事件。

11. 社会主義運動
だれもが平等な社会の実現を目指す思想の運動。

12. 大正デモクラシー
明治以来の藩閥・官僚政治に反発して、民本主義や自由主義、社会主義がもてはやされた大正時代の風潮。

硬論として知られる「七博士事件[10]」です。

しかしこれ以後、小野塚は学問研究に没頭します。その学風は、それまでのドイツ流の観念的な国家学とは一線を画する、綿密で細心な客観的実証主義であると評されました。西欧諸国の議会、政党、選挙制度を比較分析し、さらに高まりつつあった社会主義運動[11]にも目を配り、その研究成果をまだ途上にあったわが国の立憲政治の実際に役立てようとしたものでした。

小野塚の弟子には、大正デモクラシー[12]の思想家として知られた吉野作造[13]、東京帝大総長となった南原繁[14]、行政学研究のパイオニア蝋山政道[15]がいました。「丸山政治学」とも呼ばれる日本近代の政治思想史学を論じた丸山真男[16]は孫弟子にあたります。まさに日本の近代政治学の礎を築いたのが小野塚喜平次でした。

弟子たちによって編まれた『小野塚喜平次　人と業績』には「わが国における科学としての政治学の創始者、かつ昭和の初期に日本がファッショ政治[17]と戦時体制[18]へと急ぎつつあった間、東京帝国大学総長として、大学の自治と学問の自由のために闘った」と記されています。　　　　　　　　　　　　　　　（TK）

用語解説

13. 吉野作造
1878～1933年、宮城県出身。政治学者、東京帝国大学教授。普通選挙権の実施する民本主義を提唱し、大正デモクラシーの理論的指導者。

14. 南原繁
1889～1974年、香川県出身。政治学者、東京帝国大学総長。第二次世界大戦後の講和条約締結で、全面講和を唱えて、吉田茂首相と対立しました。

15. 蝋山政道
1895～1980年、群馬県出身。大正から昭和期の政治学者。吉野作造の影響を受け、東大新人会に参加。行政学研究の先駆者で、革新派の知識人といわれました。

16. 丸山真男
1914～1996年、大阪府出身。政治思想史の研究者。日本の政治学を学問として論じ、また戦後の民主主義思想をリードしました。『日本政治思想史研究』は名著として知られています。

17. ファッショ政治
自由主義や共産主義に反対し、暴力を伴う独裁的な指導による政治。極右の国家主義的、全体主義的政治。ドイツのナチス、イタリアのファシスト、日本の軍閥が進めた政治。

18. 戦時体制
戦争の遂行のために統制された国内の非常時体制。

参考画像

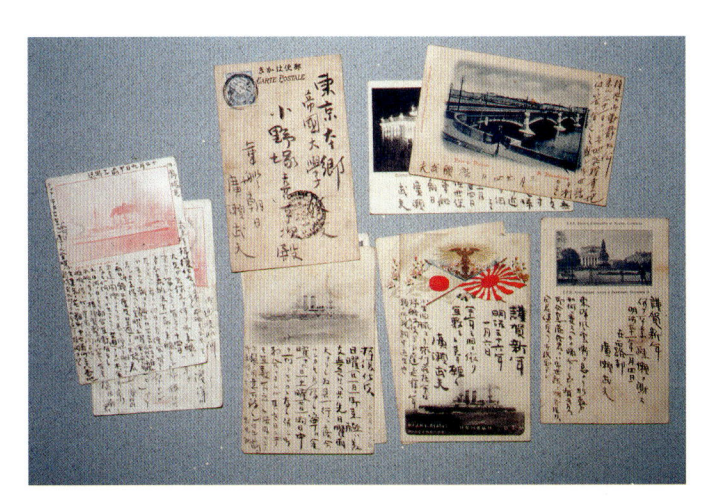

日露戦争で戦死し英雄にされた広瀬武夫（海軍中佐）ほかとの交遊資料

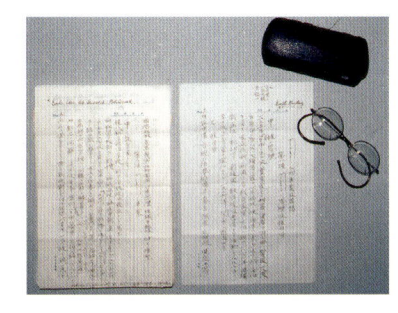

愛用眼鏡と1938年正月御進講『プートミーの人物事業及思想』原稿

長岡市郷土史料館（長岡市御山町　悠久山公園）小野塚喜平次の資料を展示しています。

図版はすべて長岡市郷土史料館提供

エピソード⓳
海を渡った女性たち

久保田 きぬ子（くぼた きぬこ）　1913（大正2）年 ― 1985（昭和60）年　佐渡市

　新潟の女性というと、色白で美人、働き者で辛抱強いという内向きのイメージで語られることが多いようです。しかし、積極的に海を渡り、さまざまな分野で活躍した女性たちも多くいます。

　日本で最初の女子海外留学生として、1871（明治4）年、岩倉使節団[1]とともに渡米した5人の少女たちがいました。その中で有名なのは、後に女子英学塾（現在の津田塾大学）の創始者となる津田梅子と、陸軍大臣・大山巌[2]の妻となり、「鹿鳴館の貴婦人」と称された会津藩出身の大山（山川）捨松でしょう。この2人の影に隠れて目立ちませんが、新潟と関わりのある女性が、瓜生繁子[3]と上田悌子です。

　繁子は、佐渡奉行属役の娘として、江戸で生まれました。佐渡生まれの実兄・益田孝[4]は、後に三井財閥を支えた実業家です。繁子は5歳のとき、幕府の軍医・永井家の養女となりました。アメリカ公使館に勤めていた兄の勧めで、10歳のとき開拓使派遣留学生に応募し、渡米。10年間の留学ですっかり日本語を忘れ、帰国したときには「ネコ」という言葉しか覚えていなかったといいます。

　音楽を専攻した繁子は、日本人で初めて本格的なピアノのレッスンを受けました。西洋音楽の移植に努めていた文部省は、さっそく繁子を東京音楽学校（現在の東京芸術大学）の前身である音楽取調掛のピアノの教授に採用しました。繁子が最初に育てた弟子は、明治の小説家・幸田露伴[5]の妹、延[6]です。延は、やがて日本の西洋音楽のスターとなり、女性で初めて帝国芸術院会員に選ばれました。その道筋をつけ、西洋音楽普及に関わったのが瓜生繁子でした。また、繁子は留学中に海軍

用語解説

1．岩倉使節団
1871年11月から73年9月にかけ、明治政府が欧米に派遣した使節団。条約改正の準備交渉や海外視察などが目的で、岩倉具視を特命全権大使に大久保利通、伊藤博文らが参加、総勢100人を超えました。

2．大山巌
1842～1916年、鹿児島県出身。陸軍大将、元帥。日露戦争では元帥陸軍大将として日本の勝利に貢献し「陸の大山、海の東郷平八郎」と並び称されました。

3．瓜生繁子
プロフィールは154ページ。

4．益田孝
プロフィールは145ページ。

5．幸田露伴
1867～1947年、東京都出身。小説家。1892年『五重塔』などで知られる。1937年に第1回文化勲章を受けました。

6．幸田延
1870～1946年、東京都出身。ピアニスト、音楽教育家。1928年東京音楽学校（現東京芸大）教授となり、多くの門下生を育てました。小説家幸田露伴は兄。

7．瓜生外吉
1857～1937年、石川県出身。海軍軍人。日露戦争での第二艦隊司令官。

8．五港
幕末から明治にかけて、日本で最初に対外貿易の港として開かれた五つの港。横浜、神戸、長崎、新潟、函館（箱館）のことを言います。

9．上田敏
1874～1916年、東京都出身。英文学者、詩人。夏目漱石と同時期に東京帝国大学英文科講師を務め、後に京都大学教授になりました。『海潮音』は名訳詩集として知られています。

10．久保田きぬ子
プロフィールは61ページ。

士官・瓜生外吉[7]と知り合い、帰国後に結婚しています。当時の日本では珍しい恋愛結婚で、その第1号かもしれません。

　もう一人の上田悌子の父親は、新潟港を管理する新潟奉行所に勤める幕臣で、五港[8]の一つとしての新潟港の開港に携わった人物です。悌子は女子留学生5人の中で最年長でしたが、渡米後1年ほどで体調を崩して帰国しており、その後の消息はあまり知られていません。訳詩集『海潮音』で有名な詩人・上田敏[9]は、悌子の甥にあたります。

　今でこそ皆が知っている「プライバシーの権利」を日本に初めて紹介したのが、佐渡出身の久保田きぬ子[10]です。きぬ子は日本女子大学校（現在の日本女子大学）で学んだ後、1946（昭和21）年に東京大学法学部政治学科に入学します。この年は、東京大学が女子に初めて門戸を開いた年で、東大初の女子学生になりました。その後、アメリカのプリンストン大学に留学し、最新のアメリカ憲法を学びました。

　こうした海外経験から、三島由紀夫[11]の小説『宴のあと』のモデル問題にからむ「名誉毀損」で争われた裁判で「プライバシー侵害」という考えがあることをアドバイスしました。この事例で、日本で初めて「プライバシーの権利」を認める判決が出されました。訴えたのはモデルにされた同郷の政治家・有田八郎[12]元外務大臣でした。また、きぬ子は1961（昭和36）年の国連総会で、日本で女性初の政府代表代理となり、国際的な舞台でも活躍しました。
　　　　　　　　　　　　　　　　　　　　　　　（KA）

用語解説

11. 三島由紀夫
1925～1970年、東京都出身。小説家。代表作に『豊饒の海』『金閣寺』があります。

12. 有田八郎
1884～1965年、佐渡市出身。政治家。1936年、外務大臣として日独防共協定を締結。政治家・実業家の山本悌二郎は兄。

瓜生 繁子

参考画像

揚州周延《欧州管弦楽合奏之図》　1889年　神戸市立博物館蔵
Photo: Kobe City Museum/ DNPartcom

ピアノを弾いている女性が瓜生繁子、バイオリンを弾いている女性が幸田延といわれています。

中国学 ❶

正史編さん事業を主導
星野 恒
〈ほしの ひさし〉

生没年	1839(天保10)年 － 1917(大正6)年
出身地	新潟市
職業	歴史学者・東京帝国大学教授

貧しい家庭に生まれましたが、江戸に出て幕府の学問所「昌平黌」教授の学僕となって働きながら学問に励みました。恩師の没後、帰郷し、水原代官所の学問所「広業館」で教師や生徒を教育しました。和漢の学に通じ、とりわけ中国の史書注釈『春秋左氏伝』を得意としました。当時の生徒に市島謙吉（号は春城）がいます。

再び上京し、明治政府の日本史編さん事業に参加。中心的役割を果たした後、東京帝国大学教授となり、国史学の基礎を築きました。著書に官撰日本通史『国史眼』など多数あり、新潟出身の尊王思想の先達を扱った『竹内式部君事跡考』もあります。

ココで発見 ▶白山神社にある竹内式部顕彰碑の碑文を書いています（新潟市中央区一番堀通町）。

1. 広業館（現水原小学校）の教え子たちが集まった星野恒の還暦を祝う会で「若い頃は苦労して学問をしました」
2. 江戸で書生をし毎日師の家の下働き
3. 師の訪問先で寒さにふるえながら二時間も待つことがありました　←はだしにワラジ
4. 「これらの経歴を聞かされた時、われらは暗涙を禁じえなかった」と出席者の随筆家市島春城は述べています

中国学 ❷

「早稲田漢学」の雄
桂 湖村
〈かつら こそん〉

生没年	1868(明治元)年 － 1938(昭和13)年
出身地	新潟市
職業	中国文学者・漢詩人

本名は五十郎。新津（現新潟市）の大庄屋で、国学を家業とする家に生まれました。「湖村」の号は故郷の福島潟にちなんだものです。幼い頃から和漢の学を修め、16歳で「長善館」師範代を務めました。上京し、東京専門学校（現在の早稲田大学）では英文学を学びました。卒業後、日本新聞社に入社し、正岡子規とともに文芸欄を担当。その後、中国に留学し書画陶器を収集・研究したことでも知られています。早稲田大学教授となり、中国の古典を詳細に分類・解説し、漢学研究の座右の書となった『漢籍解題』を出版しました。森鷗外の漢詩の師匠でもあります。

ココで発見 ▶燕市長善館史料館（燕市粟生津）

1. 桂湖村の家をひんぱんに訪れる人がいました
2. その人は森鷗外
3. 桂湖村は漢詩の師として慕われていました
4. 森鷗外の死去の際には湖村が戒名をつけました（貞献院殿大穆思齋大居士）それほど親しかったのでした

中国学 ③

東洋思想の国際的研究
小柳 司氣太
〈おやなぎ しげた〉

生没年	1870(明治3)年 － 1940(昭和15)年
出身地	三条市
職業	老荘思想研究家・ 大東文化大学初代学長

「長善館」で漢学、数学、英語を学び、新聞記者を経て研究者になりました。山口高校、学習院、国学院大学、大東文化学院（現大東文化大学）の教授を歴任し、事実上の総長を務めるなど教育に尽力しました。宋学から老荘思想、道教、陰陽道、神道など幅広い東洋思想を研究、『老荘の思想と道教』では西欧の道教研究の成果も取り込んで、従来の漢学の枠を超えた国際的視野に立った研究を行いました。このほか『東洋思想の研究』を著し、また『詳解漢和大字典』の編集をするなど、東洋の哲人を思わせる風貌、飾らない人柄で、日常の雑事はまったく気にせず、学問一筋の人でした。

ココで発見 ▶中之口先人館（新潟市西蒲区中之口）

四コマ漫画（小柳司氣太）
1. さて、帽子もかぶったし授業をしに行くか
2. （歩く小柳先生）
3. あれ？
4. 小柳先生…なんで学生帽？

中国学 ④

文学史研究としての中国学
鈴木 虎雄
〈すずき とらお〉

生没年	1878(明治11)年 － 1963(昭和38)年
出身地	燕市
職業	中国文学者・漢詩人・ 文化勲章受章者

「長善館」館主の息子として生まれました。号は豹軒（ひょうけん）といいます。「長善館」で学び、東京帝国大学を卒業。新聞「日本」では病気の正岡子規（まさおかしき）の後を受けて短歌の選者を務めました。のち台湾日日新報社を経て学究生活に入りました。精密で実証的な研究『支那詩論史』は中国の文学史を組織的に研究した世界最初の労作として評価されています。詩人としての才能も豊かで、漢詩集『豹軒詩鈔』や短歌集『菽房主人歌草』（やくぼう）を残しました。また京都帝国大学教授の時代には、倉石武四郎、吉川幸次郎らの逸材（いつざい）を育てました。1961（昭和36）年に文化勲章受章、燕市名誉市民（旧吉田町名誉町民）。

ココで発見 ▶燕市長善館史料館（燕市粟生津）

四コマ漫画（鈴木虎雄）
1. ある時はジャーナリスト　正岡子規の後任で文芸欄を担当だ！
2. ある時は歌人　短歌集「菽房主人歌草」（やくぼう）を出しました！
3. そしてまたある時は一万首を作った漢詩人　國破山河在　若い頃、杜甫の詩に感動したんです
4. その本職は　京都帝国大学教授なのであります！

人文・社会科学

中国学 ❺

前人未到の「大漢和辞典」編さん
諸橋 轍次
〈もろはし てつじ〉

生没年	1883(明治16)年 － 1982(昭和57)年
出身地	三条市
職業	中国文学研究者・文化勲章受章者

『大漢和辞典』の編さんで知られています。新潟師範学校（現在の新潟大学教育学部）を経て、東京高等師範学校（現在の筑波大学）を卒業。大学教育に携わり、都留文科大学の初代学長を務めました。大正時代の終わりから『大漢和辞典』を構想しはじめ、第二次世界大戦の戦災による資料焼失をのりこえ、30年余をかけて語数5万354字、熟語・成句52万6千語を収録して完成しました。これは漢字の母国、中国の『康熙字典』収録文字4万9千字を超える壮大な規模で、1960（昭和35）年に中華民国から学術奨章を贈られました。1965（昭和40）年、文化勲章受章。三条市名誉市民（旧下田村名誉村民）。

ココで発見 ▶諸橋轍次記念館（三条市庭月）

---

1. 1945（昭和20）年2月の大空襲で
2. 「大漢和辞典」印刷用の版も資料も灰になってしまいました　みんな焼けてしまった…
3. さらに白内障で右目を失明　しかし諸橋は困難に負けませんでした　ムン!
4. 苦節30余年をかけてついに完成！　「大漢和辞典」の偉業は国内外から称賛を集めました　やったー！

中国学 ❻

現代中国語教育のパイオニア
倉石 武四郎
〈くらいし たけしろう〉

生没年	1897(明治30)年 － 1975(昭和50)年
出身地	上越市
職業	中国語学者・東京大学、京都大学教授

東京帝国大学（現東京大学）文学部在学中に、中国人講師の唐詩の朗吟を聞き、漢文を日本語として読む訓読の読解法に疑問を抱き、新たな「支那学」が生まれつつあった京都帝国大学（現京都大学）大学院で学びます。中国留学を機に、生きた中国語を学ぶための音読法を提唱しました。京都帝国大学のほか、一時東京帝国大学教授も兼任しました。日本初の中国語辞典『岩波中国語辞典』を編さん、戦後は中国語専修学校を主宰、ラジオの講座を担当するなど中国語教育の普及と向上に努めました。朝日文化賞受賞者。

ココで発見 ▶上越市高田図書館の郷土資料コーナーに著作集や関連書物が置かれています。

---

1. 漢文の教育に疑問をいだいた倉石　漢文はどうして返り点を打って日本語のように読むのか　登ル山ニ…？
2. だから授業はもちろん中国語　大家好（ダージアハオ）
3. 学校を作りました！　中国語の講習会を発展させ日中学院を設立。さらにその時には　日中学院
4. 蔵書10万冊を寄託　10万冊！　す…すごい…　だいじにしてね！

憲法学 ❶

日本に「プライバシーの権利」を紹介
久保田 きぬ子
〈くぼた きぬこ〉

生没年	1913（大正2）年－1985（昭和60）年
出身地	佐渡市
職業	憲法学者

旧相川（佐渡）町長の長女に生まれ、新潟高等女学校、日本女子大を経て、1946（昭和21）年東京大学法学部政治学科に東大初の女子学生として入学。1952（昭和27）年プリンストン大学に留学しアメリカ憲法を学びます。1961（昭和36）年の国連総会では日本で女性初の政府代理となり3回務めました。人権に関する論文を多数発表。三島由紀夫の小説『宴のあと』裁判では、主人公のモデルにされた元外務大臣の有田八郎（相川町出身）に名誉棄損ではなくプライバシー侵害で訴えることを提案。1964（昭和39）年、この裁判で「プライバシーの権利」を認めた日本初の判決が下りました。

ココで発見
▶生家
▶相川小学校（佐渡市相川）

---

1 元外務大臣で佐渡・相川出身の有田八郎「三島由紀夫の小説『宴のあと』で自分の私生活が書かれている！名誉棄損で訴えたい！」

2 同じく佐渡・相川出身の憲法学者の久保田きぬ子「名誉棄損ではなくてプライバシー侵害でやったら？」

3 「なるほどプライバシーか！」日本初のプライバシー侵害に関する裁判はこうして始まったのでした

4 その結果正当な理由なく他人の私事を公開してはいけないというプライバシー権が日本でも認められるようになったのです！「やったー！！勝訴」

経済学 ❶

戦後日本文化をリードした経済学者
高橋 誠一郎
〈たかはし せいいちろう〉

生没年	1884（明治17）年－1982（昭和57）年
出身地	新潟市
職業	経済学者・美術コレクター・文化勲章受章者

重商主義経済学説の世界的権威で、慶応義塾大学における経済学研究の礎を築きました。新潟市の豪商だった回船問屋津軽屋の一人息子として生まれ、横浜に移住。慶応義塾に進み福沢諭吉と親しく交流しました。経済学史研究のためヨーロッパに留学し、帰国後に同大学経済学部教授を経て塾長代理となります。第1次吉田内閣の文部大臣となり、教育基本法などの制定に尽力し、日本芸術院院長、東京国立博物館館長などの要職も務めました。浮世絵収集と研究の第一人者で、浮世絵の歴史を通観できる大コレクションを慶応義塾大学に寄贈しています。1979（昭和54）年に文化勲章を受章。

ココで発見
▶高橋誠一郎浮世絵コレクション http://project.lib.keio.ac.jp/dg_kul/ukiyoe_about.html（慶応義塾図書館デジタルギャラリーでWeb上でのみ公開されています。）

---

1 晩年の福澤諭吉は毎朝慶応義塾のある若き学生と散歩をするのが日課でした

2 福澤家と親しくなったその学生は諭吉の書庫で好きな本を読むことを許されました

3 夢中で本を読んでいると諭吉は時折顔を出し声をかけたそうです「おもしろい本はあるかい？」

4 自由な雰囲気のもと大知識人と交流したその学生こそ彼もまた後に経済学の世界的権威となるのでした高橋誠一郎

人文・社会科学

国文学 ❶

中世文学の権威
石田 吉貞
〈いしだ よしさだ〉

生没年
1890（明治23）年 －
1987（昭和62）年

出身地
津南町

職業
国文学者

中世日本文学研究の権威で、藤原定家研究で名を馳せました。独学で高校教員検定に合格し、新潟商業、柏崎高等女学校の教師を経て、横浜の浅野学園に赴任しました。教員を続ける傍ら、『藤原定家の研究』で東洋大学文学博士になりました。大正大教授となり、定年退任後、昭和女子大教授を務めました。著書に『百人一首評解』、『中世草庵の文学』、『良寛－その全貌と原像』、『新古今世界と中世文学』、『妖艶 定家の美』など多数。大月静夫などの別名を使った国語科受験法などの著作もあります。

ココで発見 ▶顕彰碑（津南町反里）のほかに津南町図書館の郷土史コーナーに著作が置かれています。

国文学 ❷

日中比較文学の先駆者
金子 彦二郎
〈かねこ ひこじろう〉

生没年
1889（明治22）年 －
1958（昭和33）年

出身地
新潟市

職業
国漢学者

国漢学の大家、日中比較文学の先駆者、また優れた国語科教育の指導者。働きながら小学校の正教員免許を取り、新潟師範学校、東京高等師範学校予科へと進み、卒業後は石川県の高等女学校や県立三条中学（旧制）の教諭に。再び上京し、東京高等師範学校専攻科（現筑波大学）で学び、京都の高等女学校教諭を経て東京女子高等師範（現お茶の水女子大）教授を務めました。著書『平安時代文学と白氏文集』。この研究で学士院賞を受賞。国語科教育に関し多くの著作があります。女子学習院教授を経て慶応大学教授で文学博士となりました。死去の際、鈴木虎雄が漢詩、佐佐木信綱が和歌で追悼しました。

ココで発見 ▶和納小学校（新潟市西蒲区）や弥彦中学校（弥彦村）など県内各地の校歌を作詞しました。

哲学 ❶

東洋大学創設の哲学者
井上 円了
〈いのうえ えんりょう〉

生没年
1858（安政5）年－
1919（大正8）年

出身地
長岡市

職業
哲学者・
東洋大学創立者

仏教哲学者、教育家。三島郡浦村（現長岡市）の寺の長男に生まれました。隣村（現小千谷市）の石黒忠悳の私塾で学んだ後、新潟学校第一分校（現長岡高校）に入学しますが、抜きん出た才能で助教として授業を任されるほどでした。やがて京都・東本願寺の教師学校に入り、東京大学文学部哲学科に進み、インド哲学を習得しました。1887（明治20）年、哲学普及のための教育施設「哲学館」（現東洋大学）を創設。お化けの迷信がまだ広がっていた時代、円了は怪奇現象を科学的精神で解明した全国巡回講演を重ね、「妖怪博士」と呼ばれました。『妖怪学講義』を世に出しました。

ココで発見 ▶哲学堂（東京都中野区）。蓮華寺（同）に本人の名前にちなんだ珍しい形のお墓があります。

人文・社会科学

哲学 ❷

実践の哲学者
土田 杏村
〈つちだ きょうそん〉

生没年
1891(明治24)年－
1934(昭和9)年

出身地
佐渡市

職業
美術思想家・評論家

本名茂。画家・土田麦僊の弟。文化主義を唱えた思想家です。幼い頃から秀才で、新潟師範学校（現新潟大学教育学部）を経て東京高等師範学校（現筑波大学）卒業後、京都帝国大学哲学科へ進み、西田幾多郎に学びました。評論集『文壇への公開状』は、「大正の最優書」と称賛されました。卒業後は、雑誌「文化」を発刊し、社会問題や思想・文化・宗教など多方面で鋭い主張をしました。哲学者として頭角を現す一方、評論も多く発表。研究機関「日本文化学院」や、長野に成人教育機関「自由大学」を開設し、新潟県でも自由大学運動を進めました。桃山時代の絵画史研究でも知られています。

ココで発見
▶ 顕彰碑（佐渡市立新穂小学校そば）
▶ 新穂歴史民俗資料館（佐渡市新穂）

哲学 ❸

ギリシャ古典哲学の権威
田中 美知太郎
〈たなか みちたろう〉

生没年
1902(明治35)年－
1985(昭和60)年

出身地
新潟市

職業
哲学者・
文化勲章受章者

ギリシャ古典哲学、特にプラトン研究の第一人者です。精確な読解とプラトンと直接向き合うかのような深い洞察が特徴で、大著『プラトン』は「全巻がプラトンと著者との問答である」と評されました。

新潟市に生まれ小学校入学の翌年に東京へ移住。プラトンを学ぶために京都帝国大学文学部哲学科へ進みます。東京の大学で教壇に立ちますが東京大空襲で重傷を負い、その後京都大学で教育と研究に専念します。真の思想には時代を超えた普遍性があるとし、平明な言葉で世の人に語りかける評論活動をおこないました。1978(昭和53)年に文化勲章を受章。京都市名誉市民。

ココで発見
▶ 京都大学図書館に「田中美知太郎文庫」として、西洋哲学関係の蔵書約3000冊が所蔵されています。

歴史地理学 ❶

国家的事業「大日本地名辞書」
吉田 東伍
〈よしだ とうご〉

生没年
1864(元治元)年－
1918(大正7)年

出身地
阿賀野市

職業
歴史地理学者

独学で研究を進め、現在でも使われる『大日本地名辞書』（収録地名約4万）の編さんという偉業を13年かけて成し遂げました。安田町（現阿賀野市）の豪農に生まれ、新潟英語学校中退後、独学で小学校教員に。その後、読売新聞記者となり『日韓古史断』などを著し歴史家と認められました。さらに早稲田大学講師を経て同大学教授に。また伝説の人物と思われていた能楽の大成者・世阿弥の文献に校注をつけて刊行し、世阿弥の存在を明らかにして注目されました。1909(明治42)年、文学博士の学位を与えられました。

ココで発見
▶ 阿賀野市立吉田東伍記念博物館（阿賀野市保田）

人文・社会科学

法学 ①

法曹界の第一人者
田中 耕太郎
〈たなか こうたろう〉

生没年
1890（明治23）年 －
1974（昭和49）年

出身地
鹿児島県

職業
東京帝国大学法学部長・最高裁判所長官・文化勲章受章者

裁判官・検察官だった父の赴任に伴って、新潟中学（旧制）で学びます。その後、東京帝国大学（現東京大学）法科を首席で卒業し、欧米に留学。1937（昭和12）年、東京帝国大学法学部助教授のころ無教会主義キリスト教の内村鑑三の門下に。のち法学部長に就任。1946年、第1次吉田茂内閣で文部大臣として入閣し、日本国憲法に署名しました。教育基本法制定に尽力した後、議員を辞職し、最高裁判所長官に就任。在任期間は3889日で、歴代1位の長さです。1961年から1970年にかけて、国際司法裁判所（ICJ）判事を務めました。1960年、文化勲章を受章しました。

ココで発見 ▶長官を務めた最高裁判所が見学できます。

政治学 ①

日本初の政治学者
小野塚 喜平次
〈おのづか きへいじ〉

生没年
1871（明治3）年－
1944（昭和19）年

出身地
長岡市

職業
政治学者・東京帝国大学総長

日本初の政治学者です。長岡中学（旧制）を中退し、第一高等学校を経て東京帝国大学に進み、ヨーロッパへ留学します。同期に浜口雄幸、幣原喜重郎がいました。官僚の道を拒み、帰国後は政治学研究の道を選び、政治学講座の教授を務めます。日露戦争の際は、ロシアとの「満韓交換」に反対し、ポーツマス条約を批判しました。1928（昭和3）年から1934（昭和9）年まで東京帝国大学総長を務め、大学の自治と学問の自由のため闘いました。著書に『政治学大綱』『現代欧州の憲政』など。妻は石黒忠悳の娘。弟子に吉野作造、南原繁、蝋山政道らがいます。

ココで発見 ▶東京大学附属図書館に「小野塚文庫」として蔵書約5700冊が所蔵されています。

社会学 ①

社会学の基礎を築く
建部 遯吾
〈たけべ とんご〉

生没年
1871（明治4）年－
1945（昭和20）年

出身地
新潟市

職業
社会学者

日本の社会学研究の基礎を確立しました。新潟市江南区の横越小学校などで教員を務めた後、東京帝国大学に入ります。1898（明治31）年からヨーロッパに留学し、帰国後、東京帝大の社会学講座初代教授となり、東洋の精神主義と西洋の科学的合理主義を融合した社会学の体系樹立を図りました。対ロシア強硬派で、ポーツマス条約に反対しました。大学教授を辞職し、坂口仁一郎（安吾の父）の後継として衆議院議員を2期務め、その後貴族院議員に任命されました。また、「水城」と号し、詩や書の作品も残しました。『大漢和辞典』を編さんした諸橋轍次はいとこです。

ココで発見 ▶生家（新潟市江南区）

（プロフィールの執筆はAM、KA）

人文・社会科学

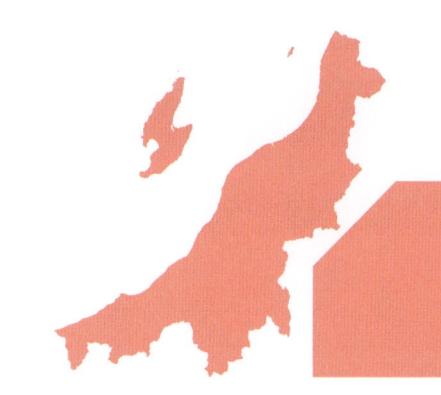

文学

新潟出身の作家は純文学から大衆文学まで、実に多様です。坂口安吾(さかぐちあんご)なら、そのような区別は無用だというでしょう。新潟の文学で特徴的なのは、會津八一(あいづやいち)をはじめとする歌人や詩人が多いことです。また女性作家たちの活躍も目立ちます。外国文学の優れた翻訳で世に知られた人物も、また数多くいます。

エピソード⑲ 「日本のアンデルセン」小川未明

小川 未明（おがわ みめい）　1882（明治15）年 ― 1961（昭和36）年　上越市

　皆さんはアンデルセン[1]の童話『人魚姫』のお話を知っていますね。やはり人魚の娘をテーマに『赤い蠟燭と人魚』という物語を書いて「日本のアンデルセン」と呼ばれた人がいました。高田（現上越市）出身の童話作家、小川未明[2]です。童話とは何でしょう。子どものための物語です。童話はかつて「おとぎばなし」と言いました。世界の国々には、昔から語り伝えられてきた物語があります。そうしたお話をまとめたのが『白雪姫』や『ヘンゼルとグレーテル』で有名な、ドイツのグリム童話集[3]です。フランスでは『シンデレラ』のお話が入っている、ペローの童話集[4]があります。どこの国の「おとぎばなし」も、かならず「むかしむかしあるところに」から始まります。

　「おとぎばなし」の中には、残酷で恐ろしくて子どもに聞かせたくない話や、善が悪を打ち負かすという決まりきった筋書の話がたくさんありました。そこで言い伝えの「むかしばなし」とは違う、子どもの純粋な心にやさしく語りかけるような物語を書こうという詩人が出てきました。北の国デンマーク生まれのアンデルセンです。日本でもようやく大正時代になると、子どもの美しい心を育てるための歌や物語をつくろうという運動が現れます。その中心となったのが、鈴木三重吉[5]が創刊した「赤い鳥」という雑誌です。「童謡」とか「童話」という言葉が使われるようになったのは、この頃からです。

用語解説

1．アンデルセン
1805〜1875年。デンマークの詩人・童話作家。代表作は『子供のための童話集』『即興詩人』。

2．小川未明
プロフィールは96ページ。

3．グリム童話集
ドイツの民間説話などに材を取り、ヤコブとヴィルヘルムのグリム兄弟が共同編著で出版した童話集。多くの言語に翻訳され、現在でも世界中で読まれています。

4．ペローの童話集
作家ペロー（1628〜1703年）は、フランスを中心とした民間説話を取材した童話で有名です。他の収録作に『赤ずきん』『長靴をはいた猫』などがあります。

5．鈴木三重吉
1882〜1936年、広島県出身。作家、児童文学者。夏目漱石に師事しました。1918年、雑誌「赤い鳥」を創刊し、これが児童文学発展のきっかけになりました。

6．坪内逍遙
1859〜1935年、岐阜県出身。東京専門学校（現在の早稲田大学）教授。小説家・劇作家・評論家としても活動しました。

7．『即興詩人』
1835年に刊行されたアンデルセンの最初の長編小説で、出世作となりました。日本では森鷗外が翻訳し、1902年に単行本として出版されました。

未明は小説家になろうと早稲田に入学して坪内逍遙[6]の教えを受けました。最初は、厳しい社会の現実を見つめる小説を書いていましたが、いきづまります。自分には何が書けるのか、悩んだ末に出てきた結論が「童話作家として邁進する」という「童話作家宣言」でした。「自分は何時までも子供でありたい。たとへ子供でゐることが出来なくても、子供のやうに楽しい感情と、若やかな空想とをいつまでも持つてゐたい」というものです。未明44歳のときです。

　アンデルセンは当時、名作『即興詩人』[7]で世に知られた作家でした。そのアンデルセンが童話を書き始めたとき、なんで今さら子どもだましのお話を書くのかと皆が不思議がりました。アンデルセンの童話は子どもだましではありません。子どもの頃の純粋な心をもつ人、そのような心に帰りたいと思う人なら、だれもが感動する物語です。未明もアンデルセンを理想として美しい童話を書き続け、「日本のアンデルセン」「日本児童文学の父」と呼ばれるようになりました。やがてその功績が認められ、童話作家として初めて文化功労者に選ばれました。　　　　　　　　　　　　　　　　　（TK）

参考画像

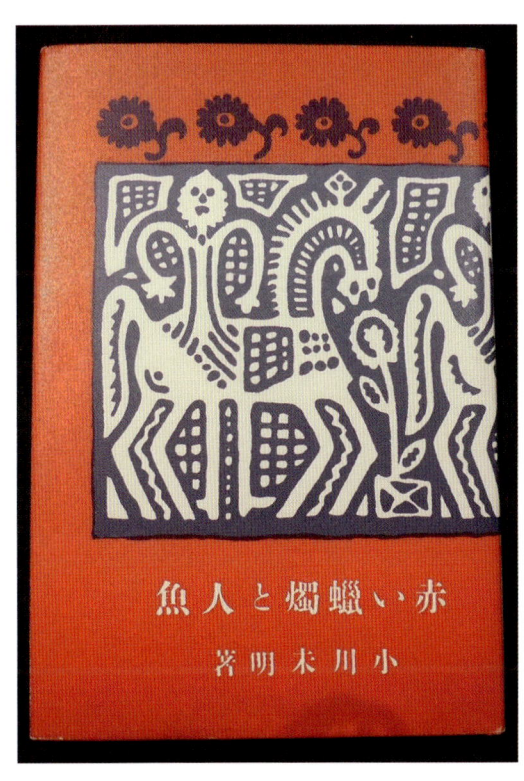

小川未明『赤い蠟燭と人魚』
復刻版　1970年

雑誌「赤い鳥」第1号
広島市立中央図書館提供

小川未明文学館
（上越市本城町、高田図書館内）

文学

エピソード⓴
坂口安吾と「無頼派」

坂口　安吾　さかぐち あんご　1906(明治39)年 — 1955(昭和30)年　新潟市

撮影：林 忠彦

　新潟を代表する文学者の一人である坂口安吾[1]は、太宰治[2]や織田作之助[3]とともに無頼派と呼ばれています。「放蕩無頼」とか「無頼漢」という言葉のイメージからすると、とんでもない人物のように思われます。「無頼派」と言い出したのは、どうもチョイ悪を気取った太宰治だったようです。太宰にしても安吾にしても、無頼漢どころかどちらも地方の由緒ある旧家の出身です。無頼派はもともとフランス語の「リベルタン」の訳で、何ものにもとらわれることなく生きる「自由人」というのが本来の意味です。

　安吾は人間の自由な生き方を抑圧するもの、そのような権威のすべてに反抗しました。作家でありながら、伝統的な漢詩文や和歌の世界、あるいは近代の小説や詩歌であろうと、取りすました「文学」という上からの権威を否定しました。文学を志す者ならだれもが目指すのが芥川賞[4]と直木賞[5]ですが、安吾は「純文学」[6]とか「大衆文学」[7]などという垣根を取り払い、自由な「ものかき」であろうとしました。

　第二次世界大戦中に書いた『日本文化私観』では、桂離宮[8]の美を褒めたたえたドイツの建築家、ブルーノ・タウトに真っ向から反発して、「日本に於ける最も俗悪な都市だという新潟市に僕は生まれた」と開き直った立場から、いわゆる「伝統文化」を痛烈に批判しました。敗戦後の日本は、それまで何の疑いもなく認められてきた、伝統的なものの見方が一挙に崩れ去った時

用語解説

1．坂口安吾
プロフィールは97ページ。

2．太宰治
1909～1948年、青森県出身。小説家。代表作に『走れメロス』『斜陽』『人間失格』などがあります。

3．織田作之助
1913～1947年、大阪府出身。小説家。代表作『夫婦善哉』などで大阪の風俗を描き、人気を博しました。

4．芥川賞
「文芸春秋社」の菊池寛が友人の芥川龍之介をしのび、その業績をたたえるために創設した純文学賞。

5．直木賞
大衆文学の向上に努めた作家・直木三十五(1891～1934年、大阪府出身)の功績を記念して、文芸春秋社が創設した大衆文学賞。

6．純文学
純粋に「芸術」を目指す文学。

7．大衆文学
大衆の好みに合う、通俗的な文学。

8．桂離宮
ドイツの建築家ブルーノ・タウトは桂離宮と日光東照宮を比較し、前者にこそ日本の伝統美があると述べました。

9．『堕落論』
1947年、銀座出版社より刊行。

10．義士
信念を貫いた人のことをいいます。なかでも赤穂浪士の47士が有名です。

11．聖女
信心深く高潔な女性。カトリック教会では女性の聖人を指します。

文学

代でした。安吾は言います、堕ちるところまで堕ちよ、そこからようやく人間の本当の姿が見えてくるのだと。これがの安吾の『堕落論』[9]の主張でした。

「人間は堕落する。義士[10]も聖女[11]も堕落する。それを防ぐことはできないし、防ぐことによって人を救うことはできない。人間は生き、人間は堕ちる。そのこと以外に人間を救う便利な近道はない」と。

これに続いて書かれたのが『白痴』[12]でした。この小説で安吾は、悲惨な戦争の結果、何もかもが失われ、何を信じて生きたらよいのか分からなくなった、いわば無に帰った状況のなかで、人間の生き方をもう一度、問い直そうとしたのです。安吾はこの２つの作品によって、戦後の文壇で一躍、有名作家となりました。

安吾の文学は美しいもの醜いものをも含めて、人間とは何かを考える道をひらいてくれるはずです。私たちはどう生きるか、答えは自分で見つけなければなりません。それが「自由人」としての生き方です。何ごとであれ有無を言わさぬ押し付けでしかない権威主義を、厳しく批判した自由な精神、それが安吾の文学の魅力であり、今もなお私たちの共感を呼んでいるのではないでしょうか。

(TK)

用語解説

12.『白痴』
1947年、中央公論社より刊行。

参考画像

安吾の遺品

坂口安吾『堕落論』
1947年初版

安吾 風の館（新潟市中央区西大畑町）旧新潟市長公舎を活用した顕彰・展示施設。西大畑町は安吾が生まれ育った場所で、周辺には生誕碑や詩碑が立っています。

エピソード㉑
越後の哲学者　松岡譲

松岡 譲（まつおか ゆずる）　1891（明治24）年 ― 1969（昭和44）年　長岡市

　日本の近代文学の双璧といえば、夏目漱石[1]と森鷗外[2]です。その漱石の門人から次世代を担う多くの優れた人物が出ています。芥川龍之介[3]もその一人です。文壇でもっとも権威のある文学賞、芥川賞は早世した龍之介を記念して、友人で文芸春秋社の社長だった菊池寛[4]によって設けられたものです。この芥川と久米正雄[5]、菊池寛そして松岡譲[6]は一高[7]以来の友人でした。かれらはその後、東大で同人雑誌『新思潮』を創刊、漱石の支援を受けてはなばなしく文壇にデビューします。

　松岡譲は現長岡市村松町浄土真宗[8]大谷派の末寺に生まれました。長岡中学では詩人堀口大學[9]と同級で、一高を経て東京帝国大学[10]に進みます。在学中に漱石の門人となります。その落ち着いて物事に動じない風貌から「越後の哲学者」と呼ばれていました。卒業の前年、漱石がなくなり、家庭教師として夏目家に寄宿し、やがて長女の筆子と結婚することになりました。ところがこれをめぐって、長年の友人だった久米正雄といさかいが生じ、絶交状態になります。

　久米は自分の失恋をテーマにした小説『破船』を書き、松岡を悪役に仕立てて世間の同情をひきました。これがベストセラーとなって、一躍流行作家になりました。その作り話を本当だと思い込んだ世間から孤立してしまった松岡は一時、作家として立つこと断念しかけました。その松岡を立ち直らせたのが、長編小説『法城を護る人々』の大ヒットでした。お寺の跡取りに生まれた自分と父親との葛藤、さらに真実の信仰とは何かを問うことにより、当時の宗教界の腐敗へ厳しい

用語解説

1．夏目漱石
1867～1916年、東京都出身。英文学者、小説家。イギリス留学後、東大講師を経て朝日新聞社入社。代表作に『吾輩は猫である』『坊っちゃん』『草枕』『虞美人草』など。森鷗外と並ぶ明治時代の文豪。

2．森鷗外
1862～1922年、島根県出身。東京大学医学部の前身である医学校出身。ドイツに留学し、軍医総監を務めました。文学にも造詣が深く、夏目漱石と並ぶ明治の文学界の重鎮。

3．芥川龍之介
1892～1927年、東京都出身。小説家。代表作に『羅生門』『芋粥』『或阿呆の一生』など。神経衰弱のため自殺しました。

4．菊池寛
1888～1948年、香川県出身。小説家、劇作家。代表作に『真珠夫人』『恩讐の彼方に』、戯曲『父帰る』など。雑誌「文芸春秋」を創設し、芥川賞、直木賞、菊池寛賞などの文学賞を設けました。

5．久米正雄
1891～1952年、長野県出身。大正・昭和時代の小説家、劇作家。文芸雑誌「新思潮」の同人でしたが、純文学から通俗小説に転じて人気を得ました。

6．松岡譲
プロフィールは103ページ。

7．一高
158ページのコラム03を参照。

8．浄土真宗
浄土宗（開祖・法然）から出た親鸞が開いた宗派。阿弥陀仏の他力本願を信ずることによって往生成仏できるとしています。

9．堀口大學
プロフィールは100ページ。

まなざしを向けた半自伝的小説でした。この作品は倉田百三[11]の『出家とその弟子』と並ぶ、大正時代後期の宗教文学の傑作として評価が高い作品です。

しかし当初は、でっち上げのスキャンダルが災いし、引き受ける出版社がなかなか見つかりませんでした。この問題作を世に出したのが、同郷の出版人・長谷川巳之吉[12]の「第一書房」でした。出版後もなお文壇からも宗教界からも黙殺されていました。その松岡に励ましの手紙を送ったのが、佐渡出身の哲学者・土田杏村[13]でした。ここに地縁を重んじ、助け合う新潟のあつい人間かたぎが感じられます。

松岡譲のもうひとつの業績が、漱石の終の住み家[14]となった「漱石山房」の後事を託され、晩年はその膨大な資料の整理と研究に打ち込んだことです。終戦の前年に、故郷の長岡郊外の宮内に疎開し、そのまま定住して東京には戻ることなく没しています。

最後にひとつエピソードを加えます。それは、松岡が長岡近郊で出土した「火焔型土器」に感銘を受け、これを東京オリンピック組織委員会へ聖火台のモデルにどうかと提言したことです。この土器はその後重要文化財に指定され、今日では新潟県唯一の国宝となっています。

（TK）

用語解説

10. 東京帝国大学
現在の東京大学。158ページのコラム03を参照。

11. 倉田百三
1891〜1943年、広島県出身。劇作家・評論家。西田幾多郎に傾倒して、宗教文学に独自の境地をひらきました。

12. 長谷川巳之吉
プロフィールは179ページ。

13. 土田杏村
プロフィールは63ページ。

14. 終の住み家
人生の最後に住むところ。

参考画像

松岡譲『法城を護る人々』
1923年

長谷川 巳之吉

夏目 漱石

エピソード㉒
コロンビア大学で日本文化を教えた「武士の娘」

杉本 鉞子
すぎもと えつこ
1873（明治6）年 ― 1950（昭和25）年　長岡市

　明治時代に海を渡り、女性による国際交流の先駆けとなった人物がいます。長岡市出身の杉本鉞子[1]です。鉞子は長岡藩筆頭家老・稲垣平助[2]の六女に生まれ、武士の娘として厳しい躾と高い教養を身につけました。鉞子の「鉞」は、斧の一種である「まさかり」のことで、まさかりのように強い子にしたいという父の願いが込められていました。

　鉞子は14歳のとき、アメリカ東部で貿易商をしていた兄の友人・杉本松之助と婚約しました。東京のミッション系女学校で英語を勉強した後、25歳のときに単身渡米します。そこで2人の娘をもうけますが、夫が急死し、文筆で家族を養おうと雑誌「アジア」に英文で寄稿したのが『武士の娘』（原題はA Daughter of the Samurai）でした。これは幼い頃の長岡での生活の思い出や、未知の国での異文化体験をつづった半自伝的なエッセイでした。そこには、欧米の文化と日本の伝統文化を対等に比較して眺めるまなざしがありました。出版されるや大変な評判となり、英語からドイツ語、フランス語など7カ国語に翻訳されました。女性による国際的な相互理解のための最初の貴重なドキュメントだといえます。しかも見事なオリジナルの英語で書かれています。これは岡倉天心[3]、新渡戸稲造[4]、鈴木大拙[5]に匹敵する業績です。

　鉞子がこうした偉業を達成できたのは、フローレンス・ウィルソンというアメリカ人の友人の協力があっ

用語解説

1．杉本鉞子
プロフィールは98ページ。

2．稲垣平助
1836〜85年。長岡藩筆頭家老。戊辰戦争では最後まで非戦論を唱えました。稲垣が戊辰戦争前後から明治17〜18年の長岡の様子をつづった日記風手記「誌録」は長岡市に保管されています。

3．岡倉天心
プロフィールは144ページ。

4．新渡戸稲造
1862〜1933年、岩手県出身。教育者。札幌農学校（現北海道大学）に学び、欧米に留学。母校や京都大で教授を務めました。国際平和を主張し、国際連盟事務局次長としても活躍しました。

5．鈴木大拙
1870〜1966年。石川県出身。仏教学者、思想家。仏教、特に禅の思想を研究し、広く世界に広めることに努めました。1949年、文化勲章受章。

6．ドナルド・キーン
1922年アメリカ生まれ。学生時代に「源氏物語」を読んで日本文学に魅せられました。研究対象は古典から現代文学まで幅広く、英語圏への日本文化紹介で大きな役割を果たしています。

たからだといわれています。フローレンスは、鉞子がアメリカで最初に暮らしたウィルソン家の姪(めい)で、自らも作家志望でした。その夢は果たせませんでしたが、鉞子の書いた英文を添削するなど、鉞子の執筆活動全般を陰で支え続けました。晩年は鉞子の帰国とともに来日し、日本で亡くなりました。

　また、鉞子は1920年秋から1927年春までの7年間、コロンビア大学で日本語と日本文化についての講義を担当していました。これは、アメリカにおけるその後の日本研究の道をひらきました。2014年、柏崎市の名誉市民になった日本文学研究者のドナルド・キーン[6]も、1938年にコロンビア大学に入学し、日本文学を学び、教授を務めました。

(KA)

参考画像

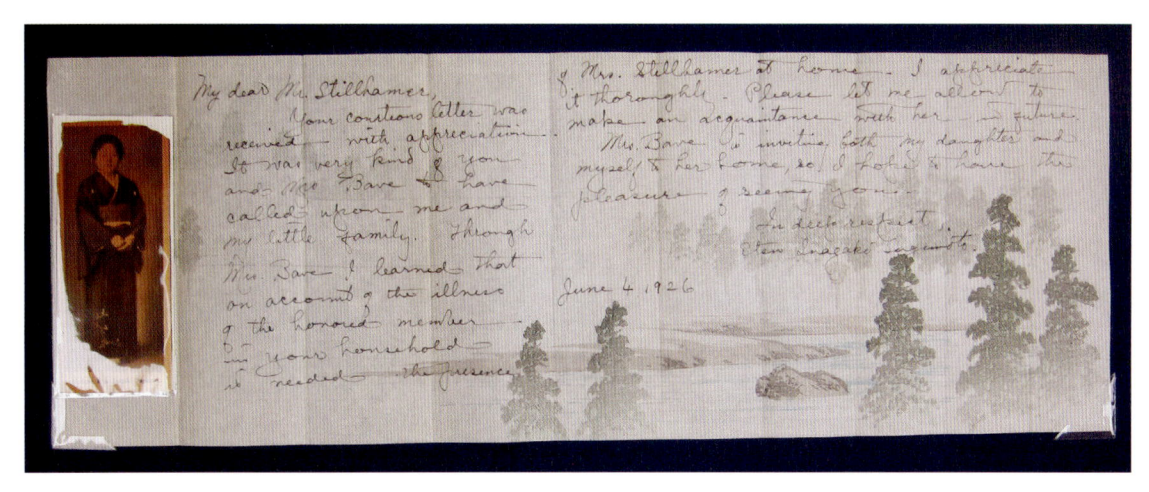

杉本鉞子直筆書簡　スティルハマー氏宛て（1926年6月4日付）にいがた文化の記憶館蔵

フローレンス・ウィルソン

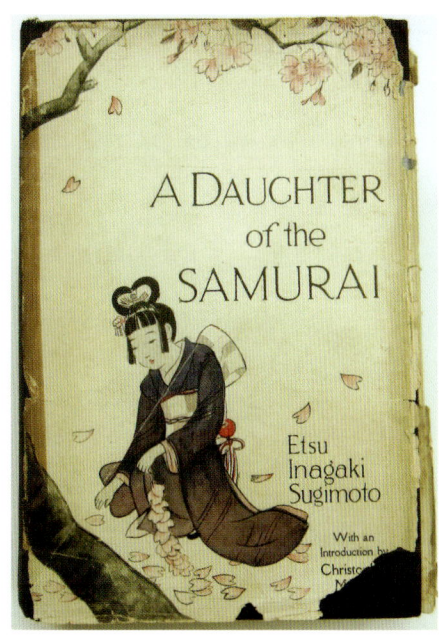

各国で翻訳された『武士の娘』スウェーデン語版（左）ドイツ語版（右）

杉本鉞子
『A DAUGHTER of the SAMURAI　武士の娘』
1925年初版　にいがた文化の記憶館蔵

エピソード㉓ 新潟の文学

山岡 荘八（やまおか そうはち）　1907（明治40）年 ― 1978（昭和53）年　魚沼市

　文壇でもっとも輝かしい賞は「芥川賞」でしょう。この文学賞は「文芸春秋社」の菊池寛[1]が、友人の芥川龍之介[2]をしのび、その文学的な業績をたたえるために創設した賞です。本県での受賞者は、小田嶽夫[3]を筆頭に、大庭みな子[4]、新井満[5]、瀧澤美恵子[6]、藤沢周[7]の5人です。すでに150回を超えていますが、5人の受賞者が全国的にみて多いといえるかどうか、その判断は皆さんに任せます。新井満は音楽の分野でも広く活躍しています。「千の風になって」を知らない人はいないでしょう。また藤沢周のハードボイルド調の作品もダイナミックな魅力にあふれています。

　「芥川賞」に対応するものとして「直木賞」[8]があります。前者は「純文学」[9]、後者は「大衆文学」[10]の分野がその対象だといいますが、この区別はどこでなされるのでしょうか。もし坂口安吾[11]に言ったら、文学に純文学と大衆文学の差などあるものかと一笑に付されてしまうでしょう。文学とはみんなが喜ぶ読みものなんだと。

　長い冬をひたすら耐えて過ごす新潟には、独特の昔話の伝承があります。新潟はマンガ王国といわれますが、その下地が「いきがぽーんとさけた」[12]で終わる越後の民話ではないかと思っています。この物語の流れが引き継がれているのでしょうか、新潟からは一世を風靡した大衆作家が多く出ています。

　若い世代は知らないでしょうが、隻眼隻手[13]の浪人が剣をふるう痛快な『丹下左膳』のシリーズがありました。

用語解説

1．**菊池寛**
1888～1948年、香川県出身。小説家、劇作家。代表作に『真珠夫人』『恩讐の彼方に』、戯曲『父帰る』など。雑誌「文芸春秋」を創刊し、芥川賞、直木賞、菊池寛賞などの文学賞を設けました。

2．**芥川龍之介**
1892～1927年、東京都出身。小説家。代表作に『羅生門』『芋粥』『或阿呆の一生』など。神経衰弱のため自殺しました。

3．**小田嶽夫**
プロフィールは102ページ。1936年、『城外』で芥川賞受賞。

4．**大庭みな子**
プロフィールは98ページ。1968年、『三匹の蟹』で芥川賞受賞。

5．**新井満**
1946年～、新潟市出身。小説家・シンガーソングライター。1988年、『尋ね人の時間』で芥川賞受賞。

6．**瀧澤美恵子**
1939年～、五泉市出身。小説家。1990年、『ネコババのいる町で』で芥川賞受賞。

7．**藤沢周**
1959年～、新潟市出身。小説家、法政大学教授。1998年、『ブエノスアイレス午前零時』で芥川賞受賞。

8．**直木賞**
大衆文学の向上に努めた作家・直木三十五（1891～1934年、大阪府出身）の功績を記念して、文芸春秋社が創設した大衆文学賞。

9．**純文学**
純粋に「芸術」を目指す文学。

10．**大衆文学**
大衆の好みに合う、通俗的な文学。

11．**坂口安吾**
プロフィールは97ページ。

作者は佐渡出身の林不忘（本名・長谷川海太郎）[14]、映画化されて大ヒットしました。ほか谷譲次[14]というペンネームで探偵もの、牧逸馬[14]では怪奇小説と三面六臂の活躍をした作家です。この分野で直木賞を受賞したのが、綱淵謙錠[15]と野坂昭如[16]が挙げられます。綱淵の歴史小説はそのクオリティでは森鷗外[17]のそれに迫るものがあります。野坂は坂口安吾の「無頼派」に対して、戦後の「焼け跡闇市派」[18]を称しました。悲痛な戦争の記憶を綴った『火垂るの墓』のアニメを見た人たちも多いでしょう。ちなみに野坂は童謡「おもちゃのチャチャチャ」の作詞家でもあります。

　大衆小説作家のきわめつけが、なんといっても山岡荘八[19]です。毎年NHKの大河ドラマが話題になります。歴代のドラマで、なんと『春の坂道』『徳川家康』『独眼竜政宗』の3本が、山岡の原作によるものです。これはひとつのレコードではないでしょうか。音楽の世界でも、クラシックに対する大衆音楽というかつての差別は消滅しつつあります。とりすました「芸術」ではなく、垣根を越えてだれもが一緒に楽しめるアートの時代が、現代というものではないでしょうか。

（TK）

用語解説

12.「いきがぽーんとさけた」
子どもに語り聞かせる民話の最後を締めくくる決まり文句のひとつ。地域によってさまざまな言い方があり、他に「とっぴんぱらりのぷう」などがあります。

13. 隻眼隻手
片目片腕のこと。

14. 林不忘、谷譲次、牧逸馬
長谷川海太郎が使った3つのペンネーム。プロフィールは102ページ。

15. 綱淵謙錠
1924～1996年、サハリン出身。新潟高校（旧制）を出ました。1972年、『斬』で直木賞受賞。

16. 野坂昭如
1930年～、神奈川県出身。父親が新潟県副知事を務めていた時代、新潟高校（旧制）に通いました。1967年、『アメリカひじき』『火垂るの墓』で直木賞受賞。

17. 森鷗外
1862～1922年、島根県出身。東京大学医学部の前身である医学校出身。ドイツに留学し、軍医総監を務めました。文学にも造詣が深く、夏目漱石と並ぶ明治の文学界の重鎮。

18. 焼け跡闇市派
第二次世界大戦後、日本は米軍の空襲で焼け野原になりました。物資不足の中、闇物資を扱う市場が並んだ時代に青春を送った世代。

19. 山岡荘八
プロフィールは97ページ。

参考画像

小田 嶽夫 　　　長谷川 海太郎 　　　綱淵 謙錠

エピソード㉔ 新潟の女性作家たち

大庭 みな子（おおば みなこ）　1930（昭和5）年 ― 2007（平成19）年　新潟市

　新潟ゆかりの女性作家でまず取り上げなければならないのが、吉屋信子[1]です。信子が1916（大正5）年から雑誌「少女画報」に連載した『花物語』は、当時の女学生たちの間で絶大な人気を博しました。当初7話の予定だったものが、熱烈なファンの要望で52話まで連載は続きました。それぞれそのお話にふさわしい、花の名前のタイトルがつけられています。夢見る乙女の友情をロマンチックに描いたこの作品は「少女小説」の元祖といわれ、いまもなお読み継がれています。この連載の挿絵を担当したのが渡辺文子[2]と新発田市出身の蕗谷虹児[3]、そしてそのイメージを引き継いだ中原淳一[4]でした。信子の甘美な文章と虹児らの抒情的な挿絵がひとつに融け合い、「カワイイ」といわれる現代のポップカルチャー[5]につながる「少女文化」を作り上げました。

　少女時代に『花物語』を愛読し、その世界に憧れて小説家を志したのが、南魚沼市出身の水島あやめ[6]です。あやめは日本女子大学校（当時は専門学校）在学中に映画のシナリオ制作について学び、卒業後、松竹キネマ[7]に入社しました。当時、映画は新しいメディアで、まだ女性の脚本家はだれもいませんでした。あやめは日本初の女性脚本家として、母子の情愛をテーマにした「母もの」などの分野で数々のヒット作を世に送りました。松竹を退社した後は、子どもの頃からの夢だった小説家への道を歩み、『ハイジ』や『小公女』など児童文学の翻訳や、心あたたまる少女小説を書き

用語解説

1．吉屋信子
プロフィールは96ページ。

2．渡辺文子（亀高文子）
1886〜1977年、神奈川県出身。洋画家。女性画家の先駆的存在です。1909年、文展（戦後、日展に引き継がれた）で入選。1918年、女流洋画家集団朱葉会創設に参加し、その後も赤艸社女子絵画研究所を作り活動しました。少女雑誌の挿絵も描いています。

3．蕗谷虹児
プロフィールは138ページ。

4．中原淳一
1913〜1983年、香川県出身。挿絵画家、服飾美術家。1932年、創作人形展で注目され、雑誌「少女の友」の挿絵画家となりました。

5．ポップカルチャー
文学・美術といった学問・芸術など正統とされる文化ではなく、大衆向けに大量生産される大衆文化のこと。マンガ、ゲーム、ライトノベル、ポピュラー音楽など。

6．水島あやめ
プロフィールは99ページ。

7．松竹キネマ
現在の松竹の前身となった映画会社。1921年設立。東京都大田区にあった蒲田撮影所からは、監督の小津安二郎、女優の川田芳子、田中絹代ら一時代を築いた映画人を輩出しました。

8．芥川賞
「文芸春秋社」の菊池寛が有人の芥川龍之介をしのび、その業績をたたえるために創設した純文学賞。

9．大庭みな子
プロフィールは98ページ。

続けました。

　新潟での芥川賞[8]受賞者は現在5人いますが、そのうち大庭みな子[9]、瀧澤美恵子[10]の2人が女性です（男性の受賞者は小田嶽夫[11]、新井満[12]、藤沢周[13]）。みな子は、女性で初めての芥川賞選考委員も務めています。みな子の芥川賞受賞作は1968（昭和43）年の『三匹の蟹』です。その受賞を知らせる電話を受けたのは、当時住んでいた新潟市の家でした。このデビュー作は「否むことのできない才能の刻印」と高い評価を受け、その後も数ある文学賞を総なめにしました。

　多感な少女時代を新潟で過ごしたみな子の作品には、新潟の風景やエピソードがたびたび登場します。晩年、脳梗塞で倒れてからも、もう一度新潟を見ておきたいと願い、青春時代を過ごした新潟市の海岸沿いや、古町を車いすで回りました。幼い頃から転居を繰り返し、夫の仕事に連れ添って、10年以上もアメリカで過ごしましたが、みな子の心の故郷は、やはり新潟にあったようです。

（KA）

用語解説

10. 瀧澤美恵子
1939年〜、五泉市出身。小説家。1990年、『ネコババのいる町で』で芥川賞受賞。

11. 小田嶽夫
プロフィールは102ページ。

12. 新井満
1946年〜、新潟市出身。小説家、シンガーソングライター。1988年、『尋ね人の時間』で芥川賞。

13. 藤沢周
1959年〜、新潟市出身。小説家、法政大学教授。1998年、『ブエノスアイレス午前零時』で芥川賞受賞。

参考画像

『大庭みな子全集　全25巻』
2009〜2011年

吉屋 信子

水島 あやめ
髙野恵美子氏提供

水島あやめ訳　蕗谷虹児画
少女倶楽部付録の『小公女』
1936年　新発田市蔵

エピソード㉕
独力で完訳した『大トルストイ全集』

原 久一郎（はらひさいちろう）　1890（明治23）年 — 1971（昭和46）年　阿賀野市

　ロシアの文豪トルストイ[1]の名前を知らない人はいないでしょう。代表作は『アンナ・カレーニナ』そしてナポレオン戦争の時代を舞台にした『戦争と平和』です。その作品にこめられた思想は、全世界の人々に大きな影響を与えました。それは人間を愛すること、人生を大切にすることを説いた思想であり、人道主義（ヒューマニズム）と呼ばれました。

　さて水原町（現阿賀野市）に、喧嘩っ早くて「南京軍鶏」というあだ名のわんぱく少年がいました。名前を原久一郎[2]といいました。この暴れん坊が新発田中学に進学し、そこで文学に目覚める大きな転機を経験したのです。若い東大出の英語の先生からトルストイ、そして同じロシアの劇作家チェーホフ[3]のことを教えられ、そこに「人生のための芸術」があることを知ったのです。

　やがて早稲田大学に入学し、島村抱月[4]に師事しました。当時、抱月は劇団「芸術座」を結成し、トルストイ原作『復活』を上演して大当たりとなりました。これに刺激されて久一郎は『アンナ・カレーニナ』を英訳で読み、深い感銘を受けたといいます。こうして次第にロシア文学の魅力にひきつけられていきます。この頃はまだ早大にロシア文学科はありませんでした。そこで久一郎は卒業後、図書館勤務のかたわら、東京外国語学校夜間部に通ってロシア語の勉強を始めました。

　早大にロシア文学科が出来たのは1920（大正9）年、

用語解説

1．トルストイ
1828〜1910年。帝政ロシアの文豪。伯爵家の四男で、ドストエフスキー、ツルゲーネフと並んで、近代ロシアの3文豪とされる。代表作に『戦争と平和』『アンナ・カレーニナ』。

2．原久一郎
プロフィールは104ページ。

3．チェーホフ
1860〜1904年。19世紀末期のロシアの劇作家、短編小説家。長編小説が尊ばれた時代に、短編を次々発表し、ロシア文学界に革新的影響を与えました。代表作『三人姉妹』『桜の園』など。

4．島村抱月
1871〜1918年、島根県出身。早稲田大学教授を務めながら、自然主義文学運動に尽力。1913年、芸術座を立ち上げて西洋近代劇を紹介しました。

5．ソビエト連邦
皇帝の専制政治だった帝政ロシアは1917年の二月革命、続く十月革命で倒れ、労働者・兵士・農民による「ソビエト（協議会）」が組織されました。やがてロシア共産党が1918年にその主導権を握り、ソビエト連邦が成立しました。

久一郎はそこへ講師として招かれ、それ以後、本格的なロシア文学の研究と翻訳に取り組むようになります。なかでも久一郎が生涯をかけて打ち込んだのが、たった一人での『大トルストイ全集』全22巻の完訳でした。この仕事に集中するために大学を辞め、自宅に「トルストイ普及会」を設けて、その思想と文学を世に広めようと努めました。この全集の特色はトルストイの文学だけでなく、手紙から評論のすべてを収めたところにあります。しかもだれの力も借りることなく、その翻訳をやり遂げたところに、原久一郎のすさまじい集中力と意気込みが感じられます。第１回の配本は1936（昭和11）年の『復活』で、最終回は1939（昭和14）年の『宗教・人生問題論集』でした。その功績をたたえられ、1967（昭和42）年にソビエト連邦[5]最高会議名誉勲章、またモスクワ大学名誉博士号が贈られました。 （TK）

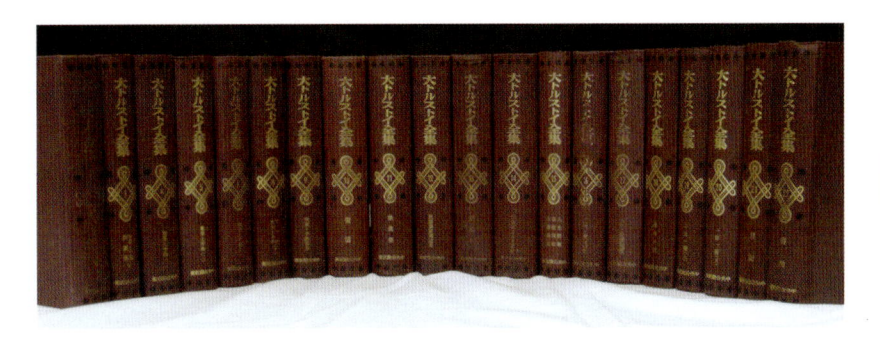

参考画像

原久一郎訳『大トルストイ全集』 1936年
阿賀野市教育委員会蔵

トルストイ

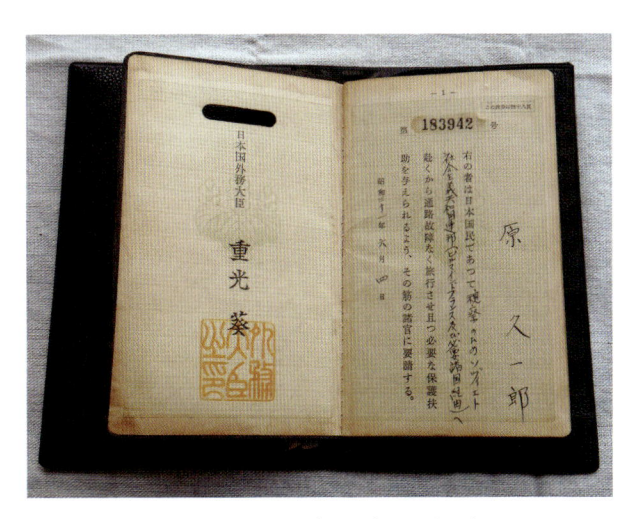

原久一郎のパスポート（1956年頃）
阿賀野市教育委員会蔵

モスクワ大学名誉博士記念勲章
阿賀野市教育委員会蔵

文学

エピソード㉖
詩集『ルバイヤート』と小川亮作

小川 亮作（おがわ りょうさく）　1910(明治43)年 — 1951(昭和26)年　村上市

　小川亮作[1]はペルシャの詩人オマル・ハイヤーム[2]の詩集『ルバイヤート』を、初めて原語から翻訳した人です。この訳は今でも決定版として岩波文庫に収められています。ペルシャとは現在のイランのことです。歴史をさかのぼれば、ギリシャと争った古代のペルシャ帝国に行きつきます。この帝国の西側に四大文明発祥の地のひとつであるメソポタミアがあり、今はイラクと呼ばれています。その首都が『千夜一夜物語』[3]（アラビアンナイト）の夢の舞台となったバグダッドです。私たちの中東のイメージは、このファンタジーと重なるところが多いように思います。その広大な地域を征服したのが、サラセンとも呼ばれるイスラム帝国でした。したがってこのイスラム世界の公用語はアラビア語でしたが、ハイヤームはこの詩集をあえて民族の言葉であるペルシャ語で書いたのです。

　小川亮作は旧制村上中学の出身で、成績優秀で特に英語力は抜群でした。一高[4]を受験しますが失敗、そこで中国の哈爾浜（ハルビン）[5]市にあった、大陸進出の国策にそった外務省管轄の専門学校「日露協会学校」に入学します。3年間ロシア語を学んだ後、外務省留学生としてテヘラン[6]でさらに3年間、ペルシャ語の研修を受けました。ところでなぜ亮作はイランに派遣されたのでしょう。ロシアと国境を接するイランは、常にロシアの南下政策に悩まされてきました。これを阻止しようとしたのがイギリスです。これに石油利権がからまって、

用語解説

1．小川亮作
プロフィールは104ページ。

2．オマル・ハイヤーム
1048～1131年頃。中世ペルシャ（現イラン）の学者・詩人。自ら歌った「ルバーイイ（4行詩）」を集めて編集したのが『ルバイヤート』です。

3．『千夜一夜物語』
中世イスラム世界にあった説話（神話・伝説・おとぎ話など）をまとめたもので、別名「アラビアンナイト」ともいいます。妻に裏切られた王様が女性を次々と殺すので、これを止めるために新しい妻シェヘラザードが1001夜、面白い物語を語り続けたお話を集めたもの。

4．一高
158ページのコラム03を参照。

5．哈爾浜
中国北東部に位置する黒竜江省の省都。新潟市の友好都市です。

6．テヘラン
イランの首都。教育機関や美術館、博物館などがある文化的中心地。

7．オリエンタリズム
ヨーロッパから見て、異文化である東方世界の文化や風俗に対する好奇心や憧れ。19世紀の文学や芸術で好まれたテーマ。

8．蒲原有明
1876～1952年、東京都出身。ラファエル前派のロセッティに傾倒した象徴派の詩人。

イランは複雑な政治状況に置かれていました。

　将来、外交官としての活躍を期待されて、テヘランに送られてきた亮作でしたが、そこに運命的な出会いがありました。たまたまイランの友人と酒を酌み交わしつつ、そこで亮作は『ルバイヤート』の朗吟(ろうぎん)を聞いたのです。たちまちその美しい調べと深遠な思想に引きつけられ、その場で詩集の翻訳を生涯の仕事とすることを決意したのです。

　この詩集は19世紀に英訳が出され、東方への憧れというオリエンタリズム[7]のブームにのって各国語に翻訳され、その熱狂と賛美は全ヨーロッパに広がりました。日本でも蒲原有明(かんばらありあけ)[8]をはじめとするいくつかの翻訳が出されましたが、いずれも英訳から邦訳したものでした。そのなかでペルシャ語原典から全訳を試みたのが亮作でした。分かりやすい現代語訳でありながら、原文の美しい韻律を生かした名訳です。その解説も簡明でペルシャ文学を理解する最良のテキストとなっています。亮作はこの訳業をなし遂げた後、41歳の若さで急逝しました。

　　　　　　　　　　　　　　　　　　　　　　　　　　　　　　　　　　　　（TK）

参考画像

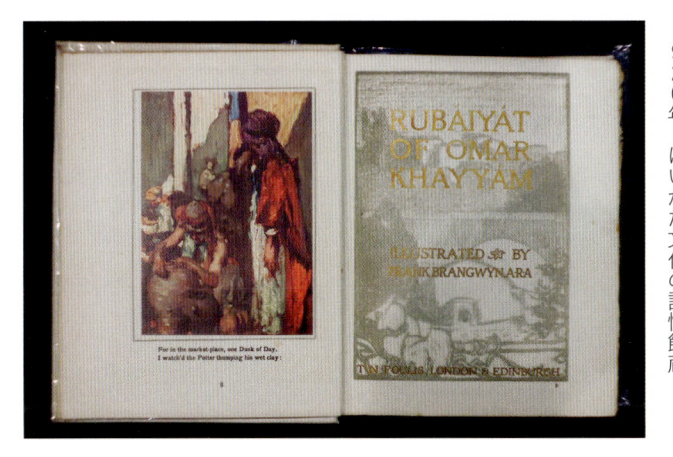

オマル・ハイヤーム作　フランク・ブラングィン挿画　『ルバイヤート』英語版　1920年　にいがた文化の記憶館蔵

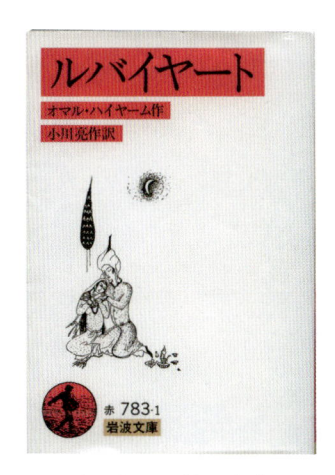

オマル・ハイヤーム作
小川亮作訳『ルバイヤート』
1949年

2012年度「縄文の里・朝日 夏の企画展　郷土ゆかりの文化芸術家」の展示風景
村上市教育委員会提供

エピソード㉗
會津八一の理想

會津 八一（あいづ やいち） ｜ 1881（明治14）年 ― 1956（昭和31）年 ｜ 新潟市

撮影：小柳 胖

　早稲田大学を卒業して間もない頃、會津八一[1]は友人に宛ててこんな手紙を書いています。近代の文明社会は歪んでいる。これをもたらしたのは、分業主義である。そのあわれな光景を見るにつけても憤りの涙が流れてやまないと。八一が言おうとしていることを、もう少し踏み込んで説明すれば、近代社会はいわば巨大な機械であり、効率よく稼働するために人間はその部品に化しているということです。人間はもって生まれた命を大切にし、その能力を生かし、自由にのびのびと生きるべきだと、八一はこの手紙で主張したのです。この人間の理想を八一は「Humanity as a Whole 円満具足な人間性」と呼んでいます。

　27歳のとき、八一は初めて奈良を訪れました。そして飛鳥、天平のおもかげを伝える古都のたたずまいに魅了されます。それ以後、この古都を、八一の言葉をつかえば「酷愛」[2]するようになりました。愛する奈良のことをもっと知ろうと美術史の研究をはじめました。そして、やがて記紀万葉[3]の古代世界に、自分が理想とする人間の生き方があったのだと確信するようになりました。

　法隆寺[4]や薬師寺[5]、東大寺[6]などの古寺をたずね、そこで美しいみ仏と向き合うたびに感動のため息があふれ、それがそのまま短歌となりました。そして自ら筆をとってその歌をしたためたのです。東洋美術史の権威、万葉調の歌人、個性派の書家という評価は一体の

用語解説

1．會津八一
プロフィールは99ページ。

2．「酷愛」
非常に愛すること。

3．記紀万葉
『古事記』と『日本書紀』と『万葉集』を一つにした呼び方。

4．法隆寺
奈良県斑鳩町にある、現存する世界最古の木造建築物です。西院伽藍には金堂、五重塔が、東院には夢殿があり、《釈迦三尊》《救世観音》《百済観音》など多くの国宝があります。

5．薬師寺
奈良市にある法相宗の総本山。680年天武天皇の発願後、持統天皇・文武天皇時代に造営された。730年造営の三重塔（東塔）をはじめ薬師三尊像、観音菩薩立像など白鳳・天平時代のすぐれた仏教美術品を収蔵しています。

6．東大寺
奈良市にある華厳宗総本山。745年、聖武天皇により創建。本尊は《奈良の大仏》で知られる盧舎那仏。南大門の仁王像は運慶・快慶の合作。大仏殿は世界最大の木造建築。

7．オマージュ
フランス語で賛辞、献辞のこと。

文学

82

ものであり、すべて酷愛する奈良へのオマージュ[7]だったのです。それでは、どうすれば理想の人間に近づくことが出来るか、そのことを、自分を慕う若者たちのために示したのが「学規」でした。

一　ふかくこの生を愛すべし

「この生」の意味を考えてみよう。それはかけがえのない自分の命のことだ。この命をいとおしく思うことから、人間のあるべき姿が見えてくるのだ。

一　かへりみて己(おのれ)を知るべし

「己を知る」。自分は何をしてきたか、何が出来るのか、真剣に反省すること。すなわち己をわきまえることから、すべてが始まるのだ。

一　学芸(がくげい)を以て性(せい)を養ふべし

人間の英知の結晶である「学芸」すなわち学問と芸術に精進(しょうじん)すること、それが己という原石(げんせき)を磨いて、あるべき人間の理想に到達するための道なのだ。

一　日々新面目(しんめんもく)あるべし

過去の自分にとどまったままではならない。日々怠ることなく努力を重ねて、新しい自分を創りだしていかねばならない。人間の生は躍動してやまないものなのだ。

この會津八一の理想は、今日の私たちにとっても、人生をいかに生きるかという指針になり得るものだと思います。

（TK）

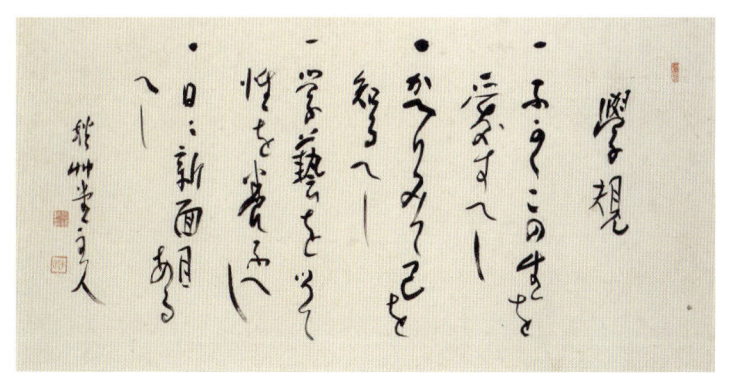

参考画像

會津八一「学規」
新潟市會津八一記念館蔵

新潟市會津八一記念館
（新潟市中央区万代）

エピソード㉘
相馬御風と良寛研究

相馬 御風（そうま ぎょふう）　1883（明治16）年 — 1950（昭和25）年　糸魚川市

　新潟県民で良寛[1]さまのことを知らない人はいないでしょう。春の日なが村の子どもたちと手毬をついたり、かくれんぼをして遊んだという、ほのぼのとしたお話はみんな聞いたことがあるはずです。ところが良寛さまのどこが偉いのと尋ねられると、頭をかかえてしまいます。その答えを、後半生をかけて見つけようとしたのが、相馬御風[2]の『大愚良寛』の研究でした。

　本名は相馬昌治といい、糸魚川の出身、高田中学（旧制）から早稲田大学文学部に進みました。同期に會津八一[3]、1年上に小川未明[4]がいました。中学時代から本格的に短歌を学びはじめ、その頃から「御風」という雅号、ペンネームを用いていました。中国の詩人蘇東坡[5]の「赤壁の賦」[6]の詩句からとったものです。早稲田に入学前後、与謝野鉄幹[7]の「新詩社」に入り「明星」の同人となり、浪漫主義文学運動[8]を推進しました。これにあきたらず、友人と詩歌雑誌「白百合」を発刊しています。才能に恵まれた早熟な文学青年でした。

　卒業後は、恩師島村抱月[9]が復刊した第2次「早稲田文学」の編集に関わり、浪漫主義を超える自然主義文学運動[10]のリーダーとして活躍しました。その一方で、三木露風[11]、野口雨情[12]と「早稲田詩社」を創設して口語自由詩運動[13]を展開しています。このころ坪内逍遙[14]に命じられて早稲田大学校歌「都の西北」を作詞しました。抱月の新劇[15]運動にも参加、トルストイ[16]原作『復活』の劇中歌「カチューシャの歌」を師と合作し、

用語解説

1. 良寛
プロフィールは10ページ。

2. 相馬御風
プロフィールは100ページ。

3. 會津八一
プロフィールは99ページ。

4. 小川未明
プロフィールは96ページ。

5. 蘇東坡
蘇軾の号。中国・北宋時代の政治家、詩人、書家。

6. 赤壁の賦
赤壁は中国・長江南岸の地名（現在の湖北省）。魏の曹操と呉の孫権が戦った古戦場。「賦」とは美文調の韻文のことです。

7. 与謝野鉄幹
1873〜1935年。明治から昭和前期の詩人・歌人。京都府出身。和歌の革新を唱え、「東京新詩社」を創立し、機関誌「明星」を発刊しました。

8. 浪漫主義文学運動
理性や合理主義に対して、感受性や主観を重視した創作活動。

9. 島村抱月
1871〜1918年、島根県出身。早稲田大学教授を務めながら、自然主義文学運動に尽力。1913年、芸術座を立ち上げて西洋近代劇を紹介しました。

10. 自然主義文学運動
理想化をせず、醜悪で細かなものも疎まず、ありのままに文章で表現する創作活動。

11. 三木露風
1889〜1964年、兵庫県出身。明治から昭和時代の詩人。象徴主義の詩風を確立。

これが空前の大ヒットとなりました。まさに八面六臂[17]の働きです。

　ところが1916（大正5）年まだ33歳の若さで、突然に故郷の糸魚川に「退住」[18]します。すでに御風はひとかどの詩人であり、新時代の文学を引っ張っていた評論家でした。その名声のすべてをかなぐり捨て、自らを零に還す、その決意表明が『還元録』でした。御風は自らを責めて「虚偽なやくざな、からっぽな、殆んどもうゆるしがたい妄想者」であると述べ、これに気づいた今、新しい「本当の自分」を取り戻そうとしたのです。

　御風が生まれ変わった自分の生き方のモデルとして選んだのが良寛さまでした。当時、良寛禅師は奇僧、つまり変わった坊さんという見方が一般的でした。良寛の学問や詩歌、あるいは書のそれぞれについて評価する人たちはいました。しかしそのすべてを、ひとりの人間の生き方として捉えた人はまだ誰もいませんでした。御風の良寛研究はいわば自分探しの旅だったといえます。御風はいったん挫折した自分自身と重ね合わせることで、多感多情の人間良寛の生き方を、世の人に知らしめたのです。それが今日の良寛研究の道をひらいた大著『大愚良寛』だったのです。　　　　（TK）

用語解説

12. 野口雨情
1882～1945年、茨城県出身。詩人。北原白秋とともに童謡運動を推進。作詞に「七つの子」「十五夜お月さん」など。

13. 口語自由詩運動
漢詩を基調とした文語体が主流の詩風に対して、日常の言葉である口語体を使って、しかも伝統的な韻律や定型に束縛されない詩型を推進した文学活動。

14. 坪内逍遙
1859～1935年、岐阜県出身。東京専門学校（現在の早稲田大学）教授。小説家・劇作家・評論家としても活動しました。

15. 新劇
旧来の演劇を改革して近代的な演劇を立ち上げようと明治末期に起こった運動。

16. トルストイ
1828～1910年。帝政ロシアの文豪。伯爵家の四男で、ドストエフスキー、ツルゲーネフと並んで、近代ロシアの3文豪とされる。代表作に『戦争と平和』『アンナ・カレーニナ』。

17. 八面六臂
一人で数人分の手腕を発揮すること。

18.「退住」
華やかに活躍していた都を退き、故郷に戻り地道な活動をすること。

参考画像

雑誌「白百合」
糸魚川市歴史民俗資料館提供

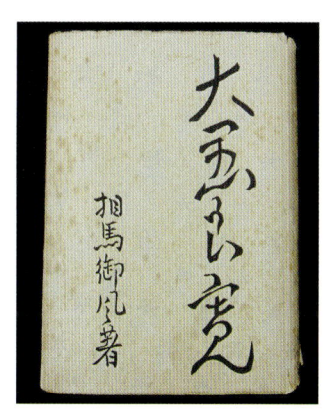

相馬御風『大愚良寛』　1918年
新潟市會津八一記念館蔵

新潟県史跡　相馬御風宅
（糸魚川市大町）

エピソード㉙
堀口大學とフランス詩

堀口 大學（ほりぐち だいがく）　1892（明治25）年 ― 1981（昭和56）年　東京都

写真提供：堀口すみれ子氏

　　私の耳は貝のから
　　　　海の響をなつかしむ

　海辺で拾った貝を耳にあてると、ゴーという潮騒の音が聞こえてきます。堀口大學[1]の訳による、フランスの詩人ジャン・コクトー[2]の短詩です。

　大學は長岡の人です。長岡中学時代から文学に憧れ、和歌の革新を目指していた与謝野鉄幹[3]が結成した「新詩社」に入ります。慶応大学に入学してから、鉄幹の推薦で慶応の仏文学教授だった永井荷風[4]の知遇を得て、荷風が主宰する「三田文学」[5]にも作品が掲載されるようになります。入学して2年目に、外交官だった父の九萬一[6]にメキシコに呼び寄せられます。それは外国語の習得のためでした。九萬一は息子に自分と同じ外交官の道を歩ませたいと思ったのです。しかし大學の詩人への志望が動かしがたいことを知ると、やがて理解をもって文学修業を支えてくれるようになります。

　その間、父の新しい任地であるスペインに滞在中、詩人大學にとって決定的な出来事がありました。それは女流画家マリー・ローランサン[7]との出会いです。2人の芸術家の魂は互いに響き合うところがあったようです。ちなみにローランサンはこの若い詩人を「日本の鶯」と呼んでいたということです。大學はローランサンを通じて、かつての恋人で、画家ピカソ[8]の友人だった詩人アポリネール[9]を知ることとなります。日本の近代詩は上田敏[10]の訳詩集『海潮音』以来、同じく永井荷風の訳詩集『珊瑚集』まで、フランス近代詩から大きな影響を受けてきました。アポリネールは、

用語解説

1．堀口大學
プロフィールは100ページ。

2．ジャン・コクトー
1889〜1963年、フランス。詩人、小説家、劇作家、評論家、映画監督、画家などとして幅広く活動しました。

3．与謝野鉄幹
1873〜1935年。明治から昭和前期の詩人・歌人。京都府出身。和歌の革新を唱え、「東京新詩社」を創立し、機関誌「明星」を発刊しました。

4．永井荷風
1879〜1959年、東京都出身。小説家、慶応大学教授。アメリカ、フランスを外遊し、帰国後『あめりか物語』を発表。代表作に『腕くらべ』『墨東綺譚』など。文化勲章受章者。

5．「三田文学」
慶応大学文学部の機関誌で、永井荷風によって創刊されました。「早稲田文学」の自然主義に対抗し、理想主義・ロマン主義が濃厚です。

6．堀口九萬一
1865〜1945年、長岡市出身。日本で最初の外交官・領事官試験に合格し、明治から昭和初期にかけて外交官として活躍しました。「長城」と号して、文筆活動でも才能を発揮しました。

7．マリー・ローランサン
1883〜1956年。フランスの女性画家。初期は前衛芸術家として、後に優美な女性像で幅広く大衆的な人気を得ました。

8．ピカソ
1881〜1973年。スペインで生まれ、フランスで活躍した画家。マティスとともに、20世紀前衛絵画の道を開きました。

ボードレール[11]に始まるフランス象徴詩の伝統に現代の精神(エスプリ)を吹き込んだ、革命的な詩人でした。大學はこの視点に立って、フランスの詩人66人、翻訳詩340編を収めた訳詩集『月下の一群』を世に問いました。このフランス詩の決定版とも言える訳詩集が、中原中也[12]や三好達治[13]など当時の若い詩人たちに与えた影響は、計りしれないものがありました。

　美術や音楽と違って、文学特に詩の受容には言葉の壁があります。フランス語で書かれた詩を、どのように美しい日本語に翻訳するかということです。それは原詩をふまえた新たな創作ともいえます。上田敏や荷風の訳詩が名訳であることには疑いはありません。ですが、こちらは向こうの詩を、日本の詩歌の形式に合わせて翻訳したものです。これに対して、大學は逆に、原詩のイメージに日本語を合わせていったものだという指摘があります。そこには彼ならではの、芸術的な創造性が見いだせます。

　戦中多くの文化人が戦禍を避けて地方に移住しました。その頃、高田市（現上越市）にも著名なアーティストたちが集まり、一時期「疎開文化」と呼ばれる文化の花が開いたことがありました。堀口大學は、作家・小田嶽夫[14]とともにそのサークルの中心でした。戦後、日本の詩壇への大きな貢献により、日本芸術院会員に推挙、さらに文化勲章を授与されています。

（TK）

用語解説

9．アポリネール
1880～1918年。イタリア生まれのポーランド人。詩人、小説家、文芸評論家。マリー・ローランサンと恋人だったことがあります。

10．上田敏
1874～1916年、東京都出身。英文学者、詩人。夏目漱石と同時期に東京帝国大学英文科講師を務め、後に京都大学教授になりました。『海潮音』は名訳詩集として知られています。

11．ボードレール
1821～1867年。フランスの詩人、美術評論家。代表作に『悪の華』『パリの憂鬱』などがあります。

12．中原中也
1907～1937年、山口県出身。ランボーやヴェルレーヌなどフランス象徴派の詩人の影響を受け、倦怠感に満ちた抒情的な詩を書きました。

13．三好達治
1900～1964年、大阪府出身。詩人。ボードレールの詩集『パリの憂鬱』を全訳しました。その後、第一詩集『測量船』の抒情的詩風で人気を博しました。

14．小田嶽夫
プロフィールは102ページ。

参考画像

堀口大學　詩集『砂の枕』　1926年
初版　長岡市立中央図書館蔵

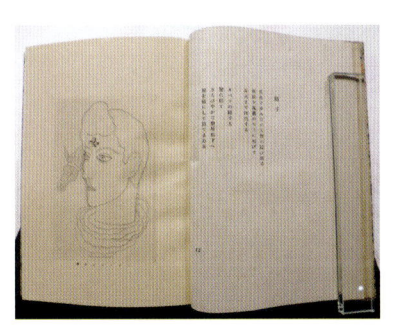

ジャン・コクトー作　堀口大學訳
『コクトオ詩抄』　1929年
にいがた文化の記憶館蔵
左ページはジャン・コクトーの挿絵

「堀口大學コレクション」を所蔵する
長岡市立中央図書館
（長岡市学校町）

エピソード㉚ 西脇順三郎とシュルレアリスム

西脇 順三郎（にしわき じゅんざぶろう）　1894（明治27）年 — 1982（昭和57）年　小千谷市

自宅の庭で　1933年6月
撮影：冨本 貞雄

　美術であれ文学であれ、アートはまず自然をながめることから始まります。ところがこの自然を超えて私たちの心に潜むイメージを掘り出そうとした前衛芸術が超現実主義、つまりシュルレアリスムです。なんだか分からない絵を抽象画と言うように、とっぴな発想の絵をシュールと言ったりしませんか。20世紀の初めに登場したこのシュルレアリスムに、フランス象徴詩[1]を超える新しい詩の可能性を認め、これを日本に紹介したのが西脇順三郎[2]でした。

　順三郎は小千谷縮[3]で財をなした豪商の一族の出です。子どもの頃から図画が得意で、中学に入ってからは英語に熱中し「英国人と完全に同じくなることを目的とした」というのですから、半端ではありません。最初は画家になろうと、東京美術学校（現東京芸術大学）の藤島武二[4]の内弟子になりますが、父の急死であきらめざるを得ませんでした。しかし生涯、絵を描くことに関心を持ちつづけました。のちに詩の世界と絵画の世界を行き来する、不思議な魅力をたたえた詩画集を出しています。

　慶応大学に入り、経済学を学びますが、語学の勉強にも磨きがかかり、数カ国語をマスターし、さらに卒業論文は古典ラテン語で書いて提出したというから驚きです。慶応からイギリスのオックスフォード大学に派遣されます。順三郎にはすでに本場の知識人と対等に渡りあえる教養を身につけたという気持ちがありま

用語解説

1. フランス象徴詩
自然主義やアカデミズムに反発した観念的、ロマン的な表現を追求する傾向を象徴主義と呼びます。代表的な作家に、ボードレール、マラルメ、ヴェルレーヌ、ランボー、ヴァレリーなど。

2. 西脇順三郎
プロフィールは101ページ。

3. 小千谷縮
小千谷市周辺で生産される麻織物。南魚沼市の越後上布とともに国の重要無形文化財。

4. 藤島武二
1867〜1943年、鹿児島県出身。洋画家、東京美術学校教授。文展、帝展で活躍。代表作に《黒扇》《耕到天》などがあります。

5. 島崎藤村
1872〜1943年、岐阜県出身。詩人、小説家。ロマン主義の詩集『若菜集』がある一方、小説では『破戒』『夜明け前』など自然主義の作品を残しました。

6. エズラ・パウンド
1885〜1972年。アメリカ出身の詩人、音楽家、批評家。イギリス、フランス、イタリアなどで活躍。

7. 口語自由詩
漢詩を基調とした文語体が主流の詩風に対して、日常の言葉である口語体を使って、しかも伝統的な韻律や定型に束縛されない詩型。

8. 『Ambarvalia』
アムバルワリアとは、古代ローマの豊穣を願って畑を清めるお祭りのこと。1933年に英語の題名で出版。14年後に内容を書き直し、『あむばるわりあ』を出版しました。

9. ノーベル文学賞候補
ノーベル賞の選考基準は50年後に開示されます。現時点で判明しているだけで、西脇は1958、60、61、62、63、64年の6度候補になっています。

した。ところがその自負は打ち砕かれてしまいます。当時の文学や美術は大きな転機を迎えつつあったのです。

　カレッジでの古代中世の英文学研究と並行して、現代に生きる詩人としての活動が始まったのが、この頃からです。第1詩集『Spectrum(スペクトラム)』は英語で書かれていました。日本でもてはやされていた、島崎藤村[5]などの美文調の詩が気に入らなかったからです。大きな影響を受けたのは、英国での友人エズラ・パウンド[6]による、絵画のイメージに詩の言葉で迫ろうとするイマジズムの運動でした。そこから口語自由詩[7]『Ambarvalia(アムバルワリア)』[8]が生まれました。

　帰国後、慶応の英文科教授となり、「三田文学」に次々と詩や詩論を発表、ヨーロッパ文学の新思潮を紹介しました。そのなかで順三郎が注目したのが、自らは「超自然主義詩派」と称した、シュルレアリスムの運動でした。その『馥郁タル火夫ヨ(ふくいくタルかふヨ)』は、日本最初の超現実主義の詩華集(しかしゅう)(アンソロジー)です。西脇順三郎は戦後、詩壇に寄与した功績で文化功労者に選ばれ、さらにまたエズラ・パウンドの推薦で6度、ノーベル文学賞候補[9]に挙げられました。
　　　　　　　　　　　　　　　　　　　　　　　　　　　　　　　　　　　　（TK）

参考画像

小千谷市立図書館にある西脇順三郎記念室
（小千谷市土川）

西脇順三郎《北海道の旅》1960年代

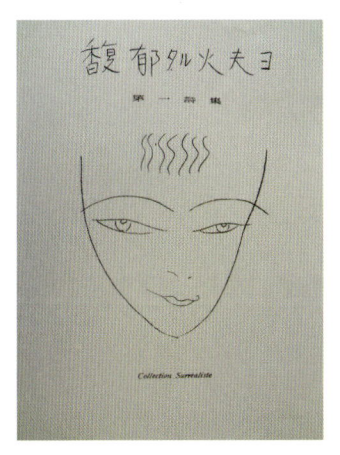

西脇順三郎ほか編　アンソロジー『馥郁タル火夫ヨ』
（『衣装の太陽（復刻版）』1987年　田村書店に所収）

西脇順三郎　詩集『Ambarvalia』1933年

図版はすべて小千谷市立図書館提供

エピソード㉛
埋没の精神の歌人 宮柊二

宮 柊二（みやしゅうじ）　1912（大正元）年 ― 1986（昭和61）年　魚沼市

写真提供：宮柊二記念館

　　海は荒海　向こうは佐渡よ
　　　すずめ啼け啼け　もう日はくれた
　　　　みんな呼べ呼べ　お星さまでたぞ

　新潟の浜辺の夕暮れをうたった、北原白秋[1]の「砂山」の一節です。白秋は心にしみるロマンチックな詩歌の数々を世に送った詩人です。宮柊二[2]は白秋の晩年の愛弟子でした。このころ白秋は「多磨短歌会」を立ち上げ、昭和時代にふさわしい和歌の革新を図ろうとしていました。柊二は眼を病んでいた白秋の秘書として、この仕事を手伝うことになりました。

　明治時代に新しい和歌の世界をひらこうとしたのが、正岡子規[3]が率いた「根岸短歌会」でした。これを引き継いだのが、斎藤茂吉[4]に代表される「アララギ派」の歌人たちです。アララギ派は子規が唱えた、自然の客観的な「写生」を重んじ、その歌の調べは万葉調と呼ばれました。これに対する白秋は、新古今集の幽玄から「明星」[5]の浪漫的精神へと受け継がれてきた和歌の伝統、おりにふれ、時にふれ感動する心の表現を重視していました。

　宮柊二の本名は宮肇、堀之内町（現魚沼市）の生まれです。長岡中学時代から短歌を作りはじめ、相馬御風[6]の短歌会に投稿していました。その一方でロシア文学にも熱中、プーシュキン[7]を愛読していました。プーシュキン、プーシュキンと口で唱えているうちに「柊

用語解説

1．北原白秋
1885～1942年、福岡県出身。詩人、歌人。代表作に詩集『邪宗門』など。作詞家としても活躍しました。

2．宮柊二
プロフィールは101ページ。

3．正岡子規
1867～1902年、愛媛県出身。明治時代の俳人、歌人。俳誌「ホトトギス」を創刊し、俳句と短歌の革新運動を起こしました。写生俳句、写生文を提唱しました。

4．斎藤茂吉
1882～1953年、山形県出身。歌人、医師。代表作に歌集『赤光』。

5．「明星」
詩歌雑誌。与謝野鉄幹主宰の東京新詩社の機関誌。1900年創刊。浪漫主義を掲げ、短歌の革新などに貢献。1908年、100号で廃刊。与謝野晶子、高村光太郎、石川啄木、北原白秋らが活躍しました。

6．相馬御風
プロフィールは100ページ。

7．プーシュキン（プーシキン）
1799～1837年。ロシアの詩人、作家。ロシア近代文学の先駆者といわれています。

8．宮中歌会始
宮中における新年最初の歌会。天皇皇后をはじめ皇族の和歌や国民の歌のうち優秀な作品を披露します。

9．折口信夫
1887～1953年、大阪府出身。国文学者、民俗学者、歌人。歌人名は釈迢空。著作に『古代研究』『死者の書』、歌集『海やまのあひだ』、詩集『古代感愛集』など。

二」というペンネームを思いついたそうです。それかあらぬか、見事なひげをたくわえた晩年の柊二を「シュージノヴィッチ（ヴィッチは男子を意味するロシア語の語尾）」と呼んだ人もいました。

　歌人宮柊二を理解するうえで大事なことは、1939（昭和14）年に陸軍召集、中国大陸に派遣された戦争体験です。そのとき詠んだ歌があります。

　　　　おそらくは　知らるるなけむ　一兵の
　　　　　　　生きの有様を　まつぶさに遂げむ

　この歌には詞書き、つまりどのような気持ちで歌をつくったかが記されています。「幹部候補生志願を再三慫慂せらるることあれども」とあります。「何度も兵隊を指揮する将校にならないかと、勧められたこともあったけれども」という意味です。ここに歌人としての宮柊二の、生涯を通じて変わらぬスタンスが見て取れます。すなわちいつも名もない市井の人、一生活者、ここではただの一兵卒の視点に立って歌を詠もうとする姿勢です。白秋の秘書を辞してからは、ごく普通のサラリーマン生活を続けながら、自分の歌を詠みつづけました。

　戦後、歌壇における生活歌人、宮柊二の評価は次第に高まり、毎日出版文化賞をはじめ、数々の文学賞を受け、1967（昭和42）年には宮中歌会始[8]の選者となりました。1977（昭和52）年には芸術院賞を受賞、歌人としては折口信夫[9]から数えて4人目の快挙でした。その受賞理由は「万葉古今のよみ人しらずの歌人のように『埋没の精神』を心とする庶民的歌人」というものでした。

　　　　　　　　　　　　　　　　　　　　　　　　　　　　　　　　（TK）

参考画像

北原 白秋

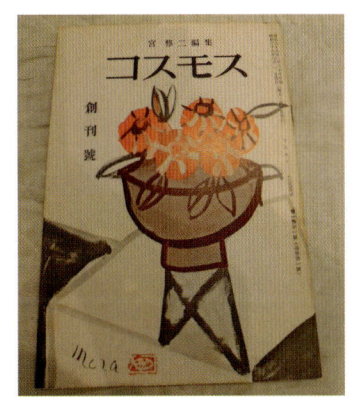

宮柊二編集　雑誌「コスモス」創刊号
1953年　にいがた文化の記憶館蔵

宮柊二記念館（魚沼市堀之内）

文学

エピソード㉜
鈴木牧之と『北越雪譜』

鈴木 牧之（すずき ぼくし）　1770（明和7）年 — 1842（天保13）年　南魚沼市

「国境の長いトンネルを抜けると雪国であった。夜の底が白くなった」。川端康成[1]の名作『雪国』の有名な書きだしの一節です。「長いトンネル」とは、当時最長といわれた上越国境の三国峠をつらぬく清水トンネルのことです。抜けるように青い関東平野の冬空が、ここを通りぬけると一転して、重苦しく覆いかぶさる鉛色の雪空に変わり、周囲は丈余の雪に埋もれた白一色の世界が出現します。まるで異次元の世界に、突然スリップしたかのような錯覚におそわれます。

新潟は世界でもめったにない豪雪地帯です。なかでも新潟と長野の県境に位置する、秋山郷の積雪量は多いときで4メートルを超えます。この「雪国」の厳しい自然風土と生活を、江戸などの「暖国」の人たちに、初めて知らしめたのが塩沢の人、鈴木牧之[2]の『北越雪譜』でした。牧之の家は代々越後魚沼の特産である縮（越後上布）の仲買商をいとなみ、商いで江戸へ出かける機会も多く、文人たちとの交流がありました。牧之自身、俳句、和歌、漢詩そして絵もたしなむという教養人であり、その交際も広く、狂歌で名高い風流人、大田蜀山人[3]、『南総里見八犬伝』の滝沢馬琴[4]、『東海道中膝栗毛』の十返舎一九[5]、式亭三馬[6]、山東京伝[7]・京山兄弟らの戯作者、書家の亀田鵬斎[8]、画家では渡辺崋山[9]、さらには歌舞伎役者の市川団十郎[10]にまで及んだというから驚きです。

『北越雪譜』は2編7冊に及び、その内容は雪の科学

用語解説

1. 川端康成
1899～1972年、大阪府出身。小説家。代表作に『伊豆の踊子』『雪国』など。文化勲章受章、ノーベル文学賞受賞。

2. 鈴木牧之
プロフィールは105ページ。

3. 大田蜀山人
1749～1823年。別号は南畝。江戸時代後期の狂歌師、戯作者。

4. 滝沢馬琴
1767～1848年。江戸時代後期の戯作者。他の代表作に『椿説弓張月』など。

5. 十返舎一九
1765～1831年。江戸時代後期の戯作者。

6. 式亭三馬
1776～1822年。江戸時代後期の戯作者。代表作に『浮世風呂』『浮世床』など。

7. 山東京伝
1761～1816年。江戸時代中～後期の戯作者。弟の山東京山（1769～1858年）とともに多くの作品を残しました。

8. 亀田鵬斎
1752～1826年。江戸中～後期の儒学者。下町儒学者の巨頭といわれました。良寛との交友でも知られています。

9. 渡辺崋山
1793～1841年。江戸時代後期の蘭学者、画家。鎖国政策を批判し蛮社の獄で捕らえられた後に自刃しました。

10. 市川団十郎
歌舞伎役者の名跡で、もっとも権威のある名前とされています。牧之と交流があったのは、5代目団十郎（1741～1806年）と6代目団十郎（1778～1799年）です。

11. 奇譚
珍しい話、おもしろい物語・言い伝え。

的な観察から分析、雪国ならではの風俗や習慣、本業の縮にまつわる記述、奇譚[11]や伝説と興趣[12]は尽きません。執筆を始めたのは、牧之がまだ20代の頃でした。版元の仲立ちを頼もうと、まず白羽の矢を立てたのが、江戸でも有名な山東京伝でした。雪国のすごさを知らない京伝のために、草稿と一緒に牧之は自分で描いた挿絵やかんじきや雪ぐつのミニチュアまでつくって送りました。いざ出版というところで、費用がかさみすぎて断念。だがあきらめきれず、その後は京伝の弟子の馬琴を頼ったのですが、売れっ子で超多忙。計画は進まず、これまた頓挫。ようやく京伝の弟、京山の援助で出版にこぎつけたのは、構想を立ててからすでに40年がたっていました。

1837（天保8）年に『北越雪譜』が出版されると、たちまちベストセラーとなり、その4年後に、読者の強い要望にこたえて、初編に続く第2編が出版され、これもまた評判を呼びました。雪の科学といえば、中谷宇吉郎[13]博士の「氷雪学」の研究が思い出されますが、牧之の雪物語はこれに先立つものであり、さらに今日の地誌学[14]や民俗学[15]研究の分野にも広がっています。まさに雪国大百科の趣きがあります。牧之の死後も出版が重ねられ、今ではこの領域での古典と見なされています。すでに英語とドイツ語にも翻訳され、雪国新潟の自然風土や民俗を世界に発信する重要な文献となっています。（TK）

用語解説

12. 興趣
味わいのある面白み。

13. 中谷宇吉郎
1900～1962年、石川県出身。物理学者、随筆家。著作に『雪の結晶』『冬の華』など。

14. 地誌学
地域の自然・文化の両方面から研究する学問。特定地域の政治・経済・産業・法制度・社会・文化・民俗・地、気候など広範な分野に及ぶ。

15. 民俗学
民間伝承の調査を通して、主として庶民の生活、文化の発展に関する歴史を研究する学問。

参考画像

『北越雪譜』初編　巻之上　1837年
家や建物が雪に埋もれている様子。

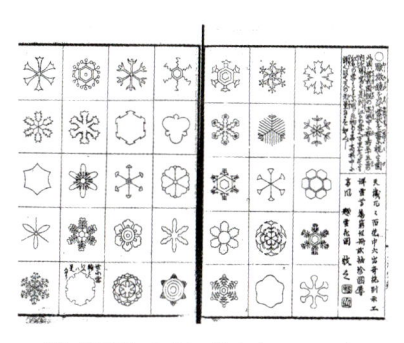

『北越雪譜』初編　巻之上　1837年
さまざまな形の雪の結晶を図解しています。

鈴木牧之記念館（南魚沼市塩沢）

エピソード㉝
故郷思いの文化人 市島謙吉

市島 謙吉（いちしま けんきち） | 1860(万延元)年 ― 1944(昭和19)年 | 阿賀野市

　市島謙吉[1]、号は春城といいます。上杉謙信の居城だった春日山城からとったペンネームです。豪農市島家の分家の出身で水原（現阿賀野市）の生まれです。春城ははじめ水原代官所の学問所「広業館」で星野恒[2]について和漢の学を修めました。その後、新潟学校、東京英語学校を経て東京大学に入学します。同級生には、春城を含めて「早稲田の四尊」と呼ばれるようになる、坪内逍遙[3]、高田早苗[4]、天野為之[5]がいました。

　大学卒業の1年前に、エリート・コースを捨てて中退、政治家を目指します。当時、自由民権運動の流れのなかで、ようやく憲法制定、国会開設が論議されるようになりました。その際、ドイツ流の国王が優位に立つ立憲君主制をとるか、イギリス流の国会が優位に立つ立憲君主制をとるかで、政府の意見は2つに分かれました。前者が伊藤博文らの薩長閥、後者が大隈重信、そのブレーンが福沢諭吉の「慶応義塾」でした。1881（明治14）年の政変[6]で、大隈は政府から追放されますが、国会開設に備えて立憲改進党を結成、「東京専門学校（現在の早稲田大学）」を創設しました。

　春城は改進党に属し、「高田新聞」創設に招かれて社長兼主筆となりました。そこでは自由民権運動を擁護し、政府批判の論陣をはりますが、法に触れるとして8カ月投獄されたりしました。その後も尾崎行雄[7]以来、改進党系の論調を貫いていた新潟新聞主筆、さらに読売新聞主筆となりジャーナリストとして目覚ましい活躍を

用語解説

1．市島謙吉
プロフィールは105ページ。

2．星野恒
プロフィールは58ページ。

3．坪内逍遙
1859～1935年、岐阜県出身。東京専門学校（現在の早稲田大学）教授。小説家・劇作家・評論家としても活動しました。

4．高田早苗
1860～1938年、東京都出身。教育家、政治家。大隈重信に協力し、東京専門学校（現早稲田大学）創立に参画しました。早大総長や第2次大隈内閣の文部大臣を務めました。

5．天野為之
1861～1938年、東京都出身。経済学者。東京専門学校(現早稲田大)創立に加わり、学長も務めました。「東洋経済新報」を主宰。1890年の第1回衆議院議員選挙に当選しました。

6．1881（明治14）年の政変
近代日本の国家としての骨格を決める制度づくりで対立し、従来の薩長土肥（薩摩藩・長州藩・土佐藩・肥前藩）の連合が瓦解した政変。土佐派は板垣退助を中心に、急進的なフランス流の自由党を組織しました。肥前の大隈重信は福沢諭吉と組み、穏健なイギリス流の立憲君主制を主張し、改進党を組織しました。

7．尾崎行雄
1858～1954年、神奈川県出身。政治家。「新潟新聞」の主筆を務めた後、立憲改進党の結成に参加し、1890年の第1回衆議院議員選挙以来、連続25回当選。文部大臣、法務大臣、東京市長も務めました。立憲政治を擁護し、第二次世界大戦中も反軍国主義を貫きました。号は咢堂。

8．吉田東伍
プロフィールは63ページ。

9．會津八一
プロフィールは99ページ。

しました。国会が開設されると、衆議院選挙に出馬、4回目の選挙で当選し、念願の政治家としての活躍が期待されていましたが、喀血して倒れてからは政治活動を断念し、早稲田大学で教育文化活動に専念しました。

　早稲田では初代の図書館長をつとめ、「日本図書館協会」の初代会長にもなりました。「誰でもいつでも本が読める、借りられる、調べられる」という近代的な図書館のシステムを先頭にたって推し進めたのが春城でした。また教育者として郷土新潟の志ある若者たちの面倒をよくみたことでも知られます。その熱意によるものでしょうか、この頃の早稲田は学生数で新潟出身者が3分の1と、断然、他を圧していたといいます。

　その春城が誇りとしていたのが、故郷から2人の文学博士を育てたことでした。その1人が『大日本地名辞書』の吉田東伍[8]であり、もう1人が早稲田大学での芸術学研究の基礎を築いた、歌人、書家としても著名な會津八一[9]でした。春城はまた随筆家としてもすぐれ『鯨肝録』『蟹の泡』『春城随筆』など出版された著作は20冊以上、未発表のものを加えると膨大なものになります。その随筆のなかで、故郷の出身でまだ世に知られることが少なかった人物を紹介しています。いかにも郷土愛にあふれる春城らしいエピソードです。

(TK)

参考画像

市島謙吉像　早稲田大学蔵

新潟県指定文化財　市島邸　表門
(新発田市天王)

早稲田大学　大隈講堂
(東京都新宿区)

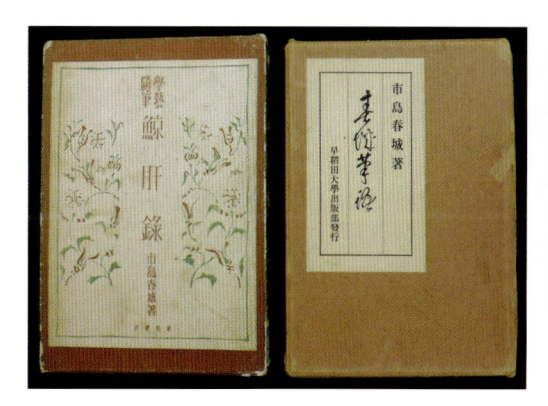

(右) 市島春城『春城筆話』1928年
(左) 市島春城『学芸随筆　鯨肝録』1936年
ともに新潟市會津八一記念館蔵

小説 ❶

日本のアンデルセン
小川 未明
〈おがわ みめい〉

生没年	1882(明治15)年 － 1961(昭和36)年
出身地	上越市
職業	児童文学作家・文化功労者

文学性の高い創作童話によって「日本のアンデルセン」といわれ、坪田譲治、浜田広介とともに草創期の児童文学界の「三種の神器」と呼ばれました。中頸城尋常中学校（旧制）を卒業して東京専門学校（現早稲田大学）へ進学。在学中に小説『漂浪児』を発表し、坪内逍遙に認められ「未明」の号を受けました。卒業後、作家の道へ進み、社会派の文学を志しましたが、44歳の時に童話作家としてまい進することを新聞紙上で発表します。『赤い蠟燭と人魚』など、生涯で1000編以上の童話を創作しました。日本児童文学者協会の初代会長。1953（昭和28）年に日本芸術院賞を受賞し、文化功労者に選ばれました。

ココで発見 ▶小川未明文学館（上越市本城町の高田図書館内）

1. 上越市幸町に丸山というロウソク作りの家がありました
2. その家には隣の家からもらわれてきた里子がいました（当時は、そのようなしきたりがあったのです）
3. その子こそ後の小川未明
4. ちいさな未明はロウソクのあかりを見つめながらどんな空想にふけっていたのでしょうか

小説 ❷

少女小説のパイオニア
吉屋 信子
〈よしや のぶこ〉

生没年	1896(明治29)年 － 1973(昭和48)年
出身地	新潟市
職業	小説家

大正・昭和時代に活躍した女流作家。父親は新潟県警務課長や郡長を務め、信子は新潟県庁官舎で生まれました。転勤が続き、佐渡や新発田などでも暮らしますが、5歳のとき一家で栃木県に移住。栃木高等女学校に進学し、良妻賢母となる前に一人の良い人間になるべきだという新渡戸稲造の講演に感動します。作家を志し、19歳で上京。まだ無名だった岡本かの子や、「青鞜」の平塚らいてう、伊藤野枝らと知り合います。1916（大正5）年から「少女画報」に連載した『花物語』で人気作家になり、新聞小説や雑誌で活躍しました。1952（昭和27）年、『鬼火』で第4回日本女流文学者賞を受賞。

ココで発見
▶新潟市立中央図書館に特別コーナーがあります。
▶吉屋信子記念館（神奈川県鎌倉市）

1. 少女小説の元祖となる作品『花物語』が大ヒット！挿絵は新発田市出身の蕗谷虹児が手がけました
2. そして1928（昭和3）年パリへ遊学！当時のパリは日本から多くの文化人が訪れ、滞在していました
3. 新潟市出身の藤蔭静樹による日本舞踊初のパリ公演を企画し応援！
4. 柔道を世界に広め人気ラジオ番組「とんち教室」で有名になる柏崎市出身の石黒敬七ともパリで親しく交友していました

文学

小説 ③

「無頼派」として自由を生きる
坂口 安吾
〈さかぐち あんご〉

生没年	1906(明治39)年 － 1955(昭和30)年
出身地	新潟市
職業	小説家

新潟中学校（旧制）に入学しましたがほとんど登校せず退学、東京の中学へ編入。一時小学校の代用教員を務め、東洋大学哲学科に進学。卒業後、同人誌で文学活動を続け、小説『風博士』や『黒谷村』で注目されデビューしました。第二次世界大戦後、評論『堕落論』を発表し「堕ちることによって、自分自身を発見し、救わなければならない」と主張し、敗戦に打ちのめされた国民に大きな影響を与えました。『白痴』『桜の森の満開の下』などを次々と発表し、「無頼派」「新戯作派」の作家として活躍します。とりすましました「文学」という権威を否定し、俗であることをよしとする「自由人」でした。

ココで発見
- 安吾風の館（新潟市中央区西大畑町）
- 大棟山美術博物館（十日町市松之山）

4コマ（坂口安吾）
1. 新潟中学（現新潟高校）にて／君の名前の炳吾の炳は明らかと言う意味なのに
2. お前は自己に暗い／暗吾だ／ガーン
3. この時の言葉から安吾という筆名にしたそうです／暗吾→安吾
4. 新潟中学を退学する際安吾は机のふたに「余は偉大なる落伍者としていつの日か歴史の中によみがえるであろう」と彫ったそうです／カリカリ

小説 ④

読者に愛された「国民作家」
山岡 荘八
〈やまおか そうはち〉

生没年	1907(明治40)年 － 1978(昭和53)年
出身地	魚沼市
職業	小説家

数々の歴史小説で、日本中の読者に愛された「国民作家」。小出小学校高等科を中退後上京し、さまざまな職を経た後、応募した時代小説『約束』が入選し、世に知られるようになります。戦時中に神風特攻隊を取材して衝撃を受け、この時抱いた「平和への願い」を徳川家康が思い描いた「泰平」に託し、小説『徳川家康』（全26巻）を17年かけて完成させました。これは企業経営の指南書としても評価されました。『春の坂道』『徳川家康』『独眼竜政宗』の3作品がテレビ大河ドラマ化されています。魚沼市名誉市民。同市内の公園に「菊ひたしわれ八百姓の子なりけ里」の文学碑があります。

ココで発見
- 記念碑（魚沼市吉田　道の駅ゆのたに）
- 文学碑（魚沼市向山　小出公園）

4コマ（山岡荘八）
1. 1971(昭和46)年 大河ドラマ 剣豪 柳生宗矩の生涯を描いた「春の坂道」／徳川将軍家の剣の先生でござる！
2. 1983(昭和58)年 大河ドラマ 魅力あふれる家康像を確立した「徳川家康」／天下泰平の世を目指すのじゃ！
3. 1987(昭和62)年 大河ドラマ 奥州の暴れん坊 伊達政宗の生涯を描いた「独眼竜政宗」／東北の覇者でござる！
4. ぜんぶ私の原作です！

文学

小説 ❺

世界に知られた「武士の娘」
杉本 鉞子
〈すぎもと えつこ〉

生没年	1873(明治6)年－1950(昭和25)年
出身地	長岡市
職業	小説家

幕末の長岡藩で、河井継之助と対立した家老・稲垣平助の六女。兄の親友で美術雑貨商の杉本松之助と結婚することになったため、英語を学んだ後、1898（明治31）年に渡米。夫の急死後、文筆で自活しながら2人の娘を育てました。執筆に際し、生涯の友・フローレンス・ウィルソンの援助を受けました。1925年、雑誌「アジア」に英語で連載した半自伝的小説『武士の娘 A Daughter of the Samurai』が話題となり、ドイツ語、フランス語など7カ国語に翻訳される国際的ベストセラーになりました。また、アメリカのコロンビア大学で日本語・日本文化や日本の歴史を講義しました。

ココで発見
▶長岡市郷土史料館（長岡市御山町　悠久山公園）
▶文学碑（長岡市大手大橋東詰め）

---

1. アメリカのオハイオ州で働く雑貨商の杉本松之助の妻鉞子は…
2. 長岡藩の筆頭家老稲垣平助の娘「鉞」とはマサカリの意味
3. 1923（大正12）年に半自伝的小説『武士の娘』を連載すると国際的なベストセラーに！
4. コロンビア大学で日本文化史の講義も行っていた鉞子は日米の相互理解のために力を尽くしました

小説 ❻

女性初の芥川賞選考委員
大庭 みな子
〈おおば みなこ〉

生没年	1930(昭和5)年－2007(平成19)年
出身地	東京都
職業	小説家

父は新潟医専（現・新潟大学医学部）卒の海軍医で、1941（昭和16）年に海外勤務となり、みな子は木崎村（現新潟市北区）の伯母の家で暮らします。その後、広島や愛知などで過ごしましたが、戦後再び一家で木崎村に移ります。新潟高等女学校（旧制）、新発田高等女学校（旧制）に通いました。津田塾大学を卒業後、夫の赴任地アラスカで本格的に執筆活動を始めます。1968（昭和43）年、『三匹の蟹』で芥川賞と群像新人賞をダブル受賞。日本芸術院会員で、日本ペンクラブ副会長を務め、女性初の芥川賞選考委員にもなりました。

ココで発見
▶小説『三面川』などで新潟の風景を描いています。

---

1. 大庭夫妻の出会いは学生時代　大庭利雄19歳　椎名美奈子18歳
2. その後結婚し夫の任地アラスカで『三匹の蟹』を執筆　1968（昭和43）年に芥川賞を受賞します
3. 1970（昭和45）年に夫を残して娘と帰国　夫への手紙には「あなたが居なければとても生きられない」と書かれていました
4. みな子が脳梗塞に倒れ半身不随になると利雄は介護も口述筆記の手伝いも行いました　夫婦の強い絆で作品を紡いでいったのです

小説 ❼

日本初の女性映画脚本家
水島 あやめ
〈みずしま あやめ〉

生没年	1903（明治36）年－1990（平成2）年
出身地	南魚沼市
職業	映画脚本家、小説家、随筆家

南魚沼郡三和村（現南魚沼市）に生まれ、幼い頃から本や雑誌が大好きでした。吉屋信子の『花物語』に憧れ、小説家になる夢を抱きます。長岡高等女学校（旧制）を卒業後、上京し日本女子大学校に進学。在学中に執筆した脚本『落葉の唄』続いて『水兵の母』は映画館で公開、好評を博し、日本初の女性脚本家として注目されました。卒業後、松竹に就職し9年間で『お坊ちゃん』など20数本の脚本を書きました。その後、小説家に転身して、多くの少女小説を残します。『ハイジ』『少公女』などの翻訳も行いました。戦時中から故郷の六日町で暮らし、晩年は、新潟の新聞や雑誌に多くの随筆を寄稿しました。

ココで発見 ▶生家（南魚沼市大月の金城山ふもと）

---

1. 水島あやめは少女時代吉屋信子の『花物語』にあこがれ、小説家を夢見ていました
　——面白いな　私も小説を書いてみたい

2. その後日本女子大在学中に脚本家デビュー！松竹に入社し日本初の女性映画脚本家に！

3. 『空の彼方へ』など吉屋信子作品の映画脚本も担当　あこがれの吉屋とも親しくなります
　先生のご本の脚本を私が担当することになりました！

4. 松竹退社後は小説家として活躍　夢をかなえたのでした！

詩歌 ❶

古都を酷愛した最後の文人
會津 八一
〈あいづ やいち〉

生没年	1881（明治14）年－1956（昭和31）年
出身地	新潟市
職業	歌人・書家・東洋美術史学者

早稲田大学の東洋美術史の教授で、万葉調の短歌と個性的な書で知られた、新潟を代表する文人。8月1日生まれのため「八一」と命名されました。雅号は秋艸道人、または渾齋。坪内逍遙にひかれて早稲田大学に学び、板倉（現上越市）で英語教師に。27歳で初めて訪れた奈良を「酷愛」し、早稲田に転任後も独学で東洋美術史研究を始め、奈良に通うこと生涯で35回。古都への憧れを歌に詠み、これを自ら墨書しました。美術史研究『法隆寺法起寺法輪寺建立年代の研究』で文学博士に。歌集『鹿鳴集』は、アララギ派の歌人斎藤茂吉に「新鮮な果汁のように流麗な声調」と絶賛されました。新潟市名誉市民。

ココで発見
▶新潟市會津八一記念館（新潟市中央区）　▶北方文化博物館分館（新潟市中央区）
▶歌碑ー全国49基。うち奈良20基、新潟県内15基。（2015年7月）

---

1. 私が書いた書のいくつかはみなさん気軽に見ることが出来ます

2. たとえばこちらの看板も私の作品です
　←新潟の老舗菓子店「大阪屋」

3. 毎朝何十万人もの人々が目にする作品もあります

4. 実はこの題字も私の作品なんですよ！　エッヘン！
　←新潟の新聞「新潟日報」

文学

詩歌 ❷

人生の転機となった良寛研究
相馬 御風
〈そうま ぎょふう〉

生没年	1883(明治16)年 － 1950(昭和25)年
出身地	糸魚川市
職業	詩人・文芸評論家

旧制中学時代から短歌を始め、早稲田大学に学びました。与謝野鉄幹(よさのてっかん)主宰の「明星」に寄稿、雑誌「白百合」を創刊して個人の感性を自由に表現する浪漫主義(ロマン)運動の一翼を担いました。卒業後は「早稲田文学」の編集に関わり、「早稲田詩社」を創設して口語自由詩運動の先駆者となります。早稲田大学校歌「都の西北」をはじめ、恩師島村抱月(しまむらほうげつ)と共作で劇団芸術座の『復活』の劇中歌「カチューシャの唄」を作詞しています。33歳で故郷の糸魚川に帰り、それまでの自らを顧みて良寛研究に没頭、その成果『大愚良寛』(たいぐりょうかん)によって良寛禅師の存在が世に広く知られるようになりました。

ココで発見
▶ 糸魚川市歴史民俗資料館《相馬御風記念館》(糸魚川市一の宮)
▶ 歌碑は「春よ来い」(糸魚川市)など全国に多数

---

1 母校の校歌を24歳の時に作りました
「早稲田大学校歌」都の西北 早稲田の森に♪

2 演劇「復活」のために書いた曲は大流行しました
「カチューシャの唄」カチューシャ 可愛いや 別れのつらさ

3 童謡もたくさん作りました
「春よ来い 春よ来い 早く来い」♪

4 そして手がけた校歌は北海道から鹿児島まで
あなたの母校も私の作詞かも!?
校歌 200以上

詩歌 ❸

日本の近代詩発展に貢献
堀口 大學
〈ほりぐち だいがく〉

生没年	1892(明治25)年 － 1981(昭和56)年
出身地	東京都
職業	詩人・フランス文学者・文化勲章受章者

フランス近代象徴詩を日本に紹介、自らも優れた創作詩を数多く発表しました。長岡中学(旧制)から慶応義塾大学に進みましたが中退、外交官だった父とメキシコ、スペインなどに滞在、女流画家マリー・ローランサンを通じて詩人アポリネールを知ることになります。帰国後に刊行した訳詩集『月下の一群』は口語、文語を自在に駆使して「原詩のイメージに日本語を合わせていった」と評されました。モダンな味わいの『月光とピエロ』などの創作詩とともに、日本の近代詩の発展に大きな影響を与えました。1979(昭和54)年に文化勲章受章。

ココで発見
▶ 長岡市立中央図書館「堀口大学コレクション」には6000点以上の資料があります。
▶ 歌碑(十日町市など)

---

1 父の堀口九萬一(くまいち)はまれに見る秀才 18歳で校長に、司法試験はトップ合格! 秀才!

2 東京帝大在学中に息子が誕生 借家も赤門の前だし大學と名付けよう!

3 外交官となり息子の大學を伴って世界を巡る 外交

4 大學は画家マリー・ローランサンや詩人アポリネールと知り合い成長していきました 息子の役に立ったようでうれしいです! マリー・ローランサン アポリネール

詩歌 ❹

ノーベル文学賞候補になった詩人
西脇 順三郎
〈にしわき じゅんざぶろう〉

生没年	1894(明治27)年 － 1982(昭和57)年
出身地	小千谷市
職業	詩人・イギリス文学者・ 文化功労者

シュルレアリスムに着目して日本のモダニズム運動を牽引、自らを「超自然主義詩派」の詩人と称しました。若い頃は画家を目指しますが、進学した慶応義塾大学で経済学を専攻、語学の才能が認められてイギリスへ留学しました。最先端のモダニズム文学にふれて詩人としての活動を開始、英語で書いた第1詩集『Spectrum(スペクトラム)』を刊行しました。帰国後慶応義塾大学教授となり、詩集『Ambarvalia(アムバルワリア)』で詩人の地位を確立します。イギリスの詩人エズラ・パウンドの推薦でノーベル賞候補にもなりました。1971(昭和46)年に文化功労者に選ばれました。小千谷市名誉市民。

ココで発見
▶小千谷市立図書館の中に西脇順三郎記念室・記念画廊
▶詩碑(小千谷市内山本山頂上や信濃川左岸など)

1. 実業家の家系のためどうしても経済を学ばなければならなかったので／卒論をラテン語で書きました
2. 古めかしい日本語の詩の言葉が肌に合わないので／詩集を英語で書きました
3. そんな西脇が萩原朔太郎の作品を読んで驚いた／自由な日本語で詩を書けばいいのか！
4. 進むべき道と使うべき言葉に出会い西脇は詩人となったのです／萩原先生ありがとう!!

詩歌 ❺

戦後歌壇をリードした歌人
宮 柊二
〈みや しゅうじ〉

生没年	1912(大正元)年 － 1986(昭和61)年
出身地	魚沼市
職業	歌人

生活者の視点から、感慨を込めて現実を眺めつづけた歌人。実家が没落、職を転々とした後に北原白秋(きたはらはくしゅう)の内弟子、秘書となり、白秋主宰の多磨短歌会(たまたんかかい)で活躍します。召集されて一兵卒として中国山西省に派遣されますが、帰国後は製鉄会社に勤務しながら、歌誌「コスモス」を創刊するなどして短歌を詠み続けました。日本芸術院賞受賞に際して「万葉古今のよみ人しらずの歌人のように『埋没の精神』を心とする庶民的歌人」とたたえられました。宮中歌会始(きゅうちゅううたかいはじめ)の選者を8回、夫人の英子も選者として招かれています。魚沼市名誉市民(旧堀之内町名誉町民)。

ココで発見
▶宮柊二記念館(魚沼市堀之内)
▶歌碑(北海道から九州まで各地に多数)

1. 文学少年の宮くんはプーシキン(プーシュキン)の大ファン！／プーシュキン、プーシュキン、プーシュキン
2. プーシュキン、プーシュキン／プーシキン、シューキン…
3. 筆名はシュージー！柊二にしよう！
4. 晩年のヒゲ姿にはシュージノヴィッチというあだ名がつきましてというくらいロシア文学が好きでした

文学

小説 ⑧

新潟県人初の直木賞作家
鷲尾 雨工
〈わしお うこう〉

生没年	1892(明治25)年－1951(昭和26)年
出身地	新潟市
職業	小説家

歴史小説を多数発表した直木賞作家です。新潟市生まれ。小千谷中学（旧制）卒業後、早稲田大学英文科に進学。作家を志し、在学中に翻訳出版もしました。卒業後、直木三十五と出版社「冬夏社」を共同経営します。『ユーゴー全集』、『ツルゲーネフ全集』などを刊行しましたが、関東大震災で高額の負債を負い、小千谷に戻ります。その後、再上京し、職を転々としながら、43歳で『吉野朝太平記』（3000ページ）を著し第2回直木賞を受賞しました。主な作品に『織田信長』、『明智光秀』、『豊臣秀吉』、『甲越軍記』『直江兼続』、『上杉謙信』、『剣豪物語』などがあります。

ココで発見 ▶文学碑（新潟市黒埼図書館前）

小説 ⑨

一人3役の大人気作家
長谷川 海太郎
〈はせがわ かいたろう〉

生没年	1900(明治33)年－1935(昭和10)年
出身地	佐渡市
職業	小説家

1歳の時に一家で北海道に移住しました。幼い頃からジャーナリストの父に英語を習い、文学を愛読しました。当時の函館は国際色豊かな港町で、海外に憧れて育ちました。函館中学（旧制）を経て上京し、明治大学専門部法科を卒業。1918（大正7）年、アメリカに留学しますが退学し、7年間、さまざまな職業につきながらアメリカ全土を放浪しました。貨物船の船員として帰国後、自らの体験をもとに谷譲次の筆名で『めりけんじゃっぷ』シリーズを雑誌「新青年」に連載。続いて牧逸馬の名で犯罪実録小説などを、林不忘の名で時代小説『丹下左膳』を連載し、人気作家となりました。

ココで発見 ▶赤泊郷土史料館（佐渡市赤泊）
▶函館市文学館（北海道函館市）

小説 ⑩

新潟県人初の芥川賞作家
小田 嶽夫
〈おだ たけお〉

生没年	1900(明治33)年－1979(昭和54)年
出身地	上越市
職業	小説家

高田中学（旧制）卒業後、東京外国語学校で中国語を学びました。1924（大正13）年、外務省書記として中国・杭州領事館に赴任しましたが、文筆活動に専念するため退職。1936（昭和11）年、同人誌「文学生活」創刊号に載った『城外』が第3回芥川賞に選ばれました。4年間暮らした中国を題材とした作品が多くあります。また魯迅文学の紹介者としても知られています。高田・寺町の善導寺に約4年間疎開した際には上越文化懇話会をつくり、会報を発刊するなど活動。会報はその後「文芸たかだ」と改名して、現在も存続しています。

ココで発見 ▶上越市金谷山医王寺前に文学碑

小説 ⑪

宗教文芸の最高峰
松岡 讓
〈まつおか ゆずる〉

生没年	1891（明治24）年－1969（昭和44）年
出身地	長岡市
職業	小説家

長岡中学校（旧制）で詩人・堀口大學と同級生でした。父は真宗大谷派の僧侶でしたが、仏門に反発し上京。第一高等学校を経て、東京帝国大学哲学科に進みました。在学中に夏目漱石の門人となり、卒業後、漱石の長女・筆子と結婚しましたが、筆子に恋していた久米正雄が小説『破船』で友情を裏切った人物として松岡を描いたため、文壇をはじめ世の中から冷たい視線を浴びました。1923（大正12）年、第一書房から出版した『法城を護る人々』は百数十版を重ね、土田杏村に「明治大正が持った最大の宗教文芸」と絶賛されました。不俱戴天の敵だった久米正雄とはのちに和解しました。

ココで発見
▶長岡市郷土史料館（長岡市御山町　悠久山公園）
▶碑（長岡市御山町　悠久山公園）

詩歌 ❻

大逆事件を弁護した歌人
平出 修
〈ひらいで しゅう〉

生没年	1878（明治11）年－1914（大正3）年
出身地	新潟市
職業	弁護士・歌人

大逆事件の弁護士、歌人。弁護士の妹と結婚して平出姓を継ぎ、新婚時代を上越市（高田）で過ごします。
与謝野鉄幹主宰の「明星」で和歌の革新運動を推進し、石川啄木や森鷗外らと新浪漫主義を世に訴えました。1903（明治36）年、東京帝大教授ら7博士が出した対ロシア強硬論の意見書に対して「七博士の行動を難ず」と開戦論を批判しました。また淫らだとされた『ヰタ・セクスアリス』（森鷗外）や漱石の博士返上について応援論を発表。さらに鉄幹に頼まれ大逆事件の弁護に参加し、鷗外から社会主義思想を学んで裁判に臨みました。幸徳秋水らをモデルにした著作『逆徒』は発禁になりました。

ココで発見
▶生誕地の碑（新潟市東区）、歌碑（新潟市中央区）
▶上越市高田に新婚時代を過ごした家が保存されています。

翻訳 ❶

中世英文学の権威
金子 健二
〈かねこ けんじ〉

生没年	1880（明治13）年－1962（昭和37）年
出身地	妙高市
職業	イギリス文学者

イギリス文学研究の大家で、昭和女子大初代学長です。新井町（現妙高市）で生まれ、高田中学（旧制）を経て東京・郁文館中学を卒業し、第四高等学校から東京帝国大学に進みます。大学では小泉八雲や夏目漱石、上田敏らの英文学を受講しました。卒業後、アメリカのカリフォルニア大学に留学し、帰国後、広島高等師範教授から静岡高等学校、姫路高等学校の校長を歴任。日本女子高等学院（昭和女子大学の前身）教授など歴任しました。著書に『英語基礎学』、『英国世相史』など多数あります。古典英語で書かれたチョーサーの『カンタベリ物語』を5年かけて全邦訳しました。

ココで発見
▶『鷗外・漱石と近代の文苑』（伊狩章・新潟大学名誉教授）に、金子健二の日記について書かれています。

翻訳 ❷

「シートン動物記」の翻訳
内山 賢次
〈うちやま けんじ〉

生没年
1889(明治22)年－
1971(昭和46)年

出身地
柏崎市

職業
イギリス文学者

トルストイ、ルソー、ダーウィンなど幅広く翻訳し、特に動物系の読み物の翻訳家として著名です。柏崎の農家に生まれ、小学生の頃、一家で上京。11歳で内閣印刷局の給仕として働きながら、正則英語学校の夜間で学びました。1935(昭和10)年、雑誌「動物文学」にシートン文学を翻訳して発表。アメリカの作家シートンの作品を日本に初めて紹介しました。その後、2年間で『動物記』全6巻を出版すると爆発的な人気となります。第二次世界大戦後、3年をかけて『シートン全集』19巻を全訳しました。ダーウィンの『ビーグル号航海記』など多くの翻訳書や著書があります。

ココで発見 ▶柏崎ふるさと人物館（柏崎市東本町）

翻訳 ❸

独力でトルストイ全集完訳
原 久一郎
〈はら ひさいちろう〉

生没年
1890(明治23)年－
1971(昭和46)年

出身地
阿賀野市

職業
ロシア文学者

ロシアの文豪・トルストイの全集22巻を邦訳するという偉業を達成しました。新発田中学（旧制）から早稲田大学へ進み、島村抱月(しまむらほうげつ)に師事。さらに東京外国語学校でロシア語を学び、翻訳家として活動します。トルストイの作品『アンナ・カレーニナ』をはじめ次々と原典から邦訳し、同世代の中村白葉(なかむらはくよう)、米川正夫(よねかわまさお)とともにロシア文学翻訳の一時代を築きました。また自宅に「トルストイ普及会」を設立し、日本におけるロシア文学の普及に貢献しました。ソ連最高会議から名誉勲章、モスクワ大から名誉博士号を受けています。ロシア文学者の原卓也は息子。

ココで発見 ▶文学碑（阿賀野市瓢湖畔）
▶市民図書館（阿賀野市立水原中学校内）に資料展示コーナーがあります。

翻訳 ❹

ペルシャ文学を愛した外交官
小川 亮作
〈おがわ りょうさく〉

生没年
1910(明治43)年－
1951(昭和26)年

出身地
村上市

職業
外交官・翻訳家

11世紀ペルシャの数学者・天文学者にして詩人のオマル・ハイヤームの詩集『ルバイヤート（意味は四行詩）』を、ペルシャ語の原典から初めて日本語の口語体に翻訳しました。村上中学（旧制）では成績優秀で、特に英語が得意で文章を書くのが好きでした。卒業後、中国・哈爾浜(ハルビン)市の日露協会学校でロシア語を学び、外務省留学生としてイランのテヘランへ。その後アフガニスタン大使館勤務を経験し、電気や水道のない中でペルシャ語を勉強しました。第二次世界大戦後、佐藤春夫(はるお)の勧めで『ルバイヤート』やロシア喜劇『知恵の悲しみ』を翻訳しました。

ココで発見 ▶村上高校同窓会のホームページで紹介されています。http://www.murakou.com/

随筆・評論 ❶

江戸の人々に雪国の生活を紹介
鈴木 牧之
〈すずき ぼくし〉

生没年
1770(明和7)年－
1842(天保13)年

出身地
南魚沼市

職業
紀行作家

江戸時代後期の1770年、塩沢(現南魚沼市)の縮を扱う豪商・鈴木屋に生まれました。父・鈴木牧水は俳人で、牧之も幼少から俳諧と書画に親しみます。商売で江戸に上り、越後の雪の多さを知らない江戸の人々に紹介しようと『北越雪譜』を著しました。出版をしようと、江戸の著名文人だった山東京伝、滝沢馬琴らに仲介を依頼しましたが、なかなか実現しません。結局、約40年かけて出版を果たしました。他に『秋山紀行』、『夜職草』などの著作があります。絵も上手で、馬琴の『南総里見八犬伝』の挿絵に採用され、また牧之の山水画には良寛が讃を添えています。

ココで発見 ▶鈴木牧之記念館(南魚沼市塩沢)

随筆・評論 ❷

早稲田大学創立の功労者
市島 謙吉
〈いちしま けんきち〉

生没年
1860(万延元)年－
1944(昭和19)年

出身地
阿賀野市

職業
政治家・随筆家・
図書館近代化の父

新潟県最大の豪農・市島家の分家の生まれ。水原代官所の学問所・広業館では星野恒に学び、新潟学校、東京英語学校を経て東京大学文学科に入学しましたが、政治家を目指して中退。大隈重信の改進党創設に参加します。高田新聞社長兼主筆、新潟新聞主筆、読売新聞主筆など、新聞人としても目覚ましい活躍をみせました。また東大時代の同期・坪内逍遙や高田早苗らとともに、早稲田大学の創設に参加し、その基礎を築きました。早稲田大学初代図書館長となり、春城と号して多くの随筆を残しました。吉田東伍、會津八一ら郷党の後輩を育て、東京における県人の中心的人物でした。

ココで発見 ▶市島邸(新発田市天王)

随筆・評論 ❸

プロレタリア文学の理論的指導者
青野 季吉
〈あおの すえきち〉

生没年
1890(明治23)年－
1961(昭和36)年

出身地
佐渡市

職業
文芸評論家・
日本芸術院会員

佐渡中学(旧制)卒業後、高田師範学校に学び、一時、小学校の教員になります。その後、早稲田大学英文科に入学。卒業後、読売新聞の記者になりましたが、シベリア出兵に反対するストライキ運動を起こして職を失います。1919年ロシアのロープシン(本名はサビンコフ)の『蒼ざめたる馬』を翻訳出版し、無政府主義の活動家らに大きな影響を与えるなどプロレタリア文学評論家として活動しました。第二次世界大戦後は日本ペンクラブの再建に力を注ぎ、1951(昭和26)年から10年間日本文芸家協会会長を務めました。日本芸術院会員。『文学五十年』で毎日出版文化賞を受賞しました。

ココで発見
▶句碑(佐渡市正法寺境内)
▶記念碑(佐渡市沢根五十里の城ケ丘公園)

(プロフィールの執筆はAM、KA)

文学

コラム02

「号」について

　本書で取り上げた人物の中には、本名とは別の名前の方がよく知られている人がいます。94ページ、市島謙吉の「春城（しゅんじょう）」、116ページの土田「麦僊（ばくせん）」、132ページの益田「鈍翁（どんのう）」などがそれにあたります。

　これらは「号」と呼ばれるものです。雅号、あるいは俳人の場合は俳号ともいいます。文人・画家・書家が、本名以外に使う「風雅な名前」－などと辞書では説明されています。中国唐時代の詩人も本書に登場しますが、彼らも号を持っています。

　82、83ページと99ページで紹介している會津八一は、「秋艸（しゅうそう）」「渾斎（こんさい）」「八朔（はっさく）」を用いました。よく知られているのが「秋艸」で、「艸」はくさ（草）を意味し、くさかんむりのもととなった字です。文字通り秋の草です。そこに「道人」を付けて「秋艸道人」としたものが、會津八一の手紙や書に見られます。ちなみに道人とは、仏門に入って修行し悟りを開いた人、世俗のことを捨てた人のことをいいます。

　秋艸道人。この号から皆さんは會津八一に対してどんな印象を持ちますか。エピソードやプロフィールを読んで思いをめぐらしてみてはどうでしょう。

　ほか、歴史上の人物で、ほとんど号で呼ばれるのが吉田「松陰」、夏目「漱石」、森「鷗外」などです。その意味や本名を調べてみましょう。　　　　　　　　　　（ST）

美術

洋画は当時、文明開化の象徴でした。この中心にいたのが小山正太郎であり、そのライバルが伝統美術の復興を唱えた岡倉天心でした。天心に始まる近代日本画の流れのなかで、新潟からも優れた作家が出ています。モダンな写真やデザインの分野で名をなしたアーティストもいます。また新潟県は伝統工芸指定の数で、京都に次ぐ全国第２位の工芸王国でもあります。

エピソード㉞
日本洋画のパイオニア 小山正太郎

小山 正太郎（こやま しょうたろう）　1857(安政4)年 — 1916(大正5)年　長岡市

　社会の教科書の明治の美術というところで、見たことがあると思います。新巻の鮭が上からつるされた、珍しい縦長の油絵です。描いた人は、まだ当時ちょんまげをつけていた幕府の役人で、高橋由一[1]といいます。「蕃書調所」という洋学の研究所に勤めているうちに、それまでの絵では見たことのない、本物そっくりに描く西洋のリアリズムに引きつけられました。そこでいろいろ工夫して描いたのが、この作品です。

　明治の文明開化の時代になると、この洋風画は大人気となり、これを教える画塾があちこちに出来ました。これに反して、伝統的な狩野派[2]や土佐派[3]の絵は、誰も見向きもしなくなりました。明治政府はこの頃、西欧の先進国の科学や技術を進んで取り入れようとして、各国からさまざまなジャンルで優れた人たちを招いて教えを請いました。美術の分野では、イタリアのトリノからフォンタネージ[4]を招いて、新設の「工部美術学校[5]」教授としました。その第1期生で、明治の洋画壇を率いたのが、長岡出身の小山正太郎[6]でした。

　父の小山良運は長岡藩の藩医で、家老の河井継之助と固い友情で結ばれていました。戊辰戦争では、河井と行動をともにした父と別れ、母と幼い弟たちと会津方面に逃れました。そのとき敵に追われて山寺に隠れ、とっさの気転で頭をそって小僧になりすまし、命が助かったといいます。東京へ出てからは、家族を養うため丁稚[7]小僧となり、空き瓶の回収などをし、その間を

用語解説

1. 高橋由一
1828〜1894年、東京都出身。明治初期の洋画家。独学で洋風画をはじめ、ワーグマン、川上冬崖に師事。「本物そっくり」の絵だと評判になりました。

2. 狩野派
室町時代中期に成立した絵画の流派。江戸時代まで将軍家の御用絵師として取り立てられ、画壇の中心を担いました。

3. 土佐派
平安時代中期に成立した絵画の流派。中国風の「漢画」の狩野派に対し、日本風の「やまと絵」の伝統を伝えました。

4. フォンタネージ
1818〜1882年、イタリア出身の画家。1876年に来日し、工部美術学校教授として小山正太郎らを指導しました。

5. 工部美術学校
1876年、工部大学校（東京大学工学部の前身の一つ）付属の西洋美術教育機関として設置。画学科、彫刻科の2科が置かれ、木彫や日本画はありませんでした。その後日本美術の再評価が行われるようになり83年、廃校になりました。

6. 小山正太郎
プロフィールは136ページ。

7. 丁稚
商人や職人の家に奉公し、下働きとして働く年少者のこと。

8. アカデミー
学問、芸術を指導する団体。美術アカデミーは現在の美術学校や大学にあたります。

9. 国粋主義
他国の文化を排除し、自国の文化や伝統の優越性を主張する考え。

10. 岡倉天心
プロフィールは144ページ。

美術

ぬって学問に励みました。才能を生かして画家の道を選び、入学した美術学校ではトップの成績をおさめ、フォンタネージの助教になっています。

> **用語解説**
>
> 11. 黒田清輝
> 1866〜1924年、鹿児島県出身。洋画家。フランスから新しい印象派風の表現を持ち帰りました。

　西南戦争で工部美術学校が閉校となり、新たに東京美術学校が開校されますが、ここで美術教育をめぐって大変な事件が起きます。工部美術学校はヨーロッパのアカデミー[8]を手本とする洋風美術教育でした。ところが新設の東京美術学校では、これを逆転して伝統美術の復興を目指す国粋主義的[9]な美術教育をやろうとしたのです。これを言い出したのが岡倉天心[10]でした。国際的にも通用するアートを目指していた小山正太郎は、これと厳しく対立します。

　激しい論争の末、小山は敗れ、以後の数年間、美術学校のカリキュラムは日本画と木彫のみという有り様になりました。しかし小山はくじけることなく、洋画家たちを結集して「明治美術会」を組織して対抗しました。やがてフランスから帰朝した黒田清輝[11]が、最新の印象派のスタイルを伝え、再び洋画壇は勢いを盛り返します。その黒田の傑作《湖畔》はきっとどこかで見ているはずです。天心もこの時点で、西洋画科を新設することを決心します。ですが教授となったのは、小山ではなく黒田でした。

　残された作品の数が少なく、地元新潟でも知る人もあまりいない小山正太郎ですが、日本の洋画の夜明けに、西欧のアートを本格的に根付かせようと奮闘し、岡倉天心と互角にわたりあった郷土の画人、小山正太郎の業績を忘れてはなりません。　　　　　（TK）

参考画像

小山正太郎《仙台の桜》1881年
新潟県立近代美術館・万代島美術館蔵

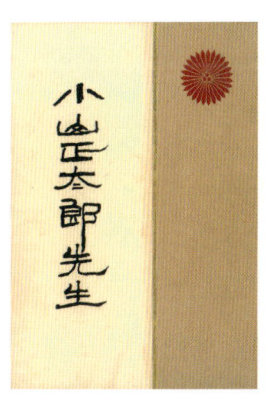

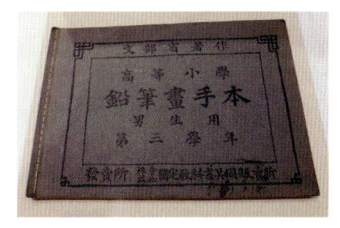

不同舎旧友会『小山正太郎先生』1934年

文部省『高等小学　鉛筆画手本　男生用　第三学年』1905年　にいがた文化の記憶館蔵

エピソード㉟
新潟大好き岡倉天心

岡倉 天心（おかくら てんしん）　1863（文久2）年 ― 1913（大正2）年　神奈川県

　日本の近代化は「文明開化」のスローガンとともに始まりました。明治政府が推し進めた近代化とは、そのまま欧米をモデルとする「欧化主義」にほかなりませんでした。伝統美術や歴史的な文化財は、もはや顧みる者もないままうち捨てられていました。これに追い撃ちをかけたのが「廃仏毀釈」[1]の破壊的な運動でした。阿修羅像で有名な奈良の興福寺[2]の塔頭[3]は取り壊されて公園となり、古都のシンボルである五重塔も焼却される寸前でありました。ここだけでなく、奈良の由緒ある寺院の大半は、ほとんどが誰も顧みる人もない荒れ寺に化していました。この風潮に対して、日本の伝統文化を守らねばならないと主張したのが、東京大学に招かれた米国人教師フェノロサ[4]と岡倉天心[5]でした。この2人は協力して日本美術の再興に力を尽くしました。2人がなければ、今日の世界文化遺産である奈良もなかったでしょう。

　天心は東京大学文科で学びました。もともとは政治家になろうと志していたのですが、苦心して書きあげた卒業論文の原稿「政治論」を、奥さんのやきもちから焼かれてしまい、せっぱ詰まってなぐり書きした「美術論」を代わりに提出しました。成績はびりから2番目、皮肉なことにこの事件が、天心のその後の運命を決めてしまったのです。

　文部省に入った天心はやがて、美術行政のトップに上りつめ、帝室博物館（現東京国立博物館）そして東

用語解説

1．廃仏毀釈
明治政府の神道国教化政策に基づいて起こった仏教の排斥運動。全国各地で、寺院や仏像、仏具、経巻などを破壊する行為が行われました。

2．興福寺
奈良県奈良市にある法相宗の大本山の寺。

3．塔頭
元来は、高僧の死後にその徳を慕い建てた塔（多くは墓塔）や、塔を守るため弟子が近くに立てた小院。そこから転じて、大寺に所属する小寺院や末寺など、または僧侶や家族が住む脇寺などをいいます。

4．フェノロサ
1853〜1908年、アメリカ出身。哲学者、東洋美術史学者。1878年に来日し、東京大学で政治、経済、哲学を講義しました。やがて日本美術に関心を抱き、岡倉天心とともに東京美術学校（現東京芸術大学）の創設や伝統美術の復興に努めました。

5．岡倉天心
プロフィールは144ページ。

6．狩野芳崖
1828〜88年、山口県出身。日本画家。江戸で狩野派の絵を学び、西洋画の技法を取り入れた日本画を描きました。

7．横山大観
1868〜1958年、茨城県出身。日本画家。岡倉天心に師事し、日本美術院に参加。天心没後は再興日本美術院を主宰。朦朧体と呼ばれる画風を試み、日本画の近代化に足跡を残しました。文化勲章受章者。

8．菱田春草
1874〜1911年。長野県出身の日本画家。

9．平櫛田中
1872〜1979年、岡山県出身。近代日本を代表する彫刻家。文化勲章受章者。

京美術学校(現東京芸術大学美術学部)の運営にたずさわりました。中でも天心が力をいれたのが、伝統絵画つまり日本画の復興でした。教科書に出てくる狩野芳崖[6]を指導して描かせた《悲母観音》がその実例です。この流れを汲むのが「日本美術院」そしてその展覧会が、今も続く「院展」です。

　天心は新潟が大好きで、弟子の横山大観[7]や菱田春草[8]をつれてたびたび訪れています。長男の一雄は高田(現上越市)で結婚して記者となり、その天心の孫は「越の国」の生まれだからと「古志郎」、女の子は妙高山にちなんで「妙」と名づけられました。さらにまた天心は、日本美術院の活動の拠点として、茨城県五浦の海の別荘に加えて、妙高市の赤倉温泉にも山の別荘を建てました。越後富士妙高山をのぞむ素晴らしい自然環境ですが、雪が深く寒さが厳しいため、弟子たちは敬遠していたようです。この温泉付きの別荘を天心はたいそう気に入っており、この別荘に滞在し、死を迎えました。この天心終焉の地に、五浦の六角堂を模した堂が建てられ、彫刻の弟子だった平櫛田中[9]による胸像が収められています。その縁で、今も東京芸術大学と妙高市の間で毎年、シンポジウムなどの文化交流が行われています。　　　　　　　　　　　　　　　　　　(TK)

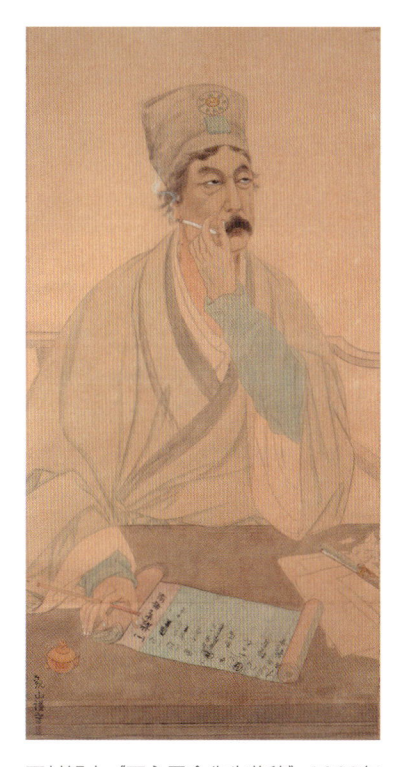

参考画像

下村観山《天心岡倉先生草稿》1922年
東京芸術大学蔵

六角堂(妙高市赤倉)
新潟日報社提供

狩野芳崖《悲母観音》重要文化財
1888年　東京芸術大学蔵

エピソード㊱
反骨の絵師　尾竹三兄弟

尾竹三兄弟
左から竹坡、越堂、国観
1878（明治11）年 ― 1936（昭和11）年　新潟市

　かつて明治後期の画壇で名をはせ、その後ほとんど埋もれてしまった日本画家の3兄弟がいます。尾竹越堂[1]、竹坡[2]、国観[3]の兄弟です。とりわけ竹坡は、岡倉天心[4]から「天才」とまで言われた画家で、国観も兄の竹坡に勝るとも劣らない人気と実力の持ち主でした。

　3兄弟は、新潟市の染物屋の息子として生まれました。父親も素人ながら絵をたしなみ、旅の絵師を自宅に滞在させて面倒をみたりしました。そうした絵師から兄弟は絵の手ほどきを受け、才能を伸ばしていきました。

　まず長男の越堂は新潟絵入新聞などの挿絵で認められ、そこから独立して生計をたてようと、売薬が盛んだった富山に移り「売薬版画」[5]の下絵画家となりました。竹坡も兄と合流して売薬画を描きました。末弟の国観は12歳で全国児童画コンクール1等となり、注目されていました。その後、兄弟はともに上京し、国観は小堀鞆音[6]の門下に、竹坡は川端玉章[7]の下でそれぞれ修業に励みました。

　明治の初期、文明開化をスローガンに明治政府は、西欧の美術アカデミーをモデルにした工部美術学校[8]を創設しました。ここから長岡出身の洋画家・小山正太郎[9]らが出ています。その後、人事問題や経済的事情で閉校となり、しばらくして新たに伝統美術の復興をかかげて、東京美術学校が開校されます。これを主導したのが、岡倉天心とお雇い外国人のフェノロサ[10]でした。

　当時の日本画壇は、伝統的画法による復古主義を目指す保守派・日本美術協会と、旧来の日本画を革新し進歩発展を目指す天心らの美術学校派とが対立していました。協会派の中からも、その頑迷な保守主義に反

用語解説

1. 尾竹越堂
1868～1931年、新潟市出身。上京して小堀鞆音に学び、人物画を得意としました。代表作に《韓信》《湖》など。富山の地元新聞の挿絵も描きました。

2. 尾竹竹坡
プロフィールは136ページ。

3. 尾竹国観
1880～1945年、新潟市出身。日本画家。文展（戦後、日展に引き継がれた）で活躍し、歴史画の大作を発表しました。雑誌や絵本の挿絵も描きました。

4. 岡倉天心
プロフィールは144ページ。

5. 売薬版画
富山の薬売りが全国を行商して回り、絵紙（版画）を景品にしました。屏風やふすまに貼られ、大人や子どもに人気がありました。

6. 小堀鞆音
1864～1931年、栃木県出身。日本画家。大和絵の伝統を守り、歴史画や人物画を得意としました。日本美術院の創立に参加。

7. 川端玉章
1942～1913年、京都府出身。日本画家。江戸で高橋由一などに洋画も学びました。精緻な山水画や花鳥画を得意としました。晩年、川端画学校を創立しました。

8. 工部美術学校
1876年、工部大学校（東京大学工学部の前身の一つ）付属の西洋美術教育機関として設置。画学科、彫刻科の2科が置かれ、木彫や日本画はありませんでした。その後日本美術の再評価が行われるようになり83年、廃校になりました。

9. 小山正太郎
プロフィールは136ページ。

発した尾竹兄弟らが青年の絵画団体をつくり、美術学校派の日本美術院と連合共進会、つまり合同展覧会を開催することになりました。

　竹坡、国観兄弟はまだ20歳前後の若さで、数々の展覧会で上位に入賞するなど、実力派として人気がありました。春秋に開催された連合共進会では、国観が19歳で銅賞を獲得、その後12年間余り最高賞をはじめ各賞を兄弟で独占していました。

　しかし文部省美術展覧会（現在の日展）開設を翌年に控え、バラバラな団体に分かれていた新派が、1908（明治41）年、天心を会長に「国画玉成会」を結成し、独自に第1回展覧会を開きました。その祝賀懇親会で審査員選びが紛糾し、竹坡が「岡倉のばか」と罵声を浴びせ、天心は席をけって退席、竹坡・国観も席を立ち展覧会の出品作も撤去してしまいました。美術学校派は会長を侮辱したと反発、尾竹兄弟は退会します。

　にもかかわらず兄弟は、文展でも上位入賞を果たしていました。ところが第7回文展で審査員の一人、横山大観[11]が竹坡らの入賞に強く反対し、さらに尾竹一門の作品もことごとく落選となりました。兄弟は「落選画展覧会」を開き、気を吐きます。直情型の竹坡は文部省の美術行政を改革しようと国会議員に立候補しましたが、あえなく落選。その後、竹坡は国観とともに1915（大正4）年の第9回文展で3等賞となったものの、選挙で多大な借金をかかえ、返済のため乱作。新境地を開こうと、未来派[12]などの前衛絵画を試みたりもしました。国観もまた以後10年間、帝展出品を休止してしまいます。

　明治から大正にかけて日本美術界に旋風を巻き起こした、職人肌の天才兄弟の足跡は埋もれたままですが、今なお愛好家には根強い人気があり、再評価の声もあります。　（AM）

用語解説

10. フェノロサ
1853～1908年、アメリカ出身。哲学者、東洋美術史学者。1878年に来日し、東京大学で政治、経済、哲学を講義しました。やがて日本美術に関心を抱き、岡倉天心とともに東京美術学校（現東京芸術大学）の創設や伝統美術の復興に努めました。

11. 横山大観
1868～1958年、茨城県出身。日本画家。岡倉天心に師事し、日本美術院に参加。天心没後は再興日本美術院を主宰。朦朧（もうろう）体と呼ばれる画風を試み、日本画の近代化に足跡を残しました。文化勲章受章者。

12. 未来派
20世紀初頭イタリアに興った芸術運動。伝統的な文化・芸術をしりぞけ、スピード・騒音など機械文明のダイナミックな運動感覚の表現を重んじました。

参考画像

尾竹竹坡《おとづれ》一部
1910年　東京国立近代美術館蔵
Photo: MOMAT/DNPartcom

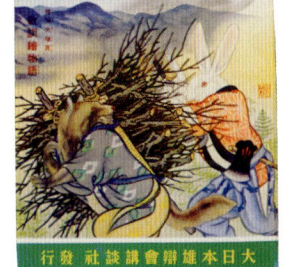

尾竹国観画
『講談社の絵本　かちかち山』
1938年

エピソード㊲
「線の画家」小林古径

小林 古径（こばやし こけい）　1883（明治16）年 — 1957（昭和32）年　新潟市

撮影：濱谷 浩

　小林古径[1]は幼いころ両親と死別し、孤児として育ちました。その古径に絵の手ほどきをしたのは、「東京美術学校」（現東京芸術大学美術学部）出身で「新潟師範学校」（現新潟大学）勤務の図画の教師でした。やがて絵描きとして身を立てようと上京し、歴史画で知られた梶田半古[2]のもとに入門します。そのとき与えられた雅号が「古径」でした。この号は古径のその後の画業を暗示していたように思います。「温故知新」という言葉があります。これは「故きを温ねて新しきを知る」という意味ですが、その後の古径は文字どおり、先人の古き径をたずねつつ新たな世界をひらいた画家だったといえます。

　芸術は個性だといいます。しかしその前に、古典と呼ばれる、誰もが認める優れた作品を知っておかなければなりません。さもなければ、勝手気ままな独りよがりで終わってしまいます。本格的な画家の第一歩として、古径は「国画玉成会[3]」展に応募しますが落選します。ところがこれが縁となって、岡倉天心[4]に知られることとなります。天心は古径に、より高い境地を目指すこと、そのためには古典を学ぶ必要を説いたといいます。

　天心は古径に当時大茶人として名高い原三渓[5]を紹介してくれました。三渓はまた東洋美術の収集家としても知られていました。そのコレクションは古仏画から土佐派[6]、狩野派[7]、琳派[8]にまで及びました。これら実物を目の前に、三渓は毎月、古径をはじめ新進気鋭の

用語解説

1．小林古径
プロフィールは137ページ。

2．梶田半古
1870〜1917年、東京都出身。日本画家。

3．国画玉成会
1907年に岡倉天心を会長として結成された、新しい日本画を目指した団体。同年、文部省により文部省美術展覧会（文展）が開設。国画玉成会は文展審査員の人選などに抗議して、第1回、2回の文展には出品せずに自ら展覧会を主催したが、第3回文展への出展を契機に解散。08年の国画玉成会展の祝賀懇親会で、審査員選びをめぐり尾竹竹坡と岡倉天心が衝突。これにより尾竹兄弟は退会しました。

4．岡倉天心
プロフィールは144ページ。

5．原三渓
1868〜1939年、岐阜県出身（本名・富太郎。三渓は号）。実業家。生糸貿易で財を成しました。横浜に「三渓園」を作り、収集した美術品を展示しました。

6．土佐派
平安時代中期に成立した絵画の流派。中国風の「漢画」の狩野派に対し、日本風の「やまと絵」の伝統を伝えました。

7．狩野派
室町時代中期に成立した絵画の流派。江戸時代まで将軍家の御用絵師として取り立てられ、画壇の中心を担いました。

8．琳派
俵屋宗達や尾形光琳の装飾的な画風を受け継いだ絵画の流派。

9．安田靫彦
1884〜1978年、東京都出身。大正から昭和期の日本画家。日本美術院の中心的存在として活躍し、歴史画を得意としました。文化勲章受章者。

美術

画家たちのために自宅の大庭園・三渓園で研究会を開いてくれていました。安田靫彦[9]はそれはまるで「極楽世界だった」と回想しています。

　三渓園での研さんの成果が実を結び、独自の画風が確立してくるのは、天心の死後、「再興日本美術院」同人に推挙された頃からです。古径がまず魅せられたのは、大和絵のモチーフとその華麗な色彩の世界でした。その追究はさらに俵屋宗達[10]や尾形光琳[11]の装飾的な画面構成にまで及びます。しかしその一方で、中国の宋・元時代の東洋的リアリズムにも目を向けていました。その代表作が「茎を折れば、青くさい草の汁が匂うようだ」と評された《罌粟》でした。

　美術院創立25周年事業として、古径は前田青邨[12]とともに１年間の外遊の機会を得ます。そのおりの最大の収穫が、「大英博物館」で東洋画の古典のなかの古典、画聖と呼ばれた顧愷之[13]の《女史箴図》を模写するチャンスを得たことでした。この絵の見どころは、従来の絵画で太い細いのアクセントある線とは異なり、蚕が糸を吐くようなと称された、ぴんと張り詰めた線描「高古遊絲描」でした。これが古典から学んだ古径がついに到達したものでした。以後の古径は「線の画家」と呼ばれるようになります。その成果が《髪》（重要文化財）です。1950（昭和25）年、小林古径は本県で初の文化勲章を受章しました。
（TK）

用語解説

10. 俵屋宗達
生没年不詳。江戸時代初期に活躍した画家。本阿弥光悦とともに琳派の創始者とされています。

11. 尾形光琳
1658〜1716年。江戸時代中期の画家。琳派を大成した画家といわれています。

12. 前田青邨
1885〜1977年、岐阜県出身。大正から昭和期の日本画家。日本美術院に所属し、安田靫彦と並ぶ歴史画の大家。

13. 顧愷之
345〜405年頃。中国・東晋時代の画家。「画聖」と呼ばれました。代表作は《女史箴図》（大英博物館蔵）。

参考画像

小林古径邸 画室と本邸
（上越市本城町）
撮影：吉田龍彦

小林古径《罌粟》
1921年　東京国立博物館蔵
Image: TNM Image Archives

小林古径《髪》重要文化財
1931年　永青文庫蔵

エピソード㊳
土田麦僊と桃山美術の再発見

土田 麦僊（つちだ ばくせん）　1887(明治20)年 — 1936(昭和11)年　佐渡市

　日本の伝統文化とは何でしょうか。室町時代の茶道や水墨画、能狂言といった、渋い「わび・さび[1]」の文化だという人がいます。しかし近頃では、江戸時代の浮世絵や歌舞伎の華やかさにひかれる人が多いようにも思います。静まりかえった精神的な美の世界と、いきいきとした感覚的な美の世界の間を、振り子のように行き来しているのが、私たち日本人の美の心です。室町時代の「わび・さび」の文化に対して、「絢爛豪華」といわれる桃山時代の文化をつくり出したのが、織田信長と豊臣秀吉でした。この時期の美術を代表する絵画のひとつが長谷川等伯[2]父子による、京都智積院[3]の障壁画[4]《桜楓図》です。

　この襖絵をじっと見つめる少年がいました。名前は土田金二といい、佐渡の新穂村（現佐渡市）の出身でした。家が貧しく、僧侶として身を立てさせようと、この寺に送られてきたのです。幼い頃から絵の才能を発揮し、いつか北陸第一の画家になることを夢見て「北陸」と名乗っていました。やがて寺の生活に我慢ができず、飛び出して絵の勉強を始めます。師事した先生は竹内栖鳳[5]。東京の横山大観[6]と肩を並べる、京都画壇の大御所です。この栖鳳から授かった雅号が「麦僊[7]」でした。

　当時の画家たちが、世に出るための「登竜門」が「文展（文部省美術展覧会）」でした。その審査をめぐって、東西の画壇が対立するようになります。そこで麦僊が中心となり、東京画壇を超える革新的な日本画を目指

用語解説

1. わび・さび
華やかさを抑え、質素で静かな境地を尊ぶ日本独特の美意識の表現。

2. 長谷川等伯
1539〜1610年。安土桃山時代から江戸時代初期の画家。華麗な金碧障壁画を手がけ、狩野派に並ぶ長谷川派を創始しました。息子の久蔵との合作による《桜楓図》はその代表作です。

3. 智積院
京都市東山区にある真言宗の寺院。

4. 障壁画
襖や衝立などの壁面に描いた絵の総称。金碧障壁画とは、金箔を貼った上に絵を描いたもの。

5. 竹内栖鳳
1864〜1942年、京都府出身。東の大観と並ぶ関西の画壇を代表する日本画家。文化勲章受章者。

6. 横山大観
1868〜1958年、茨城県出身。日本画家。岡倉天心に師事し、日本美術院に参加。天心没後は再興日本美術院を主宰。朦朧体と呼ばれる画風を試み、日本画の近代化に足跡を残しました。文化勲章受章者。

7. 土田麦僊
プロフィールは137ページ。

8. 円山四条派
円山派は円山応挙（1733〜1795年）、四条派は応挙門下の松村呉春（1752〜1811年）に始まる京都を中心とした絵画の流派。いずれも写実を重視しながら、伝統的な装飾性を取り入れた画風で知られました。江戸中期から明治期にかけて、京都画壇に影響を与えました。

したのが「国画創作協会」でした。「写実の美と装飾の美との渾然融和したものが描きたい」。麦僊はこの理想を、子どもの頃に眺めた、きらびやかな桃山時代の障壁画に見出したのです。その試みが第1回国展出品作《湯女》でした。

　これによって、それまで円山四条派[8]や狩野派[9]の陰に隠れていた桃山時代の絵画が、いっきょに「日本のルネサンス」とまで評価されるようになりました。同時にまた美術史研究の分野でも、この時代の美術について本格的な取り組みが始まりました。その実証的研究のさきがけとなったのが、弟で後に思想家として名をなした土田茂（号は杏村）[10]でした。今日私たちが見る桃山美術の素晴らしさを、実践と理論の両面から協力し合い再発見し世に広めたのが、この土田兄弟でした。　　　　　　　　　　　　　　（TK）

> **用語解説**
>
> **9. 狩野派**
> 室町時代中期に成立した絵画の流派。江戸時代まで将軍家の御用絵師として取り立てられ、画壇の中心を担いました。
>
> **10. 土田杏村**
> プロフィールは63ページ。

参考画像

土田麦僊《湯女》1918年
東京国立近代美術館蔵
Photo: MOMAT/DNPartcom

長谷川等伯・久蔵《桜楓図》国宝
智積院蔵（京都市）
引用：『原色日本の美術 第13巻 障屏画』小学館

土田 杏村

エピソード㊴
蕗谷虹児と抒情画の世界

蕗谷 虹児（ふきや こうじ）　1898(明治31)年 ─ 1979(昭和54)年　新発田市

蕗谷虹児記念館提供

　蕗谷虹児[1]の「花嫁人形」の歌を知っていますか。不幸せな結婚と貧しい生活のなかで若くして亡くなった、美しい母のおもかげを重ね合わせた歌です。子どもの頃から絵を描くのが大好きでした。ですが家が貧しくて働きながら絵の勉強をしました。やがて才能が認められ、日本画の先生について本格的に絵を習いはじめますが、家族を養うために、絵を売りながら放浪する生活を送らなければなりませんでした。

　その虹児が世に認められるチャンスが訪れました。大流行だった少女雑誌の表紙やイラストを描く仕事です。当時その第一人者だった竹久夢二[2]が、自分の仕事の後継ぎに虹児を選んでくれたのです。夢二が描く少女像は、何よりも清純で、その夢見るようなつぶらな瞳が特徴でした。現代の少女マンガの星の瞳の原点です。夢二はまた「宵待草」[3]の歌でも知られた詩人でもありました。その抒情的な詩と絵がひとつに溶け合ったロマンチックな魅力が、この時代の10代の若い女性たちの心をつかんだのです。

　時代の波に乗り、虹児もたちまち人気作家となりました。その詩と絵の世界を行きかう甘美なイメージを、虹児は「抒情画」と呼んでいます。虹児の絵には19世紀末のヨーロッパの耽美主義[4]にも通じる、不思議な魅力がありました。これにひかれてファンになったのが、中国の小説家・魯迅[5]、フランス象徴派の詩人・堀口大學[6]、そして小説家・三島由紀夫[7]です。

用語解説

1. 蕗谷虹児
プロフィールは138ページ。

2. 竹久夢二
1884〜1934年、岡山県出身。日本画家・詩人。抒情的な美人画で人気を博し、明治末から大正初期にかけて一世を風靡しました。

3. 「宵待草」
大正時代（1912〜1926年）の初めに発表され、バイオリニストの多忠亮が作曲。唱歌とは違った抒情的、感傷的な曲は、現代でも愛唱されています。宵待草とは夏に咲くマツヨイグサの別称で、日が沈んでから開き、翌朝しぼむ様子に「待てど暮らせど来ぬ人を」と歌う気持ちが重ね合わせられています。

4. 耽美主義
芸術の世界で、純粋に美しいものだけを追求し、表現しようとする考え方。

5. 魯迅
1881〜1936年、中国の作家。医学を学ぶため日本に留学しましたが、文学に転じました。代表作に『狂人日記』『阿Q正伝』など。

6. 堀口大學
プロフィールは100ページ。

7. 三島由紀夫
1925〜1970年、東京都出身。小説家。代表作に「豊饒の海」「金閣寺」があります。

8. エコール・ド・パリ
「パリ派」という意味。第一次世界大戦後のパリで活躍した外国人画家たちのこと。主な画家はシャガール・モディリアーニ・ユトリロなど。

9. 藤田嗣治
1886〜1968年、東京都出身。洋画家。フランスに渡り、独自の画風で国際的に知られました。

抒情画の成功を足がかりにさらに飛躍しようと、虹児は芸術の都パリへと向かいます。ここでエコール・ド・パリ[8]の画壇で活躍していた藤田嗣治[9]に認められ、フランスの一流展覧会にも入選を果たします。ようやく国際的な作家になろうというチャンスをつかみかけたころ、家庭の事情で帰国しなければならなくなります。その後はパリ仕込みの洗練されたセンスで、以前にも増す人気を博しました。ですが、やはり志半ばで帰国したことは、虹児にとって口惜しいことだったに違いありません。

戦後、この抒情画をリードした若い世代の代表が中原淳一[10]でした。虹児は次第にその表舞台からしりぞき、幼い子どものための絵本を描くようになります。しかしなお世代を超えた根強い人気がありました。晩年には、ディズニーの『白雪姫』を超える国産アニメを目指した「東映動画」の依頼で、日本で初めての中編カラー・アニメ『夢見童子』の監修をしています。

(TK)

> **用語解説**
>
> **10. 中原淳一**
> 1913〜1983年、香川県出身。画家、服飾デザイナー。少女雑誌の挿絵画家として人気を博しました。

参考画像

蕗谷虹児《混血児とその父母》1926年　新発田市蔵

蕗谷虹児《花嫁人形》(『詩画集 花嫁人形』原画) 1935年　新発田市蔵

蕗谷虹児《わがアトリエ》(『私の詩画集』原画) 1925年　新発田市蔵

美術

エピソード㊵
日本画の風雲児　横山操

横山　操（よこやま みさお）　1920(大正9)年 ― 1973(昭和48)年　燕市

　日本画というと、繊細な筆遣いと美しい色彩による表現というイメージがあります。ところがこのイメージを根本からひっくり返すような作品を描いた風雲児がいました。その荒々しいタッチによる、その画面にはそれまでの日本画には見られなかった躍動感があります。画家の名前は横山操[1]といいます。生まれて間もなく養子に出されますが、養母に嫌われ、男の子か女の子か分からない「操」という名前をつけられました。その暗い宿命に反発するかのように、この画家は生涯雅号を持たず、本名の操で通しました。

　はじめは洋画家を志しましたが、日本画に転向します。20歳で川端龍子[2]が率いる日本画の革新的な団体「青龍社」の展覧会に初入選します。これから画家としての道が開かれようという、その年に日中戦争で徴兵され中国に派遣されます。終戦と同時にシベリアに抑留[3]、帰国したときにはすでに28歳になっていました。それからは、たまりにたまった火山のマグマが噴き出すような勢いで制作が始まります。

　所属した青龍社は、座敷や床の間にちんまりとおさまる日本画ではなく、大画面による新しい日本画を目指していました。戦後の日本画は古くさい二流芸術としておとしめられていました。これを突き破ったのが横山操でした。彼は一躍、青龍社のスターになりました。その豪放なスタイルには、もはや洋画とか日本画という区別はありません。その特徴は、けた外れな大

用語解説

1. **横山操**
プロフィールは139ページ。

2. **川端龍子**
1885～1966年、和歌山県出身。日本画家。西洋絵画を志して渡米しましたが、帰国後日本画に転向しました。

3. **シベリア抑留**
第二次世界大戦の終戦時、満州にいた日本兵はソ連軍にとらえられ、シベリアの収容所で強制労働が課されました。

4. **金碧障壁画**
襖や衝立などの壁面に描いた絵を障壁画といいます。金碧障壁画とは、金箔を貼った上に絵を描いたもの。

5. **狩野永徳**
1543～1590年、京都府出身。画家。織田信長の安土城や豊臣秀吉の大坂城、聚楽第の障壁画を手がけました。ダイナミックな表現様式で狩野派の黄金期をもたらしました。

6. **坂口安吾**
プロフィールは97ページ。

画面に一見粗放とも見える、力強い筆遣い、黒、朱、白そして金の使用です。特に金、あるいは金箔の使い方には桃山時代の金碧障壁画[4]を思わせるものがあります。大胆不敵な構成と豪快な筆さばきは、まさに狩野永徳[5]の再来といえました。

　操が追求した日本画とは「過去から現代まで続いて来、さらに将来も続いていく"日本"そのものを対象とし、そこに"生きている"バイタル（生命的）な現実を忠実に表現しようとすることを意味」していました。これをさかのぼるところに桃山時代の豪放な障壁画があり、また遠くに原始の生命力を秘めた縄文の土偶があるのだというのが、操の信念でした。いわゆる品良くまとまった「日本的」なものをことごとく粉砕し、生の現実をその眼で見ようという操の姿勢には、同郷の坂口安吾[6]と共通するものが指摘されるでしょう。

　戦後の一時期を駆け抜けた横山操は、沈滞しきっていた日本画の世界に大きな風穴を開けた風雲児でした。その後、「青龍社」を脱退してから、その生き急ぎすぎた晩年の作品には、かつての叩きつけるような激しさは影を潜め、孤独で内省的な心をのぞかせる風景が描かれるようになります。そのモチーフとなったのは《越後十景》に代表される、懐かしい故郷新潟の風景でした。

（TK）

参考画像

横山操《炎々桜島》1956年
新潟県立近代美術館・万代島美術館蔵

横山操《塔》1957年
東京国立近代美術館蔵
Photo: MOMAT/DNPartcom

横山操《ウォール街》1962年
東京国立近代美術館蔵
Photo: MOMAT/DNPartcom

図版はすべて©Motoko Yokoyama 2015／JAA 1500046

エピソード㊶
「日本のゴッホ」山下清と式場隆三郎

式場 隆三郎（しきば りゅうざぶろう）　1898（明治31）年 — 1965（昭和40）年　五泉市

　燃える太陽のようなヒマワリの絵を描いた、オランダの画家ゴッホ[1]のことを知らない人はいないでしょう。このゴッホ研究者として知られたのが、五泉市出身で新潟医学専門学校（現新潟大学医学部）に学んだ式場隆三郎[2]です。専門は精神病理学で、この視点からゴッホの芸術を研究しました。その初めての著作が『ファン・ホッホの生涯と精神病』でした。その後、この分野での評論や解説も含めると、ゴッホに関わる著作は50冊以上にのぼります。式場はまた放浪の画家、山下清[3]をプロデュースして「日本のゴッホ」として売り出したことでも知られています。その山下清の本籍が佐渡であり、小学生の一時期、新潟市の白山に住んでいたのには、思いがけない同郷の縁を感じます。

　精神障がい者や専門の美術教育を受けたことのない人たちの絵には、とり澄ました絵にはない、人を引きつける魅力があります。こうしたアートをフランス語で「アール・ブリュット（混ぜもののない生の芸術）」または英語で「アウトサイダー・アート」といいますが、山下の絵画もこれに属します。山下の作品は色紙を指でちぎって、糊で貼りつけるという素朴なものです。そのアイデアを工夫したのは、山下がいた知的障がい児施設「八幡学園」の創設者だった久保寺保久園長でした。この学園のモットーは「踏むな　育てよ　水そそげ」というものでした。当時、世間からはじき出された子どもたちにも、大切に見守れば、素晴らし

用語解説

1. ゴッホ
1853～1890年。オランダの画家。強烈な色彩と激情的なタッチで、独自の画風を確立しました。代表作に《ひまわり》《アルルの跳ね橋》など。

2. 式場隆三郎
プロフィールは35ページ。

3. 山下清
1922～1971年、東京都出身。画家。ゴッホのタッチを思わせるちぎり絵を制作して世に知られました。

4. 点描
線や色をぬりこめるのではなく、点や短いタッチの色彩による絵画表現。

式場隆三郎『ファン・ホッホの生涯と精神病』1932年

い才能が開花する。それは健常者のそれに勝るとも劣らぬものだという信念でした。

式場は山下のちぎり絵の手法をゴッホの点描[4]の作風と重ね合わせて、「日本のゴッホ」と名づけて世に紹介しました。1938（昭和13）年、早稲田大学大隈講堂で八幡学園の園児の作品を集めて「特異児童画展」が開催されました。知的な障がいにもかかわらず、人間が共有する美的な感受性においては、引けをとらない、いやむしろより純粋なアートを生み出す力を秘めていることが、ここで初めて証明されたのです。ランニングシャツと短パンのいでたちがトレードマークで「裸の大将」とも言われた山下清はその後、全国を気ままに旅して、おりおりの印象を見事な作品として残しています。そのなかでも代表作は、大好きだった長岡の花火大会を描いたものでした。　　　　　　（TK）

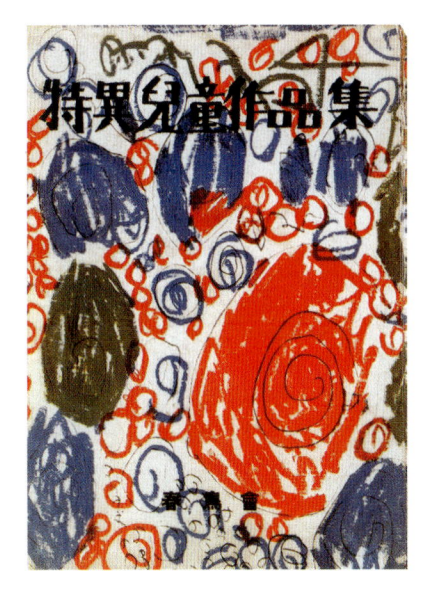

参考画像

安井曽太郎、戸川行男監修
『特異児童作品集』 1939年

久保寺 保久

式場隆三郎（右）と山下清（左）
新潟日報社提供

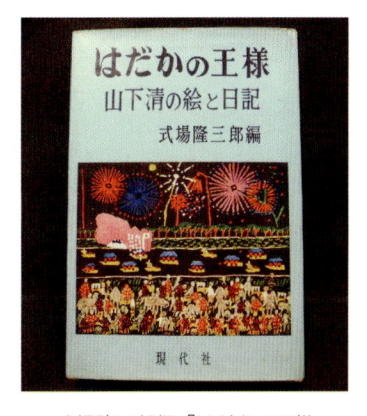

式場隆三郎編『はだかの王様
山下清の絵と日記』1956年

美術

エピソード㊷
工芸王国としての新潟

佐々木 象堂（ささき しょうどう） 1882（明治15）年 ― 1961（昭和36）年 ｜ 佐渡市

　新潟県、かつての越後や佐渡には、浄土真宗の開祖親鸞や日蓮宗の宗祖日蓮などが流罪となり、そのおりに県内各地で説法を行ったことから、信仰にあつい仏教徒が多いことで有名です。昔から多くの家にとって、仏壇は身近なものでした。

　三条は法華宗総本山の本成寺や浄土真宗大谷派本願寺別院（東別院）などの大きな寺院があることから「仏都三条」と呼ばれています。江戸時代中期に本願寺別院（東別院）を造営するとき、京都から宮大工[1]や指物師[2]、塗り師[3]、飾り金具師が呼び寄せられて、三条の職人と共に造営作業に携わりました。本願寺別院（東別院）を中心として浄土真宗が広まったことから三条市や近隣の燕市、新潟市西蒲区で仏壇の製造が始まりました。

　江戸時代後期から明治中期にかけて、三条地方そして魚沼地方を中心に活躍した彫物師として石川雲蝶[4]がいます。雲蝶が寺院の欄間や天井などに彫刻した作品は、大胆な構成と動感あふれる表現から「日本のミケランジェロ[5]」とも呼ばれています。同じく新潟市白根地域や長岡地方も、江戸時代前期に寺社の造営のために呼び寄せられた京都などの専門家が伝えた技術から、地域独自の仏壇へと発展していきました。現在、三条仏壇、新潟・白根仏壇、長岡仏壇は県の伝統的工芸品として認定されています。

　新潟県は金工や陶芸、漆芸、木・竹工芸、染色などの工芸も盛んです。伝統工芸指定の数では、京都に次ぐ全

用語解説

1．宮大工
神社・寺院・宮殿の建築を専門とする大工。

2．指物師
木の板をさし合わせて組み立てて作る家具や器具の細工をする職人。

3．塗り師
漆細工や漆器製造をなりわいとする人。なまって「ぬし」という。

4．石川雲蝶
1814～1883年、東京都出身。彫刻師。三条市の本成寺修復を引き受けたのをきっかけに30代頃から三条を拠点に活動しました。西福寺開山堂（魚沼市）、秋葉神社奥の院（長岡市）、瑞祥庵（湯沢町）などに作品が残っています。

5．ミケランジェロ
1475～1564年、イタリアの彫刻家・画家・建築家・詩人。レオナルド・ダ・ビンチと並ぶルネサンス期の巨匠。代表作は壁画《最後の審判》や大理石彫刻《ダビデ》などがあります。

6．玉川宣夫
プロフィールは142ページ。

7．宮田藍堂
1856～1919年、佐渡市出身。鋳金作家。鋳金家本間琢斎に蝋型鋳金の技術を学び、東京でも修業した後、1902年、佐渡に戻って制作を続けました。

8．佐々木象堂
プロフィールは140ページ。

9．伊藤赤水
プロフィールは141ページ。

10．三浦小平二
プロフィールは140ページ。

国2位の屈指の工芸王国です。これらの職人あるいは作家の中から重要無形文化財保持者（人間国宝）が5人出ています。まずは燕の鎚起銅器の玉川宣夫[6]です。鎚起銅器とは1枚の平面の銅板を鎚で打ち延ばして成形した銅器です。玉川は中でも日本独特の技術である、木目金技法の第一人者として知られています。

江戸の初期、佐渡の鉱山採掘とともに伝わったのが蝋型鋳金の技術です。蜜蝋で原型をつくるこの鋳物の技術は、精密な浮彫を再現するのに最適な技術として、飛鳥・白鳳時代の金銅仏の鋳造に用いられたものです。宮田藍堂（初代）[7]についてその技術を学び、新境地をひらいた佐々木象堂[8]も、この分野で認定された人間国宝の一人です。

陶芸のジャンルでは、佐渡金山から出る朱色の酸化鉄を含む鉱土「無名異」を陶土に混ぜて焼成する無名異焼が有名です。無名異焼の五代伊藤赤水[9]は、この伝統技術保持者に認定されています。同じく無名異焼の窯元の家に生まれ、無名異を地とした独自の「三浦青磁」を工夫して、世界に知られた三浦小平二[10]もまた、この分野での人間国宝です。最後に刀匠の天田昭次[11]は自家製鉄による鉄を使い美術刀剣を制作しました。その技術と美しさから、伊勢神宮の式年遷宮[12]の御神宝太刀に採用されるなど、高い評価を受けています。

(MI)

> **用語解説**
>
> **11. 天田昭次**
> プロフィールは141ページ。
>
> **12. 式年遷宮**
> 神社で定期的に神殿を作り替え、神座を移すこと。

参考画像

石川雲蝶《欄間－縦笛・篳篥を奏でる天女》永林寺（魚沼市根小屋）

三浦 小平二

天田 昭次

エピソード43
新潟の写真家たち

渡邉 義雄（わたなべ よしお）　1907(明治40)年 ─ 2000(平成12)年　三条市

撮影：木村 恵一

　日本に写真技術が入ってきたのは、幕末の頃からです。写真の祖といわれる上野彦馬[1]は最初期の職業的写真家、つまり写真師で長崎に写真館「上野撮影局」を開きました。有名な坂本竜馬の肖像写真はここで写されたものです。新潟は全国的にも早くから写真館が開館し、アマチュア写真も盛んでした。明治元年に新潟に最初の写真館、次いで三条、新発田、長岡、高田、柏崎と写真館が開業しています。今も当時のおもかげを残す建築が、新潟市中央区西大畑の金井写真館です。

　趣味として写真を撮ったアマチュア写真家の一人が、野口英世の親友だった歯科医師、石塚三郎[2]です。野口の帰国をうながすために、年老いた母シカの姿を撮影して送ったエピソードも有名ですが、石塚はそれまでの肖像写真などの記録にとどまらない、絵画主義[3]（ピクトリアリズム）という写真の芸術運動に関わり、アマチュア写真グループ「北越写友会」を組織しました。

　そうした動きのなかから、新潟にプロの芸術写真家が誕生します。十日町出身の岡田紅陽[4]です。兄は新潟県知事だった岡田正平[5]です。紅陽のカメラとの出会いはまた、美しい富士との出会いでした。その時、初めてのカメラにおさめたのは湖に映る逆さ富士と桜だったといいます。以来、富士山の撮影に情熱を傾け、広く世界にも富士山の素晴らしさを紹介し、「富士の写真家」と呼ばれるようになりました。千円札の裏側の逆さ富士は紅陽の作品《湖畔の春》をもとに描かれたものです。

用語解説

1. 上野彦馬
1838〜1904年、長崎県出身。オランダの軍医ポンペから写真術を学び、維新の志士や外国人の肖像写真を多く残しました。

2. 石塚三郎
プロフィールは35ページ。

3. 絵画主義
ピクトリアリズム。19世紀中頃から興った、芸術性高い写真を目指した活動のこと。それまで記録媒体でしかなかった写真の芸術性を確立するために、絵画で好まれた主題や構図を模倣して制作されました。

4. 岡田紅陽
プロフィールは144ページ。

5. 岡田正平
1878〜1959年、十日町市出身。新潟県の初代民選知事。只見川電源開発や、三面川の総合開発などに取り組みました。

6. 渡邉義雄
プロフィールは143ページ。

7. 堀口捨己
1895〜1984年、岐阜県出身。建築家。ヨーロッパの新しい建築運動を研究し、日本の伝統的な建築と、モダニズム建築の融合を模索しました。

8. 濱谷浩
1915〜1999年、東京都出身。写真家。日本の風土と民俗をテーマにした作品を多く残し、国際的に評価されました。代表作に《雪国》《裏日本》など。

9. 市川信次
1901〜1982年、上越市出身。民俗学研究者。長年、高田瞽女と交流しながら瞽女の芸能を調査し、研究をまとめました。

10. 會津八一
プロフィールは99ページ。

美術

三条に生まれた渡邉義雄[6]は、写真家として初めて文化功労者に選ばれました。渡邉は戦前「新興写真研究会」に所属し、レンズの目の客観性を重視する新即物主義理論（ノイエ・ザハリヒカイト）の影響を受け、モダンな東京の都市生活をモチーフとする組み写真を写真雑誌「フォトタイムス」に発表して評判となりました。これと並行して、建築家・堀口捨己[7]との出会いを契機に建築写真を撮りはじめます。戦後は本格的に建築写真と取り組み、そこにはフォルムの美しさだけではなく、魂とオーラが映し出されているとまでいわれました。その渡邉のライフワークが《伊勢神宮》です。日本写真家協会会長、東京都写真美術館初代館長を務めるなど、わが国の写真界の第一人者でした。

　この渡邉義雄の助手をしていたのが濱谷浩[8]です。濱谷は東京の出身で、当初は都市生活者のモダンな風俗を写す作品を制作していましたが、高田を訪れたおりに民俗研究者・市川信次[9]と出会い、これがきっかけで雪国の習俗に関心を抱き、風土と人の関わりをテーマとする民俗写真をライフワークとするようになりました。その初期の代表作が《雪国》《裏日本》です。また鋭い眼光の會津八一[10]の風貌を写した肖像写真は、そのまま文人八一のイメージとして人々の間に定着しています。　　　　　　　　　　　　　　　（TK）

参考画像

岡田紅陽《湖畔の春》（1935年5月2日本栖湖で撮影）岡田紅陽写真美術館蔵

渡邉義雄《伊勢神宮：内宮御正殿全景（北西側）》1953年　新潟県立近代美術館・万代島美術館蔵

濱谷浩
《雪国 ホンヤラ洞にゆく子供たち》
1956年
新潟県立近代美術館・万代島美術館蔵

エピソード44
近代デザインの歴史を生きた亀倉雄策

亀倉 雄策（かめくら ゆうさく） | 1915（大正4）年 — 1997（平成9）年 | 燕市

Photo: Kazumi Kurigami

　1964（昭和39）年という戦後復興から高度経済成長につながる時期に開催された、東京オリンピックはその象徴的なイベントであり、今なお多くの人々の間で鮮烈な記憶として受け継がれています。この記憶とともにあるのが、亀倉雄策[1]の五輪ポスターです。スタートダッシュの一瞬をとらえた写真の緊迫感に満ちたイメージは、今も人々の目に焼きついています。

　亀倉家は吉田町（現燕市）で代々庄屋をつとめ、この近在では有数の大地主でしたが、雄策が8、9歳のころ生家が没落し、一家をあげて東京へ移ることになりました。ハイカラ趣味[2]の父親の影響で、子どもの頃から美術や音楽に親しんできました。しかし絵描きになる気はまるでなく、当時のモダンの先端をゆく映画や写真の世界にひかれていました。

　そんな雄策に将来の進路を決定づける、衝撃的な出来事がありました。それはフランスのデザイナー、カッサンドル[3]の色刷りのポスターとの出会いでした。ラファイエット百貨店のこの広告ポスターを見たとき、「百雷が一度に落ちたかと思われるほどのショックを受けた」と後にふり返っています。

　ここからグラフィックデザイナーを志したわけですが、この時代では「図案家」または「図案屋」と呼ばれ、職人あるいは絵描きの片手間の仕事として一段低めにみられていました。絵描きが嫌いで図案の道を選んだ雄策に、天啓のようにひらめいた、1冊のドイツ語の

用語解説

1. 亀倉雄策
プロフィールは143ページ。

2. ハイカラ趣味
もとは「丈の高い襟」のこと。西洋風の気取り、流行を追うこと。

3. カッサンドル
1901～1968年。ロシアで生まれフランスで活動した画家、デザイナー。斬新な構図のポスターを制作しました。

4. バウハウス
1919年、ヴァルター・グロピウス（1883～1969年）によって創設された総合デザイン学校。現代美術に大きな影響を与えました。

5. 土門拳
1909～1990年、山形県出身。写真家。報道写真から出発し、社会的な題材に取り組む一方、《古寺巡礼》などで日本の伝統文化の美を追求しました。

6. 勅使河原蒼風
1900～1979年、大阪府出身。華道家。前衛華道の「草月流」を創始し、生け花を国際的に広めました。

7. グラフィックデザイン
応用美術と呼ばれたデザインから、近代の印刷技術の発展とともに、商業主義をベースに急速に開けたデザインの分野。

原書がありました。ドイツのワイマールで展開しつつあった、絵画、写真、デザイン、建築のすべてを含みこむ総合的な芸術運動「バウハウス[4]」を紹介したものでした。これこそが自分が目指すデザインであり、月並みな図案ではないイメージの組み立て、つまり「構成」が新時代をひらくデザインだと直感したのです。

　本格的な活動が始まったのは戦後です。その周囲にはいつも、写真家の土門拳[5]、前衛生け花の勅使河原蒼風[6]といった時代をリードする芸術家や知識人がいました。時代とともに「図案」も成長して「商業美術」となり、「商業デザイン」ついには「グラフィックデザイン[7]」と呼ばれるようになりました。そのなかで常に舵取りの役目を果たしていたのが亀倉雄策でした。

　やがて日本宣伝美術会が組織され、デザイナーの社会的地位はそれまでになく高まりました。その後も雄策は日本グラフィックデザイナー協会設立に参画し、国内外での数々の賞を受け、1991（平成3）年には文化功労者に選ばれました。亀倉雄策はまさに日本の近代デザインの歴史とともに生き、それを自ら体現した人物だったと言えるでしょう。（TK）

参考画像

《東京オリンピック陸上》ポスター　1962年

《IBM Speed》ポスター　1994年

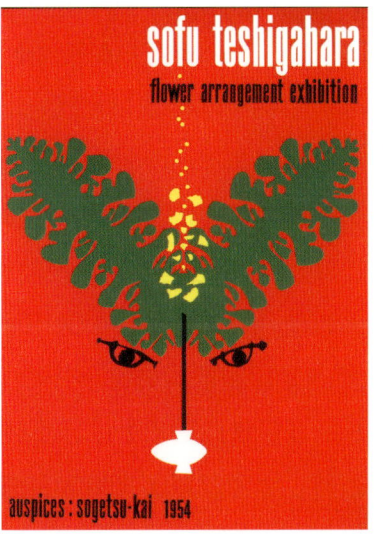

《勅使河原蒼風展》ポスター　1954年

図版はすべて亀倉雄策　新潟県立近代美術館・万代島美術館蔵

エピソード㊺
マンガ王国　新潟

寺田 ヒロオ（てらだ ひろお）　1931（昭和6）年 ― 1992（平成4）年　新潟市

　マンガとアニメはいまや、日本を代表する情報産業のひとつになっています。ここにいたる道をひらいたのが、「鉄腕アトム」や「ジャングル大帝」で知られる手塚治虫[1]でした。戦後の何もかも貧しい時代に、子どもたちに夢を与えてくれたのが児童雑誌でした。その新しい主役となったのが、それまで添え物に過ぎなかったマンガでした。出版社はさらに別冊マンガ付録にも力を入れ、子どもたちを引きつけようとしました。内容も従来の素朴な4コママンガから、シリーズもののストーリー・マンガへと移っていきました。その先駆けとなった少年マンガのスーパー・ヒーローが「鉄腕アトム」、少女マンガの愛らしいヒロインが「あんみつ姫」でした。この空前のマンガ・ブームの中でも、圧倒的な人気を誇ったマンガ作家が手塚治虫でした。

　引っ張りだこだった手塚は、仕事に専念するために東京の豊島区にあったアパート「トキワ荘」にこもります。この「マンガの神さま」を慕って、将来を夢見る若いマンガ家たちが続々と入居しました。「ドラえもん」の藤子不二雄[2]や「鉄人28号」の石ノ森章太郎[3]もその仲間です。かれらの兄貴分でこのアパートのリーダーだったのが、新潟市生まれ、新発田市育ちの寺田ヒロオ[4]でした。寺田の「スポーツマン金太郎」は、「巨人の星」などその後のスポ根マンガの原点といってもよいでしょう。このジャンルを大人でも楽しめるストーリー構成にまで広げたのが、水島新司[5]の「野球狂の詩」です。その人気キャラクターの像が、新潟市の

用語解説

1．手塚治虫
1928～1989年、大阪府出身。マンガ家。「鉄腕アトム」や「リボンの騎士」でストーリー漫画の世界を開きました。アニメーションの分野も開拓しました。

2．藤子不二雄
マンガ家。藤本弘（1933～96年、富山県出身）と安孫子素雄（1934年～、同）のコンビ名。1964年、合作した「オバケのQ太郎」が大ヒット、その後、多くの作品を生み出しました。87年にコンビを解消し、藤本が藤子・F・不二雄に、安孫子が藤子不二雄Ⓐと改名し、独自に活動しました。

3．石ノ森章太郎
1938～1998年、宮城県出身。マンガ家。「サイボーグ009」「佐武と市捕物控」「仮面ライダー」と、幅広いジャンルを描きました。「マンガ日本の歴史」は全55巻という大作で話題となった作品です。

4．寺田ヒロオ
1931～1992年、新発田市出身。マンガ家。1953年上京し、漫画家としてデビューしました。「スポーツマン金太郎」はおとぎ話の主人公金太郎と桃太郎が実在のプロ野球チームで活躍するというストーリーで、温かい絵柄と明るいユーモアで描かれています。

5．水島新司
1939年～、新潟市出身。マンガ家。1970年の「男どアホウ甲子園」以来、いくつもの野球マンガを発表。それらは小学館漫画賞や講談社出版文化賞といった賞に輝いています。

6．赤塚不二夫
1935～2008年、旧満州（現中国東北部）生まれ。マンガ家。「おそ松くん」「天才バカボン」「もーれつア太郎」など多くの作品で、イヤミ、レレレのおじさん、ニャロメといったユニークなキャラクターを生みだしました。

古町の「マンガ・ストリート」に設置され、市民に親しまれています。

　「トキワ荘」の住人たちの中で戦後マンガ史に残る作家のひとりが、「おそ松くん」「天才バカボン」でギャグマンガの天才と呼ばれた赤塚不二夫[6]です。赤塚は少年時代、新潟市西蒲区の潟東で過ごしています。キザをそのままマンガ化した「イヤミ」の「シェー」の決めポーズは当時大流行したものです。このギャグマンガが新潟のマンガのひとつの伝統になっているように思います。「パタリロ！」の魔夜峰央[7]、「ハイスクール！奇面組」の新沢基栄[8]がこのグループに入るでしょう。猫マンガの元祖、「What's Michael?」の作者・小林まこと[9]も、忘れてはいけません。

　しかし何と言っても、現在活躍中の超人気作家は高橋留美子[10]です。「うる星やつら」から、「めぞん一刻」「らんま1/2」「犬夜叉」とその千変万化のストーリーと奇想天外なイマジネーションは群を抜いています。その作品は広く海外にも翻訳されています。実に新潟は全国でも有数のマンガ王国だといって過言ではありません。1998（平成10）年から、新潟市は「マンガ・アニメを活用したまちづくり構想」の下で「にいがたマンガ大賞」を設け、マンガ文化の振興に努めています。

（MI）

用語解説

7．魔夜峰央
1953年〜、新潟市出身。マンガ家。73年「見知らぬ訪問者」でデビュー。白黒の強い諧調を感じさせる独特の画風が特徴といわれます。「パタリロ！」は30年以上連載が続く作品です。

8．新沢基栄
1958年〜、柏崎市出身。マンガ家。「ハイスクール！奇面組」は85年にテレビアニメになりました。ほか作品に「ボクはしたたか君」（88〜90年）、「フラッシュ！奇面組」（2001〜05年）などがあります。

9．小林まこと
1958年〜、新潟市出身。マンガ家。新潟市出身。84〜89年に雑誌「モーニング」に連載された「What's Michael?」は、アニメやテレビドラマになったばかりでなく、外国にも輸出されました。78年「格闘三兄弟」で週刊少年マガジン新人賞。

10．高橋留美子
1957年〜、新潟市出身。マンガ家。小池一夫の劇画村塾に入り、78年「勝手なやつら」でデビュー。雑誌「少年サンデー」に連載された「うる星やつら」はテレビアニメ化、映画化されました。

参考画像

©赤塚不二夫「天才バカボン」

高橋留美子「うる星やつら」
©高橋留美子／小学館

小林まこと「What's Michael?」
©小林まこと／講談社

エピソード㊻
実業家にして大茶人
鈍翁・益田孝

益田 孝（ますだ たかし）　1848（嘉永元）年 — 1938（昭和13）年　佐渡市

　草創期の日本経済をリードした、新潟出身の２人の実業家がいました。大倉財閥の創立者大倉喜八郎[1]と三井財閥を率いた益田鈍翁（本名孝）[2]です。鈍翁の家は代々佐渡相川の奉行所の役人をつとめ、後に幕府の直臣に取り立てられます。ペリーの黒船来航、アメリカ公使ハリス[3]の着任といった時期に、父は外国との折衝を担当していました。その間、幕府はフランスとの友好を求めて、皇帝ナポレオン３世[4]のところへ使節団を派遣します。まだ元服前の少年だった孝は、使節団の一員だった父と共にパリにおもむきます。これは孝が後に海外貿易に目を開くことになる貴重な経験でした。
　この経歴に目を付けたのが、明治政府の大物井上馨[5]でした。井上に見出されて大阪造幣局の権頭に任命されます。日本の貿易商社の先駆は坂本竜馬が起こした「亀山社中」ですが、これにならって「先収社」を設立、「中外物価新報」（日本経済新聞の前身）を創刊しました。「先収社」が解散した後、これを引き継いだ三井財閥をバックに、世界最初の総合商社「三井物産」を立ち上げ、社長に就任します。そしてこの会社を当時の日本の貿易総額の２割を占める大商社にまで育て上げたのです。
　この時期、新興の実業家の間で「茶の湯[6]」が流行しました。そのなかで「千利休以来の大茶人」とたたえられたのが、益田鈍翁でした。お茶の世界には、表千家、裏千家、石州流、宗徧流などさまざまな流派があ

用語解説

1. 大倉喜八郎
プロフィールは145ページ。

2. 益田孝
プロフィールは145ページ。

3. ハリス
1804～1878年。アメリカ合衆国の外交官。1856年に来日した、最初の駐日総領事（のち公使）。江戸幕府に日米修好通商条約を締結させました。

4. ナポレオン３世
1808～1873年。フランス第２帝政の皇帝で、ナポレオン１世の甥。クリミア戦争ではイギリスと協力してロシアに勝利し、勢力を拡大しましたが、1870年の普仏戦争に敗れて亡命。

5. 井上馨
1836～1915年、山口県出身。政治家。明治政府の要職を歴任しました。初代内閣総理大臣・伊藤博文の盟友。

6. 茶の湯
茶道のこと。室町時代に始まり、千利休によって大成された日本の伝統文化。茶の湯に通じた人を茶人といいます。

7. 北野の大茶湯
1587年、京都の北野天満宮で豊臣秀吉が千利休らとともに開催した大茶会。身分を問わず1,000人を超える人たちが集まったといわれています。

8. 黒楽
「楽焼」の一種。「楽焼」とは、千利休が茶の湯のために考案した陶器で、手ごねと呼ばれる手法により、歪みや厚みのある形が特徴。「黒楽」は、黒色の釉薬をかけて作られています。

9. 原富太郎
1868～1939年、岐阜県出身（本名・富太郎。三溪は号）。実業家。生糸貿易で財を成しました。横浜に「三溪園」を作り、収集した美術品を展示しました。

りますが、鈍翁の茶は作法や流儀にこだわらない豪快なものでした。鈍翁は言います、「茶是常識」と。広大な品川の邸で開いた「御殿山大茶湯」は、豊臣秀吉の北野の大茶湯[7]を思わせる一大パフォーマンスだったといいます。鈍翁が理想としたのは、人と人との出会いを楽しむ「交際の茶」でした。

　茶会を盛り上げるために、鈍翁は古美術の収集にも熱心でした。彼が秘蔵した茶道具に「鈍太郎」という銘の黒楽[8]の茶碗がありました。「鈍翁」の号はこの茶碗に由来するものです。流儀を超えた優れた茶人を「数寄者」といいますが、この鈍翁に導かれて茶の湯の世界に入った財界人として、横浜の名庭園、三渓園を残した三渓・原富太郎[9]、根津美術館で知られる青山・根津嘉一郎[10]、「電力の鬼」として知られた耳庵・松永安左エ門[11]といった人たちの名前を挙げることができます。

(TK)

用語解説

10. 根津嘉一郎
1860〜1940年、山梨県出身。実業家。東京ガス、東京電灯などの大株主として経営に参加し、東武鉄道の社長も務めました。衆議院議員に4回当選。没後、収集した美術品を展示するため、東京都港区に根津美術館が設立されました。青山は号。

11. 松永安左エ門
1875〜1971年、長崎県出身。実業家。明治から昭和にかけて活躍しました。戦後、電気事業再編成審議会会長として9電力体制を推し進め、「電力の鬼」といわれました。耳庵は号。

参考画像

父・鷹之助（左）、孝（右）
1864年
遣欧使節団の一員として渡欧、パリで撮影した1枚。

原叟作《黒楽茶碗　銘鈍太郎》18世紀
引用:『鈍翁の眼　益田鈍翁の美の世界』五島美術館　1998年

「中外物価新報」1876（明治9）年12月2日付

エピソード㊼
「大冒険的商人」と称された大倉喜八郎

大倉 喜八郎（おおくら きはちろう）　1837（天保8）年 ― 1928（昭和3）年　新発田市

　財閥という言葉があります。巨大資本による企業集団を支配する一族を指します。良くも悪くも近代の資本主義社会の発展は、この財閥の経済力によるものだったということが出来ます。海外ではロスチャイルド[1]、ロックフェラー[2]、カーネギー[3]などがその代表です。日本の三大財閥といわれてきたのが、三井財閥、三菱財閥、住友財閥ですが、戦後の財閥解体まで、これらの大資本が日本の経済を動かしてきました。これらの財閥の多くは江戸時代、富と実力を蓄えてきた町人階級の歴史にまで遡ることが出来ます。その経済力によって明治維新を支えた豪商たちは、新政府の仕事を請け負うことで、ますます巨大化していきました。

　そうしたなかで、大倉喜八郎[4]が一代で築きあげた大倉財閥は異例の存在です。17才のとき大商人になろうと志を立て、徒手空拳で江戸に出て来ました。鰹節問屋などの丁稚[5]となって、商売のやり方を覚えました。その頃に知り合い、生涯変わらぬ友情をつちかったのが、同じく富山から出て来た安田財閥の創業者・安田善次郎[6]でした。身を粉にして働いた100両を元手に独立したのが20歳のときです。幕末のこの時期、旧幕臣の彰義隊[7]が上野の山に立てこもり、薩摩、長州の新政府軍とにらみ合い、一触即発の状況となっていました。喜八郎はその間をぬって、短銃を懐に火薬や銃火器の売買という命がけの働きで大金を手にしました。これが実業家としての成功の第一歩でした。ですが、このために後々まで「死の商人」というレッテルを貼られてしまいます。

　武士に武士道というものがあるならば、商人には商

用語解説

1．ロスチャイルド
ユダヤ系金融業者の一族。イギリス、フランス、スイスに本拠地を置き、ヨーロッパ各地で金融業を営んでいます。

2．ロックフェラー
19世紀後半に設立された石油会社から始まり、アメリカの石油市場を独占して莫大な財を築きました。ロックフェラー財団をつくり、医療、教育に関する公共団体に寄付をしました。

3．カーネギー
19世紀末、スコットランド出身のアンドリュー・カーネギーはアメリカで鉄鋼会社を創業し、「鋼鉄王」と呼ばれました。ニューヨークに音楽会場「カーネギー・ホール」を寄付しました。

4．大倉喜八郎
プロフィールは145ページ。

5．丁稚
商人や職人の家に奉公し、下働きとして働く年少者のこと。

6．安田善次郎
1838〜1921年、富山県出身。実業家。幕末の江戸で両替商安田商店を営んで成功し、明治維新後、安田銀行としました。各地の銀行を吸収合併し、また、生命保険や損害保険の会社を創立し、金融資本を中心とした安田財閥を築きました。

7．彰義隊
徳川慶喜の大政奉還、鳥羽伏見の敗戦後も新政府軍に対して徹底抗戦を唱える幕臣が結成した、反政府武装集団。

8．岩倉使節団
1871年11月から73年9月にかけ、明治政府が欧米に派遣した使節団。条約改正の準備交渉や海外視察などが目的で、岩倉具視を特命全権大使に大久保利通、伊藤博文らが参加、総勢100人を超えました。

人道というものがあるはずだというのが、喜八郎の信念でした。それが「信用」というものでした。また商売には「商機」つまりチャンスというものがあります。喜八郎には時流を読み切る洞察力がありました。またそれに賭ける度胸もありました。1872（明治5）年の「岩倉使節団[8]」による初の欧米視察を追いかけるように、ほぼ1年間「西洋の商売」を見聞し、帰国後「大倉組商会」を設立、他に先んじてロンドンに初の海外支店を設置して貿易事業を開始しました。これが大倉財閥の発端です。大倉組の事業は、化学、製鉄、繊維、食品など幅広い分野に及びますが、やはり中核となったのは、現在「大成建設」の名で知られている総合建設業でしょう。鹿鳴館から始まり、日本銀行、歌舞伎座、帝国劇場、アメリカの建築家フランク・ロイド・ライト[9]の設計による帝国ホテルなど、大倉組は数々の名建築を手掛けています。

　喜八郎はその収益を、福祉、教育、文化の振興のために拠出しました。帝国劇場は日本初の西洋式劇場であり、自らその経営にあたりました。ここでは歌舞伎からシェークスピア[10]までさまざまな演劇の上演、外国からアーティストを招いて本格的な演奏会も開かれました。「今日は帝劇、明日は三越（百貨店）」という宣伝文句は流行語となり、消費時代到来のシンボルにもなりました。文化的事業では、日本最初の私立美術館「大倉集古館」を開設しました。清朝末期の動乱期に散逸しかけた中国美術の名品の収集で知られています。教育の分野では大倉商業学校（現東京経済大学）を創設し、将来の日本経済を担う若人の養成を目指しました。

（TK）

> **用語解説**
>
> **9．フランク・ロイド・ライト**
> 1867～1959年、アメリカ出身。建築家。1905年に初来日し、日本の文化に関心を抱いて「帝国ホテル」「自由学園」などを設計しました。近代建築の3大巨匠といわれています。
>
> **10．シェークスピア**
> 1564～1616年。イギリスの劇作家・詩人。豊かな言葉、巧みな性格表現でルネサンス文学の代表者といわれました。『ハムレット』『ロミオとジュリエット』など多くの戯曲を残しました。

美術

参考画像

現在の大倉集古館（東京都港区）

初代帝国ホテルを写した着色絵はがき
この建物は全焼し、フランク・ロイド・ライト設計の新しい帝国ホテルが建設されました。

絵画 ❶

日本近代洋画の先駆者
小山 正太郎
〈こやま しょうたろう〉

生没年	1857（安政4）年 －1916（大正5）年
出身地	長岡市
職業	洋画家・美術教育者

近代日本における洋画の先駆者です。長岡藩の医師であった父とは北越戦争で別れ、母親や家族と会津、仙台方面を転々とする苦労を味わいました。その後上京して洋画を学び、日本初の美術教育機関「工部美術学校」で頭角を現しました。また、欧化主義に反発して伝統美術の復興を唱えた岡倉天心の「東京美術学校」（現東京芸術大学）に対して、小山は初の洋画団体「明治美術会」を組織して対抗しました。さらに洋画塾「不同舎」を設立、青木繁、坂本繁二郎など多くの才能を開花させました。天心と、当時の美術界を二分した洋画壇のリーダーでした。

ココで発見 ▶新潟県立近代美術館（長岡市千秋）に作品が所蔵されています。

1 書は記号であり美術ではない！と小山が言えば

2 西洋の物質主義に毒された考えだ！美学者の岡倉天心はこう返すなど二人は宿命のライバルでした

3 明日を信じ自分を信じて生きた小山（戊辰戦争／丁稚小僧）

4 論争に敗れても洋画の教育に力を注ぎ数々のすぐれた画家を育てました

絵画 ❷

反骨の日本画家
尾竹 竹坡
〈おたけ ちくは〉

生没年	1878（明治11）年 －1936（昭和11）年
出身地	新潟市
職業	日本画家

尾竹3兄弟の次男。上京して日本画家川端玉章の門下に入り、第1回文展に入選します。岡倉天心の「国画玉成会」と行動を共にしますが、審査員選出などをめぐって対立、脱退しました。文展で3回連続上位入賞して人気画家となりますが、今度は天心の弟子横山大観ら美術学校派と対立し、大観らが審査員を務めた第7回文展では尾竹一門の作品はことごとく落選しました（文展事件）。この審査結果に反発し、美術行政の改革を求めて国会議員に立候補しましたが落選。選挙の借財返済のため乱作に陥り、評価を下げました。晩年は絵画の前衛運動などに参加。門下に抒情画家・蕗谷虹児がいます。

ココで発見 ▶新潟県立近代美術館（長岡市千秋）に作品が所蔵されています。

1 竹坡くんはもっと読書をしてほしい……／岡倉天心は竹坡を評価していたのですが（天心）

2 ある日のこと／国画玉成会の審査委員は安田靫彦（竹坡の後輩）にしたい

3 （竹坡）イラッ

4 岡倉のバカ！／これ以降二人の仲は悪化してしまうのでした

絵画 ❸

新潟県人初の文化勲章
小林 古径
〈こばやし こけい〉

生没年	1883(明治16)年 − 1957(昭和32)年
出身地	新潟市
職業	日本画家・日本芸術院会員・文化勲章受章者

幼くして両親を失い、16歳で上京して梶田半古の画塾に入り、同年日本絵画協会・日本美術院連合共進会に入選しました。岡倉天心に才能を認められ、日英博覧会に《加賀鳶》を出品しました。また美術収集家として知られた実業家・原三溪（本名・富太郎）の知遇を得て、原の主催する鑑賞研究会で学び、新古典主義といわれる画風が開花しました。鋭い線描の技で「線の画家」と呼ばれました。大和絵の伝統を守りながら「茎を折れば青くさい草の汁が匂うようだ」と評された、独自の東洋的なリアリズムによる多くの秀作を発表しました。1950（昭和25）年に新潟県で初の文化勲章を受章しました。

ココで発見 ▶小林古径記念美術館、小林古径邸（上越市本城町　高田公園）

1. 古画の模写
2. 草花や風景　人物の写生
3. 日本画の大家小林古径は基礎を徹底的に学びました
4. そんな古径が目指していたのはもののかたちをなぞるだけでなく雰囲気や音など「感じ」「写実」まで表現するです！／「ごはんまだー」

絵画 ❹

日本画の革新　桃山美術の再興
土田 麦僊
〈つちだ ばくせん〉

生没年	1887(明治20)年 − 1936(昭和11)年
出身地	佐渡市
職業	日本画家

本名・金二。貧しい農家に生まれ、僧侶として身を立てるために京都に送られましたが、画家への志を断ちがたく、お寺を出奔。竹内栖鳳に師事、京都市立絵画専門学校（現京都市立芸術大学）などで学びました。日本画の革新を唱え、日本の伝統に西洋の影響を融合させることを目指し、「国画創作協会」を創設。この協会のマニフェストを起草したのが実弟で哲学者の土田杏村でした。「写実の美と装飾の美との渾然融和」を理想として、そのモデルを豪華絢爛たる桃山時代の美の世界に追い求めました。その成果が、第1回国展に出品した《湯女》でした。他に《舞妓林泉図》、《大原女》などの代表作があります。

ココで発見 ▶佐渡市立佐渡博物館（佐渡市八幡）▶新穂歴史民俗資料館（佐渡市新穂）▶顕彰碑（佐渡市新穂小学校近く）

1. 金二くんすごい絵をかいてるね！／ホウ
2. うーんこれはすごいおや？
3. なんで北陸という号〈画家の名〉にしたの？／北陸
4. 北陸で一番を目指すから！大きな夢を持ちましょう！

美術

絵画 ❺

歴史画の理想を追求
岩田 正巳
〈いわた まさみ〉

生没年	1893(明治26)年 － 1988(昭和63)年
出身地	三条市
職業	日本画家・日本芸術院会員

歴史物語などを題材とする大和絵に、現代の息吹を取り入れ新境地をひらきました。三条市の眼科医の長男で、三条中学校（旧制）を卒業して上京。東京美術学校で学び、松岡映丘に師事しました。有職故実に詳しく、映丘と共に「新興大和絵会」「国画院」などを立ち上げて活動し、新しい歴史画の理想を追求しました。第二次世界大戦後は中国、インドへとイメージを広げ、石仏などのシリーズ作品をはじめ、モチーフも現代風の花鳥、風景、人物と自在に絵筆をふるいました。歌舞伎の時代考証などの分野でも活躍。1961年《石仏》で日本芸術院賞受賞。日本芸術院会員、三条市名誉市民。

ココで発見 ▶三条市歴史民俗産業資料館　岩田正巳画伯記念室（三条市本町）

【4コマ漫画】
1. 青白磁の花瓶に白い椿です（万葉洞主人 関谷正治）／販売目的の展覧会なので赤で目立たせませんか（岩田）
2. ではこの花を赤くしてみましょう
3. 電報でーす！／あっ岩田先生からだ！
4. アカイハナ デキス オユルシヲコウ／先生は本物の芸術家です…

絵画 ❻

「花嫁人形」で知られる抒情画家
蕗谷 虹児
〈ふきや こうじ〉

生没年	1898(明治31)年 － 1979(昭和54)年
出身地	新発田市
職業	抒情画家・詩人

大正から昭和初期の少女たちに絶大な人気を誇った抒情画家です。上京後、人気の日本画家・尾竹竹坡の門下で働きながら学び、21歳で挿絵画家としてデビュー。たちまち人気画家となり、パリに渡ってからはサロンに連続入選を果たします。帰国後は借金返済に苦しみますが、再び挿絵を描き、パリ仕込みのモダンな画風で人気は頂点に達しました。第二次世界大戦後は童画や絵本の分野でも活躍、草創期のアニメ映画にも関わりました。切手になった《花嫁》は画業50年展の出品作です。堀口大學や三島由紀夫、中国の魯迅も虹児のファンでした。今なおその人気は衰えていません。

ココで発見 ▶蕗谷虹児記念館（新発田市中央町）

【4コマ漫画】
1. 「花嫁人形」／金襴緞子の帯しめながら 花嫁御寮は なぜ泣くのだろ
2. 文金島田に髪結いながら 花嫁御寮は なぜ泣くのだろ／作詞は蕗谷虹児です　この詩をモチーフに虹児は
3. 何枚もの抒情画を描いています
4. 虹児は若くして死んだ母のことを想って《花嫁》を描いたといいます

絵画 ❼

京都画壇で活躍
三輪 晁勢
〈みわ ちょうせい〉

生没年	1901(明治34)年 － 1983(昭和58)年
出身地	長岡市
職　業	日本画家・日本芸術院会員

与板町（現長岡市）で生まれ、尋常小学校を卒業後、京都へ転居しました。父の大次郎は与板藩主・井伊直安（幕末の大老井伊直弼の四男）とともに洋画を学んだ画家です。京都市立絵画専門学校で出会った堂本印象に師事、共に画塾「東丘社」を拠点に活動しました。鮮烈な色彩による揺るぎない画面構成は傑出しています。日本芸術院賞を受けた《朱柱》の題材となった柱は、會津八一が歌に詠んだ唐招提寺の金堂の列柱「まろきはしら」です。日本芸術院会員。長岡市名誉市民（旧与板町名誉町民）。子息の晁久も京都画壇で活躍する日本画家です。

ココで発見
▶長岡市立与板小学校に作品があります。
▶長岡市与板歴史民俗資料館（長岡市与板町与板乙）

1 私は富士の絵をたくさん描きました
2 だから今度は富士を描かないつもりで写生にでかけたのですが
3 あ やっぱりきれいだな
4 やっぱり描いてしまいました 富士は季節を問わず美しいと思います

絵画 ❽

日本画の革命児
横山 操
〈よこやま みさお〉

生没年	1920(大正9)年 － 1973(昭和48)年
出身地	燕市
職　業	日本画家・多摩美術大学教授

吉田町（現燕市）で生まれ、生後まもなく実母と離れて養子となりました。巻中学（旧制）卒業後、画家を志して上京、看板描きなどをしながら川端画学校夜間部で学びました。20歳のとき青龍社展で入選しますが、直後に徴兵され、中国大陸で敗戦。シベリアへ抑留されて強制労働をさせられました。帰国後「日本そのものを対象に、そこに"生きている"現実を表現する」として、戦後の混迷する日本画に突破口を開きました。晩年は激しい作風が内省的なものに変わり、故郷の風景をモチーフとした作品を残しています。代表作に《炎々桜島》《赤富士》があります。燕市名誉市民（旧吉田町名誉町民）。

ココで発見
▶新潟県立近代美術館（長岡市千秋）に作品が所蔵されています。

1 加山又造個展会場にて 異様な気配を感じる！ ステキな絵ですわ～
2 なにこいつ 俺の敵!?
3 「こいつできるな」的なにらみあいから始まった友情は
4 一緒に展覧会を開くなど生涯続いたのでした

美術

工芸 ❶

蝋型鋳金の伝統を継承
佐々木 象堂
〈ささき しょうどう〉

生没年	1882（明治15）年 － 1961（昭和36）年
出身地	佐渡市
職 業	鋳金作家・人間国宝

佐渡を代表する伝統工芸で、作品の原型を蝋で作る蝋型鋳金の作家です。鳳凰をモチーフにした作品《鋳銅瑞鳥置物》は、皇居正殿の屋根にある棟飾りに採用されました。象堂は画家を目指して上京しますが極度の近視により帰郷。佐渡の鋳金家・初代宮田藍堂の弟子になり「象堂」を名乗ります。戦前は帝展で2回特選となり、帝国美術院（現日本芸術院）参与となります。第二次世界大戦中は戦火を避け故郷に疎開し、以後は佐渡で活動しました。戦後は日本伝統工芸展で2年連続最高賞を受賞します。1960（昭和35）年に人間国宝。

ココで発見
▶佐渡歴史伝説館　佐々木象堂記念館（佐渡市真野）
▶句碑（佐渡市立河原田小学校）

---

1. 画家を目指していた象堂ですが……「君は目が悪すぎて画家にはなれない！」

2. それを助けたのが象堂の才能を認めていた鋳金家初代宮田藍堂です「鋳金の仕事を教えよう！」「ハイッ」

3. 象堂は必死に蝋型鋳金を修業し高名な芸術家となりました

4. いま、象堂の作品「瑞鳥」は皇居の屋根に飾られています

工芸 ❷

佐渡で生まれた「三浦青磁」
三浦 小平二
〈みうら こへいじ〉

生没年	1933（昭和8）年 － 2006（平成18）年
出身地	佐渡市
職 業	陶芸作家・人間国宝

佐渡の土を用いた青磁作りを行い、そこに人物や風物の色絵を施す独自の表現を確立しました。その独特の作風は「三浦青磁」と呼ばれています。祖父は無名異焼の窯元三代三浦常山、父は小平窯初代三浦小平。東京芸術大学彫刻科を卒業後、加藤土師萌（後に人間国宝）に師事して、陶芸の世界へ進みます。東アジア、中近東、アフリカを精力的に旅行し、自らの創作に生かしました。パリやニューヨークで個展を開くなど国際的にも活躍しました。日本伝統工芸展で文部大臣賞受賞の《青磁大鉢》は文化庁買い上げ作品になりました。東京芸術大学教授。1997（平成9）年に人間国宝。佐渡市名誉市民。

ココで発見
▶佐渡市立佐渡博物館（佐渡市八幡）に作品が所蔵されています。

---

1. 苦悩する小平二「宋の時代の本物をぜひ見なければ！」

2. 台湾の故宮博物院で青磁の鉢を見て驚きますまさに百聞は一見にしかず「これは佐渡の土にそっくりじゃないか！」

3. アジア、中近東、アフリカに出かけてはそのイメージを作品に取り入れます

4. 小平二はこうして佐渡の土を用いエキゾチックな絵を付けた独自の作風の青磁を作り上げたのです

美術

工芸❸

「赤水窯」を継承し新たな創造
伊藤 赤水
〈いとう せきすい〉

生没年	1941（昭和16）年～
出身地	佐渡市
職業	陶芸・人間国宝

佐渡の伝統工芸「無名異焼」の作家で、江戸時代から続く伝統窯「赤水窯」の五代目として生まれました。京都工芸繊維大学を卒業後、祖父である三代伊藤赤水のもとで修業しました。炎の当て方で赤と黒の色合いを引き出す「窯変」や、色の異なる土を用いて文様を描く「練上」の技法を生み出し、新たな表現を創造しました。アメリカやイギリスの国立博物館で開かれた「日本現代陶芸展」に招待出品され、世界的に有名になりました。第8回日本陶芸展で最優秀作品賞・秩父宮賜杯、第44回日本伝統工芸展で高松宮記念賞を受賞するなど活躍しています。2003（平成15）年に人間国宝。佐渡市名誉市民。

ココで発見 ▶佐渡市立佐渡博物館（佐渡市八幡）に作品が所蔵されています。

1. 赤が特徴の無名異焼は黒い色が出ると不良品でした／あれ？でもこれは美しいじゃないか！
2. そこから生まれたのが「窯変」という技／炎の当て方で赤と黒の配置を工夫する技術です！
3. 赤白黒の三色が基本です！／さらに色の違う土を重ねて紋様を生み出す「練上」という技を生み出します
4. 赤水の作品は逆転の発想と創意工夫から生まれたのです／なによりも「一生懸命」であることが重要です

工芸❹

伊勢神宮の御神刀を作刀
天田 昭次
〈あまた あきつぐ〉

生没年	1927（昭和2）年－2013（平成25）年
出身地	新発田市
職業	刀匠・人間国宝

鎌倉期の刀の再現を目標とし、自家製鉄から刀剣作りを追求する刀匠です。新発田市の刀匠の長男として生まれ、日本刀鍛錬伝習所に学びました。20代から作刀技術発表会で優秀賞となるなど活躍しますが、当時の作刀状況に疑問を感じて自家製鉄の本格的な研究に入ります。鉄の探求から生まれた鍛刀技術により新作名刀展で最高賞の「政宗賞」を3回受賞しました。1974（昭和49）年、新横綱北の湖の土俵入りの太刀をはじめ、伊勢神宮式年遷宮御神宝太刀も制作しました。中越地震では《復興祈念剣・不動丸》を新潟県に寄贈しています。1997（平成9）年に人間国宝。新発田市名誉市民。

ココで発見 ▶刀剣伝承館・天田昭次記念館（新発田市月岡温泉 月岡カリオンパーク）

1. 戦後刀剣界の指導者 本間薫山の言葉です／刀は地鉄だね
2. その言葉を聞いた昭次／鎌倉・南北朝の刀を目指すなら素材を手に入れなければ…無ければ自分で作るしかない！
3. そこで昭次は自家製鉄の研究に取り組みます／炉はこーしてこーしよう
4. 地鉄作りから行った日本刀は高評価！伊勢神宮の式年遷宮の際にもお宝として奉仕しています

美術

工芸 ❺

燕市に伝わる鎚起銅器
玉川 宣夫
〈たまがわ のりお〉

生没年	1942（昭和17）年〜
出身地	三条市
職業	鍛金作家・人間国宝

銅板を鎚でたたいて立体的な銅器を作る燕市の伝統工芸、鎚起銅器の作家で、銅、銀、赤銅など色の違う金属板を重ねて融着させた素材を用い、複雑な木目、斑状の文様を生み出す「木目金」の第一人者です。燕市に生まれ、13歳で、江戸時代から鎚起銅器を作り続けてきた「玉川堂」の玉川家の養子となりました。上京して鍛金家の関谷四郎（後に人間国宝）の内弟子として2年間修業。帰郷後、1969（昭和44）年に日本伝統工芸展に初入選、以来、NHK会長賞、東京都知事賞などを受賞。正倉院の宝物《銀薫炉》の復元にも貢献しました。2010（平成22）年に人間国宝。燕市名誉市民。

ココで発見 ▶玉川堂（燕市中央通り） ▶燕市産業史料館（燕市大曲）には制作過程などの展示があります。

1. 用いる金属は2〜3種類　一辺8センチ厚さ約2〜3ミリの金属板を20〜23枚ほど重ね炉で熱してかたまりにします
2. そのかたまりをハンマーの機械等を使って3〜5ミリの板にしタガネ等で表面を削ります
3. これを叩いて器の形にしていきます
4. 銅のかたまりをひたすらに打つ！それは私たち鍛金師の原点でもあるんです！

書 ❶

明治政府の官用標準文字に採用
巻 菱湖
〈まき りょうこ〉

生没年	1777（安永6）年 −1843（天保14）年
出身地	新潟市
職業	書家・漢詩人

19歳で江戸に出て、良寛とも親交があった儒学者亀田鵬斎のもとで書法と漢詩を学びます。最初は版木の版下を作っていましたが、整った字形と読みやすさが評判を呼び、書家として名声を高めていきました。楷書、行書、草書、仮名から手紙の実用見本まで習字手本は200種類以上を刊行、最盛期には1万人以上の門下生を持ち、「江戸での書家の親玉」と言われました。市河米庵、貫名菘翁とともに「幕末の三筆」と呼ばれています。明治維新後、自然で平明、端正な美しさがある「菱湖流」書体は、政府の官用標準文字に採用されました。現在も高級な将棋の駒（銘駒）に菱湖の書体が使われています。

ココで発見 ▶巻菱湖記念時代館（新潟市東区河渡）

美術

1. 菱湖が江戸に出た時代は庶民文化が栄え十返舎一九などが活躍　いろんな本が出版されていました
2. 若い菱湖の仕事は本を印刷するための版下用に文字を書くこと　何万字も書きました！
3. 書の大家として知られるようになってからも京都に行って国宝級の名筆を見てきます！
4. さらに生涯にわたって文字の起源や歴史などを学び続けました　美しい書はたくさんの努力から生まれたのです

写真 ❶

写真家初の文化功労者
渡邉 義雄
〈わたなべ よしお〉

生没年	1907（明治40）年 － 2000（平成12）年
出身地	三条市
職 業	写真家・文化功労者

昭和から平成にかけて活躍した写真家で、人や街の風景を小型カメラで撮影するスナップ写真で著名になり、その後は報道写真、建築写真の分野で活躍しました。小西写真専門学校（現東京工芸大学）で学んだ後、オリエンタル写真工業を経てフリーになります。戦前は国際報道写真協会に参加し、戦後は建築写真家として地位を確立します。代表作に《伊勢神宮》《奈良六大寺大観》があります。写真家の地位向上に努め、日本写真家協会会長、日本写真著作権協会の初代会長に就任。東京都写真美術館初代館長も務めました。1990（平成2）年に、写真家初の文化功労者に選ばれました。三条市名誉市民。

ココで発見 ▶三条市歴史民俗産業資料館（三条市本町）

1. 三条中学の入学祝にもらったコダックのポストカード判カメラ
2. 少年は夢中になり独学で現像もできるようになりました
3. 上京した少年は街角の風俗を切り取るスナップ写真で注目され
4. 皇居や帝国ホテル伊勢神宮なども撮影する写真家となりました　その人こそ三条市名誉市民渡邉義雄です

デザイン ❶

グラフィックデザイナーの先駆者
亀倉 雄策
〈かめくら ゆうさく〉

生没年	1915（大正4）年 － 1997（平成9）年
出身地	燕市
職 業	グラフィックデザイナー・ 文化功労者

燕市吉田中町の大地主の家に生まれ、子どもの頃に一家で東京に移住します。モダンな映画や写真の世界にひかれ、対外宣伝誌のアートディレクターになり、新芸術運動バウハウスの影響を受けたデザインは第二次世界大戦前から注目を集めました。戦後、日本宣伝美術会の創立に参画、アメリカでの個展、東京で開催された世界デザイン会議の講演などで世界的に評価されました。代表作に東京オリンピックのシンボルマークとポスター、大阪万博の海外向けポスターなど。日本グラフィックデザイナー協会を設立し、初代会長に就任。1991（平成3）年に文化功労者に選ばれました。燕市名誉市民（旧吉田町名誉町民）。

ココで発見
▶新潟県立近代美術館（長岡市千秋）に作品が所蔵されています。
▶NTTやグッドデザイン賞のロゴマークも亀倉のデザインです。

1. 日本の近代デザインをリードし続けてきた巨匠・亀倉雄策
2. 日本の広告作品の頂点を決めるADC賞の審査会場にて「亀倉先生が今年も応募されていますね」「ホントだ！」
3. 「先生はいま80歳くらいですよね？」「いつまでも若手と競い続けていたのです！」
4. 亡くなった年にもポスターを制作　雄策は生涯現役を貫きました「82さいでも現役だ！」

美術

絵画 ⑨

近代日本美術のリーダー
岡倉 天心
〈おかくら てんしん〉

生没年 1863(文久2)年－1913(大正2)年
出身地 神奈川県
職業 美術思想家・美術教育者

本名覚三。美術思想家、美術教育者。横浜で生まれ、居留地の宣教師から英語を学びます。東京開成所（現東京大学）を卒業後、文部省の役人としてフェノロサの助手になり、奈良・法隆寺の秘仏「救世観音」を見出します。仏教美術に目覚め、「欧化主義」の風潮の中で、日本美術の再興に尽力しました。東京美術学校（現東京芸術大学）校長として横山大観、菱田春草らを育てました。また日本美術院を創設し、傍らボストン美術館東洋部長を務めました。晩年、妙高に別荘「赤倉山荘」を建て、東洋のバルビゾンを構想しましたが、同地で病死しました。（山荘の近くには、天心の胸像を納めた六角堂が建てられています。）

ココで発見 ▶赤倉山荘、岡倉天心六角堂（妙高市赤倉）

絵画 ⑩

雪の表情を描いた画家
富岡 惣一郎
〈とみおか そういちろう〉

生没年 1922(大正11)年－1994(平成6)年
出身地 上越市
職業 洋画家

上越市（旧高田市）生まれ。高田商工学校（旧制）卒業後、三菱化成広告宣伝部に勤務しながら、独学で洋画を制作しました。1953（昭和28）年、新制作展初入選。63年、サンパウロ・ビエンナーレで近代美術館賞受賞。65年から7年間、ロックフェラー財団の招待留学生としてニューヨークに滞在しました。帰国後は雪をテーマに全国を取材。油彩画で雪原風景を表現しようと試みますが、本来の雪の色、軽やかさや重厚さを併せもつ雪の表情は出せませんでした。そのため、独自の配合による白色絵具「トミオカホワイト」を作り出しました。

ココで発見 ▶南魚沼市トミオカホワイト美術館（南魚沼市上薬師堂）

写真 ②

富士山撮り続けた写真家
岡田 紅陽
〈おかだ こうよう〉

生没年 1895(明治28)年－1972(昭和47)年
出身地 十日町市
職業 写真家

小千谷中学（旧制）卒業後、早稲田大学へ進みました。1914（大正3）年以来、富士山を終生撮り続けたことで国際的にも著名です。69（昭和44）年に月面着陸を果たしたアポロ11号の飛行士らに富士山の写真を贈ったりもしました。イギリスから「ナイト」の称号も受けています。代表的作品集に『富士』『国立公園写真集』。旧5千円札（肖像・新渡戸稲造）、現在の千円札（肖像・野口英世）裏の逆さ富士は岡田の《湖畔の春》をもとに描かれています。日本観光写真連盟の理事長などの役職を歴任しました。新潟県の初代民選知事の岡田正平は実の兄です。

ココで発見 ▶四季の杜・おしの公園　岡田紅陽写真美術館（山梨県忍野村）

アニメ ❶

スタジオジブリのアニメーター
近藤 喜文
〈こんどう よしふみ〉

生没年
1950（昭和25）年－
1998（平成10）年

出身地
五泉市

職業
アニメーター

五泉市で生まれ、小さな頃から絵を描くのが好きでした。村松高校では美術部に所属し、卒業後上京してアニメーションの専門学校で学びます。日本アニメーションなどを経て、1987（昭和62）年、スタジオジブリに入社。「火垂るの墓」、「魔女の宅急便」、「おもひでぽろぽろ」、「紅の豚」などでキャラクターデザイン、原画、作画監督を担当しました。1995（平成7）年、「耳をすませば」で初めて映画監督を務めます。後進への影響も大きく、宮崎駿や高畑勲の後継者として今後の活躍が大いに期待されていましたが、47歳という若さで世を去りました。

ココで発見
▶東京都多摩市聖蹟桜ヶ丘はアニメ「耳をすませば」の舞台です。

コレクター ❶

日本で最初の私立美術館
大倉 喜八郎
〈おおくら きはちろう〉

生没年
1837（天保8）年－
1928（昭和3）年

出身地
新発田市

職業
実業家・
美術コレクター

明治維新以降、急速に近代化が進む中で巨大ゼネコン（後の大成建設）を創設し、鹿鳴館、日本銀行、歌舞伎座、帝国劇場、またフランク・ロイド・ライトを起用して帝国ホテルを建設しました。化学、製鉄、繊維、食品などの分野でも事業を起こしたほか、大倉商業学校（現東京経済大学）を設立し、公共の福祉や教育にも尽力しました。1917（大正6）年、文化財の海外流出を防ぐため、日本初の私立美術館「大倉集古館」を創立。収蔵品には日本と中国の書画、陶磁器などの工芸品のうち国宝3点、重要文化財は10点余りが含まれています。ホテルオークラの創設者で、息子の喜七郎も文化事業に大きな功績を残しました。

ココで発見
▶顕彰碑、胸像（新発田駅前）
▶新潟県立新発田病院11階に写真展示コーナーがあります。

コレクター ❷

三井財閥を支えた実業家
益田 孝
〈ますだ たかし〉

生没年
1848（嘉永元）年－
1938（昭和13）年

出身地
佐渡市

職業
実業家・
美術コレクター

近代産業草創期の日本経済をリードした実業家です。号は鈍翁。父親は佐渡奉行所から幕臣に取り立てられ、父とともに幕府の遣欧使節団に入って渡欧しました。明治維新後、井上馨に経歴を買われ、大蔵省に入って大阪の造幣局権頭に。1876（明治9）年、日本経済新聞の前身である「中外物価新報」を創刊。同年、三井物産を設立し初代社長に就任。その後、三井炭坑社、台湾製糖社などを設立しました。茶人としても高名で、品川御殿山の2万坪に及ぶ自邸に財界人を招いて茶会を催し、豊臣秀吉の北野の大茶湯以来の大茶会といわれました。茶道具や古美術の第一級の収集家でもありました。

ココで発見
▶記念碑（佐渡市相川）

美術

コレクター❸

中国書画を愛した文人政治家
山本 悌二郎
〈やまもと ていじろう〉

生没年
1870(明治3)年－1937(昭和12)年

出身地
佐渡市

職業
政治家・美術コレクター・漢詩人

真野町（現佐渡市）の漢方医の次男として生まれました。政治家・有田八郎は実弟です。相川町の円山溟北の塾で学んだ後上京し、二松学舎に在籍しますが、独逸学協会学校（現 独協中学・高等学校）に転校。1886（明治19）年、ドイツに留学し、農芸化学と経済学を学びました。帰国後は第二高等学校教授となりますが、1900年、台湾製糖の設立に参画し、実業界に転じました。1904年、政友会から衆議院議員に立候補、当選を重ね、農林大臣を2度務めました。他方、漢詩と書に造詣が深く、澄懐堂の号で中国書画も収集し、三重県四日市市に澄懐堂美術館として残されています。

ココで発見 ▶文学碑（佐渡市真野公園）

美術

（プロフィールの執筆はAM、KA）

音楽・芸能

　古くから港町として栄えた新潟は、芸所(げいどころ)として全国に知られていました。そこから芸能界にデビューしたスターたちがいました。芸術に対して芸能と呼ばれた、この世界から初の文化功労者に選ばれたのが、日本舞踊の藤蔭(ふじかげ)静樹(せいじゅ)と歌謡曲の遠藤(えんどう)実(みのる)でした。また演劇の分野で、日本の近代演劇史に大きな足跡を残した人物がいました。俳優座の創設者・青山(あおやま)杉作(すぎさく)です。

エピソード㊽
日本舞踊の革新と藤蔭静樹

藤蔭 静樹（ふじかげ せいじゅ）　1880（明治13）年 － 1966（昭和41）年　新潟市

　新潟は江戸時代から北前船[1]の寄港地であり、豊かな越後平野の物産の集散地として栄えました。その象徴が古町花街[2]の賑わいであり、憧れの花形が芸妓[3]たちでした。現在の芸能界のスターといっしょですね。芸妓たちには歌と踊りの厳しい修業がありました。全国で5本の指に数えられた新潟の花街には、京都の「井上流」、大坂の「吉村流」、名古屋の「西川流」、そして江戸の歌舞伎踊りの「藤間流」や「花柳流」と並ぶ、伝統舞踊「市山流」が、今も伝えられています。ちなみに「市山流」は新潟市無形文化財第1号に指定されています。

　ひとくちに舞踊といいますが、「舞い」と「踊り」は違います。「舞い」は足を地につけた旋回運動であり、「踊り」は空中に飛び跳ねる跳躍運動が基本です。西洋のバレエや、いま流行のヨサコイソーランは「踊り」であり、民謡流しなどで見る、ゆったりとした動きの佐渡おけさは「舞い」に近いといえるでしょう。

　この伝統舞踊のなかから、初めて文化功労者[4]に選ばれた新潟出身の舞踊家がいました。藤蔭静樹[5]といいます。古町の寿司屋の娘として生まれましたが、芸事が好きで本格的に舞踊を学ぼうと上京し、二世藤間勘右衛門[6]に入門して藤間静枝の名を許されます。その後新橋の芸妓になりました。生まれつきの美貌に加えて、和歌をたしなむ教養の深さで「文学芸者」と呼ばれ、知識人たちの間で人気者になりました。

用語解説

1. **北前船**
江戸時代から明治時代にかけて、北海道と上方を結ぶ日本海海運に用いた船。

2. **花街**
芸者屋や料亭が集まる区域。三味線や舞踊などの芸能がそこから発展してきました。

3. **芸妓**
酒席で歌や舞い、三味線などを披露して客をもてなす女性。

4. **文化功労者**
38ページのコラム01を参照。

5. **藤蔭静樹**
プロフィールは155ページ。

6. **二世藤間勘右衛門**
1840～1925年、東京都出身。舞踊家。日本舞踊・藤間流の家元。歌舞伎座の振付師も務め、新作舞踊を世に出しました。

7. **文化勲章**
38ページのコラム01を参照。

8. **永井荷風**
1879～1959年、東京都出身。小説家、慶応大学教授。アメリカ、フランスを外遊し、帰国後『あめりか物語』を発表。代表作に『腕くらべ』『濹東綺譚』など。

9. **吉屋信子**
プロフィールは96ページ。

10. **石黒敬七**
1897～1974年、柏崎市出身。柔道家、放送タレント、随筆家。大正末期にフランスに渡り、柔道普及に貢献。帰国後は、ラジオやテレビの番組で、タレントとして人気を集めました。

そのなかで、こちらも後に文化勲章[7]を受けた、作家永井荷風[8]と知り合い結婚しますが、翌年に離婚しています。ですがフランス帰りの荷風の影響で、西洋の演劇や音楽に目覚め、伝統舞踊をもとにモダンな新舞踊運動を展開し、一躍注目されることになります。やがてパリにおもむき、そこで初めて本格的な日本舞踊の公演をおこなうという快挙をなしとげます。吉屋信子[9]や石黒敬七[10]といった、当時パリ在住で新潟出身の文化人たちが応援してくれました。新境地をひらいた静樹はそこで「藤間流」の名跡を返上し、新たに「藤蔭流」を創始します。当初は藤蔭静枝と名乗っていましたが、後年は静樹と称しました。当時、花柳界の芸事は一段低めに見られていましたが、静樹のすぐれたアーティストとしてのセンスが、古い伝統に近代の息吹を与え、国際的にも通用する新舞踊をつくり上げたのです。

(TK)

参考画像

藤蔭会第20回公演（1930年）で
箏曲「八千代獅子」を舞う藤蔭静樹
三代目　藤蔭静樹（孫）提供

静樹直筆の歌が書かれた短冊

静樹が愛用していたハイヒール、手袋、日本髪用枕

静樹愛用の舞扇

エピソード㊾
演劇人　青山杉作

青山 杉作（あおやま すぎさく）　1889（明治22）年 — 1956（昭和31）年　新発田市

　この本の読者で、学校の演劇部に属し、将来は舞台や映画で活躍する芸能人を夢見ている人たちが、何人かいるのではないかと思います。ですが、テレビなどを見ていて、正しい発声、めりはりのある演技ができる俳優は、ほんの一握りです。そのための基礎訓練をおこなっているのが、歴史ある「新劇」[1]の諸劇団の俳優養成所です。

　青山杉作[2]は紫雲寺村（現新発田市）の大きなお寺の跡継ぎとして生まれました。子どもの頃からお芝居のまね事が好きで、新発田中学（旧制）から早稲田大学に入学してからは、勉強を投げ出して演劇に熱中、その結果、大学は中退、家から勘当されてしまいます。杉作はこれを契機に、本格的な演劇修業の道にのめり込みます。

　早稲田にはシェークスピア[3]を紹介した坪内逍遙[4]以来、演劇研究の伝統があります。逍遙の弟子、島村抱月[5]は「芸術座」を立ち上げ、トルストイ[6]の『復活』を翻案、上演して大当たりしました。日本には古くから能狂言、歌舞伎といった固有の演劇がありましたが、逍遙はこれを改良して世界に通用する演劇をつくろうとしました。これが「旧劇」に対する「新劇」運動の始まりです。

　新劇のモデルとなったのは、西欧の近代演劇でした。これに伴って、ロシアのスタニスラフスキー[7]の俳優論などが、演劇青年の間でさかんに読まれるようになりました。杉作はその時代の先頭をきっていました。同志と劇団「踏路社」を結成、ハウプトマン[8]、イプセン[9]、ス

用語解説

1. 新劇
旧来の演劇を改革して近代的な演劇を立ち上げようと明治末期に起こった運動。

2. 青山杉作
プロフィールは157ページ。

3. シェークスピア
1564～1616年。イギリスの劇作家・詩人。豊かな言葉、巧みな性格表現でルネサンス文学の代表者といわれました。『ハムレット』『ロミオとジュリエット』など多くの戯曲を残した。

4. 坪内逍遙
1859～1935年、岐阜県出身。東京専門学校（現在の早稲田大学）教授。小説家・劇作家・評論家としても活動しました。

5. 島村抱月
1871～1918年、島根県出身。早稲田大学教授を務めながら、自然主義文学運動に尽力。1913年、芸術座を立ち上げて西洋近代劇を紹介しました。

6. トルストイ
1828～1910年。帝政ロシアの文豪。伯爵家の四男で、ドストエフスキー、ツルゲーネフと並んで、近代ロシアの3文豪とされる。代表作に『戦争と平和』『アンナ・カレーニナ』。

7. スタニスラフスキー
1863～1938年。ロシアの演出家、俳優。モスクワ芸術座を創設。リアリズム演劇の方法論を確立しました。

8. ハウプトマン
1862～1946年、ドイツ。劇作家、小説家、詩人。自然主義演劇を確立しました。ノーベル文学賞受賞。代表作に『沈鐘』など。

9. イプセン
1828～1906年、ノルウェー。劇作家。社会問題を演劇に取り込み、近代演劇の創始者といわれています。代表作に『人形の家』、『幽霊』など。

10. ストリンドベリ
1849～1912年、スウェーデン。劇作家、小説家。自然主義的な作品を書き、イプセンとともに近代演劇の創始者といわれます。代表作に『死の舞踏』など。

トリンドベリ[10]などの戯曲を演出、自らも出演しました。関東大震災の後、小山内薫[11]と土方与志[12]の「築地小劇場」の同人となりました。この劇場は小さいながらも、日本で最初の新劇の常設劇場として有名です。この時分から俳優よりも、演出を担当することが多くなりました。

杉作の輝かしい演劇歴でもっとも注目すべきは、1944（昭和19）年に千田是也[13]、東野英治郎[14]、小沢栄太郎[15]、東山千栄子[16]、岸輝子[17]ら10人とともに劇団「俳優座」を発足させたことです。このグループは久保田万太郎[18]、岸田国士[19]がひきいる「文学座」、滝沢修[20]、宇野重吉[21]を擁した「劇団民芸」、村山知義[22]の「新協劇団」と並んで、その当時、4大劇団と呼ばれ、なかでも「俳優座」は芸術演劇の正統派として知られました。その演出のほとんどを担当したのが、青山杉作と千田是也でした。またこの俳優座の養成所からは、仲代達矢[23]をはじめとする数多くの名優が巣立っていきました。

今日、これら伝統ある劇団のほかにも群小劇団が林立していますが、戦前から戦後を通じて、新劇の歴史そのものを生きた、名優にして名演出家青山杉作の名前は消えることない記憶として伝えられていくことでしょう。　　　　　　　　　　　　　　　　　（TK）

用語解説

11. 小山内薫
1881～1928年、広島県出身。劇作家、演出家。歌舞伎俳優・二世市川左団次と組んで自由劇場を創立するなど、日本演劇の近代化に尽力しました。

12. 土方与志
1898～1959年、東京都出身。演出家。日本の新劇確立に貢献。

13. 千田是也
1904～1994年、東京都出身。俳優、演出家。

14. 東野英治郎
1907～1994年、群馬県出身。俳優。

15. 小沢栄太郎
1909～1988年、東京都出身。俳優。

16. 東山千栄子
1890～1980年、千葉県出身。女優。

17. 岸輝子
1905～1990年、北海道出身。女優。

18. 久保田万太郎
1889～1963年、東京都出身。小説家、劇作家。文化勲章受章。

19. 岸田国士
1890～1954年、東京都出身。劇作家、小説家。没後、創設された岸田国士戯曲賞は「演劇界の芥川賞」といわれています。

20. 滝沢修
1906～2000年、東京都出身。俳優、演出家。

21. 宇野重吉
1914～1988年、福井県出身。俳優、演出家。

22. 村山知義
1901～1977年、東京都生まれ。劇作家、演出家、美術家。前衛美術団体マヴォを結成。

23. 仲代達矢
1932年～、東京都出身。俳優。

参考画像

築地小劇場創設時のポスター
1924年

千田是也（右）と完成間近の
俳優座屋上で。

顕彰碑
（新発田市米子運動公園内）

エピソード㊿
遠藤実と大衆音楽

遠藤 実 （えんどう みのる）　1932（昭和7）年 ― 2008（平成20）年　東京都

　2003（平成15）年、作曲家・遠藤実[1]は歌謡界から初の文化功労者に選ばれました。それまで大衆音楽は、西洋音楽のクラシックや邦楽などの伝統音楽に比べて、一段低い地位に置かれてきました。遠藤がこの功労者に選出されたことは、従来の偏見の壁を打ち破った快挙でした。

　遠藤実の作曲は優に5000曲を超えます。それも極めつけの演歌から抒情歌、フォーク、ロック調のものまでバラエティーに富んでいます。「歌は世につれ、世は歌につれ」と言いますが、遠藤の歌を聴くと、その時代のイメージがくっきりと浮かび上がってきます。またそのヒット曲を自らの代表曲とする歌手が、いかに多いことか。「からたち日記」[2]（島倉千代子）、「高校三年生」[3]（舟木一夫）、「星影のワルツ」[4]（千昌夫）、「せんせい」[5]（森昌子）、「すきま風」[6]（杉良太郎）、「雪椿」[7]（小林幸子）といくらでも挙げられます。

　東京の生まれですが、父の仕事がうまくいかず、故郷の新潟へ帰ってきました。生活は極貧といってもよいものでした。家は掘っ立て小屋で、砂地に板を並べむしろを敷いた床、天井もなく屋根板から風が吹き込むといったありさまでした。もちろん電気もガスもない。食べる米にもことかく生活でした。

　学校の友だちからも相手にされず、寂しかった少年は日本海が見える砂丘の松林で鼻歌を歌っていました。それは自分でも聞き覚えのないメロディーでした。な

用語解説

1. 遠藤実
プロフィールは155ページ。

2.「からたち日記」
1958年に発売され、歌手・島倉千代子の代表曲といわれています。

3.「高校三年生」
1963年に発売された歌手・舟木一夫のデビュー曲で、その年の第5回日本レコード大賞新人賞を受賞しました。

4.「星影のワルツ」
1966年に発売された歌手・千昌夫の歌。発売2年後の68年に集計が開始されたオリコンチャートでも、1位を獲得しました。

5.「せんせい」
1972年に発売された歌手・森昌子のデビュー曲で、その年の第14回日本レコード大賞新人賞を受賞しました。

6.「すきま風」
1976年に発売されて以来ロングセラーとなり、歌手・杉良太郎の代表曲といわれています。

7.「雪椿」
1987年に発売され、新潟市出身の歌手・小林幸子が歌いました。雪椿は日本海側の雪の多い地帯に自生し、新潟県の「県の木」に指定されています。

8. 流しの歌手
ギターなどの楽器を持ち、飲食店で客のリクエストに応じて歌うことで人気がありましたが、カラオケの普及とともに衰退しました。

9.「北国の春」
1977年に発売され、千昌夫の代表曲といわれています。

10. ビートルズ
1962年にデビューしたイギリスのロック・グループ。「イエスタデイ」は1965年に発表され、日本でも音楽の教科書に採用されています。

ぜだろう、この不思議な旋律は。作曲家という天職に目覚めた瞬間でした。小学校を出て工場で働くようになっても、貧しさのゆえに相変わらず差別されいじめられる毎日でした。そんなとき、音楽だけが少年のなぐさめでした。

　歌手になることを夢見て家出同然で上京、流しの歌手[8]をやりながらオーディションを受けますが、ことごとく不合格。それでもなお音楽で身を立てようと、独学で始めたのが作曲でした。『涙の川を渉るとき』という自伝を読むと、悲しみは悲しみとして、遠藤実は決して自分の不幸や不運を嘆いたり、憤ったりしていません。いつもその境遇をバネに明るく前向きに生きていったのです。過ぎた昔になにがあろうと、「ふるさとに寄せる私の想いは、格別なものがある。その風景をまぶたに描いただけで、涙がにじんでくる」と語っています。

　自分の天職を信じて、どんな逆境にも耐えた強い意志、音楽の心を育ててくれた故郷を想う気持ちが、やがて人々の心をつかむことになりました。その数ある名曲のなかでも、ふるさと新潟への想いから生まれた「北国の春」[9]は、国内のみならず国境を越えて、韓国から中国、そしてモンゴルなど39カ国の人たちにも愛唱されています。この歌は、10億人のヒット曲といわれたビートルズ[10]の「イエスタデイ」をさらに超える15億人の愛唱歌だといわれています。

（TK）

参考画像

遠藤実の「三種の神器」といわれるギター、オルガン、トランク

1994年 日本レコード大賞功労賞の盾

遠藤実記念館「実唱館」（新潟市西蒲区越前浜）

図版はすべて遠藤実記念館「実唱館」提供

音楽 ❶

日本初の女子海外留学生
瓜生 繁子
〈うりゅう しげこ〉

生没年	1862(文久2年)－1928(昭和3年)
出身地	東京都
職業	音楽教育者

佐渡奉行属役・益田鷹之助(孝義ともいう)の四女として生まれました。5歳のときに幕府の軍医・永井玄栄の養女となります。米国公使館で働いていた実兄・益田孝の勧めで、開拓使派遣留学生に応募。1871(明治4)年11月、津田梅子や山川捨松らと共に岩倉使節団に加わり、最初の女子留学生として渡米しました。アメリカではピアノを専攻し、帰国後は東京音楽学校(現東京芸術大学音楽学部)や東京女子高等師範学校(現お茶の水女子大学)の教授を兼任するなど、西洋音楽教育の普及に尽力。留学先で知り合った海軍士官・瓜生外吉と、当時は珍しい恋愛結婚をしました。

ココで発見 ▶生田澄江『瓜生繁子：もう一人の女子留学生』(文芸春秋、2009年)に詳しく書かれています。

1. 佐渡奉行属役・益田孝義の四女・繁子は10歳で渡米し日本人で初めて本格的にピアノを学びました
2. 10年後に帰国した際に覚えていた日本語は「ネコ！」だけだったそうですが
3. 東京音楽学校教授となる幸田延(露伴の妹)などを指導
4. さらに留学中に知り合った海軍士官・瓜生外吉と日本初(?)の恋愛結婚！時代の最先端を駆けました

音楽 ❷

「東京音頭」で一世を風靡
小唄 勝太郎
〈こうた かつたろう〉

生没年	1904(明治37)年－1974(昭和49)年
出身地	新潟市
職業	歌手

本名眞野かつ。養子に入った料亭を手伝いながら小唄を身につけ、15歳で内芸者となります。1929(昭和4)年上京し、葭町の芸者だったときに日本ビクターからレコード歌手としてデビュー。「島の娘」は35万枚を売る大ヒット。その後、数々のヒット曲を出し、33(昭和8)年の盆踊りシーズンに発売された「東京音頭」では一世を風靡。芸者を辞めてレコード歌手に専念します。国際親善大使の一人としてアメリカやブラジルを訪問して人気を博し、地方の民謡・新民謡の普及に貢献しました。71(昭和46)年に紫綬褒章、74(昭和49)年に勲四等宝冠章を受章しました。

ココで発見 ▶2005年、新潟市中央区沼垂に顕彰碑建立。

1. 昭和のはじめ勝太郎ら芸者歌手が大流行！ 小唄勝太郎(新潟出身) 浅草〆香(新潟出身)
2. 1933(昭和8)年に発表した「島の娘」や盆踊りシーズンに「東京音頭」が大ヒット！
3. 1934(昭和9)年には母校の沼垂小学校にグランドピアノを寄贈しました
4. 2005(平成17)年には沼垂に顕彰碑が建てられました 地方の民謡・新民謡の普及に尽力したことでも知られています

音楽 ❸

歌謡界初の文化功労者
遠藤 実
〈えんどう みのる〉

生没年	1932(昭和7)年 － 2008(平成20)年
出身地	東京都
職業	作曲家・文化功労者・ 国民栄誉賞受賞者

5000曲以上の歌謡曲を生んだ、戦後の日本を代表する作曲家です。東京都墨田区に生まれ、太平洋戦争中に両親の故郷である新潟へ疎開しました。その後歌手を志して上京、流しの演歌師をしながら独学で曲作りを学び、1957(昭和32)年、歌手藤島桓夫の「お月さん今晩わ」のヒットで活躍が始まります。以後「高校三年生」「星影のワルツ」「北国の春」など数々のヒット作を出しました。日本音楽著作権協会会長を務めるなど音楽文化の振興と普及に取り組んだことでも知られています。2003(平成15)年に文化功労者に選ばれました。没後「国民に希望と潤いを与えた」と評価され国民栄誉賞が贈られました。

ココで発見 ▶遠藤実記念館「実唱館」（新潟市西蒲区越前浜）

1. 遠藤実は生涯で五千曲以上の歌謡曲を作った大作曲家
2. 新潟市の合併記念歌をレコーディングする3日前に新潟県中越大震災が発生「これは大変だ！」
3. 急きょ応援歌に書き換え「越後絶唱」を完成させました（小林幸子）
4. 後に新潟市長にこう語ったそうです「僕のメロディーのふるさとは新潟です 松林に風が渡る様子や目に焼きついている越後の田園が僕の原風景なんですよ」

舞踊 ❶

日本舞踊の革新
藤蔭 静樹
〈ふじかげ せいじゅ〉

生没年	1880(明治13)年 － 1966(昭和41)年
出身地	新潟市
職業	舞踊家・文化功労者

女流舞踊家で、日本舞踊・藤蔭流の創始者です。新潟市に生まれ、上京して藤間流家元の二世藤間勘右衛門に入門。新橋の芸妓であったときは、深い教養で「文学芸者」と呼ばれました。文豪永井荷風と結婚したものの短く終わり、以後、舞踊一筋に打ち込み「藤蔭会」を結成、西洋音楽などを取り入れた新舞踊運動をおこします。日本舞踊として初のパリ公演を小説家吉屋信子や柔道家で随筆家の石黒敬七、画家蕗谷虹児ら新潟県人らの支援を受けて実現させました。数々の創作舞踊を発表した後「藤蔭流」を創流、日本舞踊に大きな変革をもたらしました。1964(昭和39)年に文化功労者に選ばれました。

ココで発見 ▶ギャラリー蔵織（新潟市中央区西堀前通）は、静樹の古町時代の姉芸妓だった庄内屋シンが住んだ家です。

1. 舞台装置に洋画家を起用 西洋の音楽を取り入れるなど 新舞踊を起こした藤蔭静樹
2. お酒と猫を愛し
3. 酔うとかつての夫だった永井荷風の思い出を語ったといいます
4. 静樹は荷風との別れを歌に詠んでいます「すきまもる 風のつめたき 別れたる 後のおもひや 身を切るごとし」あーあ別れなきゃよかったなー

映画 ❶

日本初の映画女優
川田 芳子
〈かわだ よしこ〉

生没年	1895(明治28)年－1970(昭和45)年
出身地	新潟市
職業	映画女優

無声映画時代に活躍した大女優。日本舞踊・市山流宗家に生まれます。11歳のとき上京し、新橋で芸者になった後、俳優川上音二郎の妻で舞台女優川上貞奴の元に預けられ新派の舞台で活躍しました。1920(大正9)年、設立されたばかりの松竹キネマ第1作「島の女」に主演。純日本風の美貌と確かな演技力で評判を呼びました。24(大正13)年の女優人気投票では第1位に。当時の人気俳優・諸口十九との共演はドル箱コンビと称され、多くのヒット作を生み、100作以上の映画に出演しました。1935(昭和10)年、「母の愛」を最後に映画界を引退。その後は市山流の名取などを務めました。

ココで発見 ▶東京・蒲田駅近くにある大田区民ホール地下1階に、松竹キネマ蒲田撮影所の復元模型があります。

---

1. 明治以前の演劇(旧劇)では女性の役も男性(女形)が演じるものと決まっていました

2. その常識を打ち破り日本初の女優と言われた川上貞奴のもとで演技指導を受けた川田芳子は

3. 1920(大正9)年に松竹キネマ第1作目「島の女」の主演で日本の映画女優の草分けとして活躍します

4. 1935(昭和10)年の引退まで100本以上の映画に出演し日本映画の草創期を支えました

音楽・芸能

音楽 ❹

「夏は来ぬ」など作曲1000曲超
小山 作之助
〈こやま さくのすけ〉

生没年
1864（文久3）年－
1927（昭和2）年

出身地
上越市

職業
作曲家・音楽教育家

明治から昭和にかけて、日本の音楽教育の基礎を築きました。作曲数は1000曲を超えます。代表作「夏は来ぬ」は2006年に文化庁の「日本の歌百選」にも選ばれました。高田の塾で漢籍を学びましたが、1880（明治13）年、家族に内緒で上京し、築地大学校（現明治学院大）で英語・数学を学び、その後、文部省音楽取調掛（とりしらべがかり）（現東京芸術大学音楽学部）を経て、同校の教授に。1904（明治37）年、日本楽器製造株式会社（現ヤマハ楽器）の顧問に就任し、製作技術の指導にあたりました。複数の音楽大学創設にも参画し、日本教育音楽協会の初代会長として生涯を音楽教育に捧げました。

ココで発見 ▶上越市立大潟町中学校に資料室があります。問い合わせ先は025(534)2135

音楽 ❺

1000曲超える持ち歌
三波 春夫
〈みなみ はるお〉

生没年
1923（大正12）年－
2001（平成13）年

出身地
長岡市

職業
歌手

1939（昭和14）年、浪曲師南篠文若（なんじょうふみわか）としてデビューしますが、徴兵で満州に渡り、終戦後4年シベリアに抑留されます。57（昭和32）年、三波春夫の名前で歌謡界デビュー。「雪の渡り鳥」、「大利根無情」、「チャンチキおけさ」、「元禄名槍譜 俵星玄蕃」（たわらぼしげんば）、「東京五輪音頭」など1000曲以上を発表。浪曲を題材に自ら創作した歌謡浪曲を得意としました。『聖徳太子憲法は生きている』など日本史の著作もあります。86（昭和61）年に紫綬褒章、94（平成6）年に勲四等旭日小綬章を受章しました。長岡市名誉市民で、旧越路町に顕彰碑があります。2001年、新潟県民栄誉賞。

ココで発見 ▶顕彰像（長岡市塚山農村公園）。歌が流れます。

演劇 ❶

劇団俳優座の設立者
青山 杉作
〈あおやま すぎさく〉

生没年
1889（明治22）年－
1956（昭和31）年

出身地
新発田市

職業
俳優・演出家

俳優、演出家。俳優座の創設者です。新発田中学（旧制）から早稲田大学に進みましたが、実家のお寺・紫雲寺の継承を拒み、仕送りを失い、中退して演劇の世界に入りました。1919（大正8）年、映画芸術協会設立に参加し、第1作「深山の乙女」「生の輝き」に出演、翌年「いくら強情でも」で監督デビュー。24（大正13）年、築地小劇場同人となり、松竹少女歌劇団、ＮＨＫ放送劇団などで俳優の育成に尽力したのち、44（昭和19）年、千田是也（せんだこれや）、東野英治郎（とうのえいじろう）らとともに俳優座を設立。出演代表作に「お嬢さん乾杯」「阿片戦争」「姿三四郎」「雨月物語」など。55（昭和30）年、紫綬褒章受章。

ココで発見
▶顕彰碑（新発田市米子運動公園）
▶東京都港区六本木に俳優座劇場があります。

（プロフィールの執筆はAM、KA）

コラム03 戦前の学制の移り変わり

　1886（明治19）年に制定された小学校令は、小学校を尋常－高等の２段階（各４年）に分け、前半の尋常小学校４年間を義務教育としました。

　中学校は、各府県に尋常中学校１校ずつ、全国規模で５つの高等中学校という２段階編制でした。高等中学校を卒業すると帝国大学（全国に１つのみ、現東京大学）に入学することができました。

　97年の京都帝国大学創立により、これまでの１校から複数校となりました。他に、東北帝大、九州帝大、北海道帝大、大阪帝大、名古屋帝大がありました。また、教員養成のための独立した師範学校制度が確立されました。各府県に１校ずつ設置されたのが尋常師範学校で、卒業生は公立小学校の先生になりました。高等師範学校（現筑波大学）は東京に設置され、卒業生は尋常師範学校に赴任しました。女子専門の教員養成機関として1874（明治７）年に開校した東京女子師範学校は統合分離などを経て、東京女子高等師範学校（現お茶の水女子大学）となりました。1908（明治41）年に奈良女子高等師範学校（現奈良女子大学）が設置され、この２校が終戦まで女子教育の最高の学府でした。

　1894（明治27）年には高等学校令が公布され、高等学校が設置されました。全国で８校が番号で呼ばれました。一高とは第一高等学校の略称で、現在の東京大学教養学部にあたります。二高は仙台、三高は京都、四高は金沢、五高は熊本、六高は岡山、七高は鹿児島、八高は名古屋にありました。（これらは現在の東北大学、京都大学、金沢大学、熊本大学、岡山大学、鹿児島大学、名古屋大学の母体となりました。）

　99年の中学校令により、尋常中学校、高等中学校がすべて「中学校」となりました。修業年数は５年で、12歳以上で高等小学校第２学年の課程を修了した生徒に入学資格が与えられました。

　1900（明治33）年に義務教育年限が４年間になり、07年には６年間になりました。

　41（昭和16）年、国民学校令が公布され、義務教育が８年（国民学校初等科６年、高等科２年）と規定されました。第二次世界大戦後の47（昭和22）年に教育基本法、学校教育法が制定され、現在の義務教育９年（小学校６年、中学校３年）という制度がスタートしました。

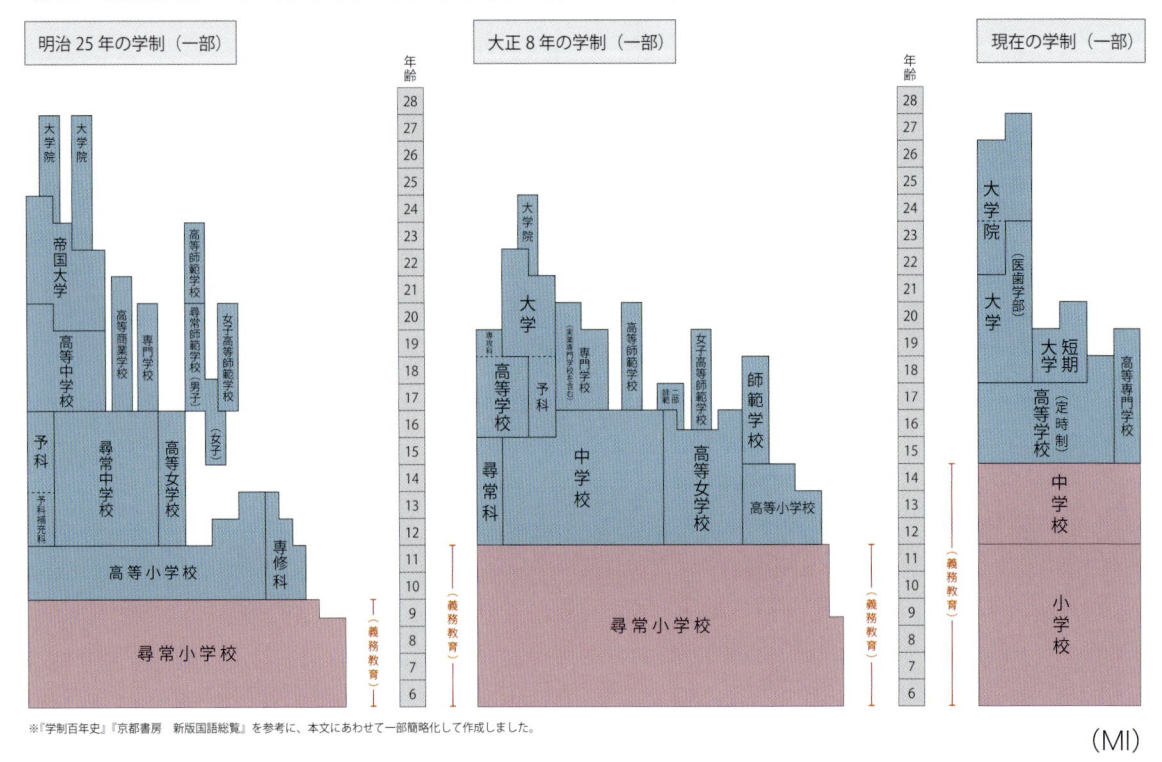

※『学制百年史』『京都書房　新版国語総覧』を参考に、本文にあわせて一部簡略化して作成しました。

(MI)

教育・出版・社会

情報化社会で英語は必須です。かつて英語にあたるのが漢学でした。新潟にはこの漢学塾が、明治の中頃まで160余りあり、全国でも指折りの学問の盛んな土地と言われました。今日の情報ネットワークの原型を作ったのが、郵便の父といわれた前島密です。文化情報産業の中核をなすものとして、出版事業があります。これにより、当時の言論界をリードした県人がいました。社会の近代化が進むなかで、本県から2人の革命思想家が出てきます。

エピソード(51)

越後の漢学と長善館の学風

鈴木 文臺
すずき ぶんたい
1796（寛政8）年 ― 1870（明治3）年
燕市

江戸時代の子どもたちは、寺子屋で「読み書きそろばん」つまり文章の読み書きと、そろばんを使って計算のやり方を習いました。そのためこの当時の日本では、識字率[1]などが世界トップレベルだったといわれます。さらに高等教育としてあったのが「漢学」でした。これはいまの「英語」教育にあたります。これを通じて、東アジア文化の中心だった中国の3000年の歴史や思想を学んだのです。

「漢学」は「中国語」教育ではありません。孔子[2]の論語に「子曰学而時習之不亦説乎」という言葉があります。中国人はそのまま頭から「音読[3]」します。ところが日本人はこれを「子曰く、学びて時に之を習う、亦説ばしからずや」と読みます。これを「訓読」といいます。実はこれは漢字の文章を日本語に翻訳した、あるいは解釈した文章を読んでいるだけなのです。

この漢学教育の最高機関が徳川幕府の「昌平坂学問所」でした。これにならって地方に「藩校」が出来ました。ただこの学校は、高田なら榊原藩、長岡なら牧野藩に所属する武士の子弟のためのものでした。これに対して、広く一般の人々の教育のために開かれたのが「私塾」です。その代表的なものをいくつかあげれば、荻生徂徠の「蘐園塾[4]」、中江藤樹[5]の「藤樹書院」、伊藤仁斎の「古義堂[6]」、中井竹山の「懐徳堂[7]」、吉田松陰の「松下村塾[8]」などがあります。これと肩を並べる越後国の私塾が「北越私学の双璧」と呼ばれた藍澤南城[9]の「三餘堂」と鈴木文臺[10]の「長善館」でした。

『大漢和辞典』を編さんした諸橋轍次[11]は次のように語っています。「徳川時代全盛を極めた漢学も、明治末年に及んで漸次衰退の一路をたどった。その間熊本に

用語解説

1. 識字率
その国の全人口の中で、文字の読み書きができる人の比率。

2. 孔子
紀元前551～紀元前479年。中国・春秋時代の思想家。儒家の祖。仁をもって道徳の理想としました。その言行を集録したのが『論語』です。

3. 音読
「子曰学而時習之不亦説乎」を音読すると、以下のようになります。
zǐ yuē xué ér shí xí zhī bú yì yuè hū
子曰学而時習之不亦説乎

4. 蘐園塾
荻生徂徠（エピソード12の用語解説1を参照。）が江戸で開いた私塾。

5. 中江藤樹
1608～1648年。江戸初期の儒学者で日本陽明学の祖。近江聖人と呼ばれました。

6. 古義堂
伊藤仁斎（1627～1705年、江戸時代前期の儒学者）が京都で開いた塾で門弟3000人とされています。

7. 懐徳堂
中井竹山（1730～1804年、江戸中～後期の儒学者）が第4代学主となった大阪の学問所。

8. 松下村塾
幕末の尊王思想家・吉田松陰（1830～1859年）が山口県萩市で開いた私塾。高杉晋作や伊藤博文らを指導しました。

9. 藍澤南城
プロフィールは176ページ。

10. 鈴木文臺
プロフィールは176ページ。

11. 諸橋轍次
プロフィールは60ページ。

12. 竹添井々（進一郎）
1842～1917年、熊本県出身（本名・進一郎。井々は号）。外交官、漢学者。

は竹添井々（進一郎）[12]あり、狩野君山（直喜）[13]あり、宇野澄江（哲人）[14]あり、古城担堂（貞吉）[15]あり、越後には星野豊城（恒）[16]あり、桂湖村（五十郎）[17]あり、小柳柳々子（司氣太）[18]あり、鈴木豹軒（虎雄）[19]あり、数においては二国ひとりその雄を誇ると思われた」と。つまり天下に名のある漢学の実力者は熊本と新潟出身者によって二分されているというのです。ちなみにここに挙げた越後の漢学者で星野恒以外は、すべて「長善館」の出身です。この学問を大切にしてきた郷土の伝統は、県民として大いに誇るべきものです。

　「長善館」の創始者、鈴木文臺は良寛[20]禅師と親しく、その学識を評価した最初の人物でした。「寒山拾得之詩、懐素高閑之書、和歌不墜萬葉之遺響」。これは、良寛の漢詩は寒山詩[21]を思わせ、その書はのびやかな懐素[22]の書風を思わせ、また和歌には万葉集の響きがあるということです。「長善館」の歴史は古く、1833（天保4）年の創設から1912（明治45）年の閉校までおよそ80年に及びます。その間、それまでの漢学だけではなく、時代の求めに応じて、あらたに英語や数学がカリキュラムに取り入れられています。その自由な学風から、近代の夜明けの時期に公共事業、医学界、教育界、政界などさまざまな分野にも、多くの傑出した人材を送り出してきました。中央からはるか隔たった北辺にありながら、「長善館」の学風に、あの大坂の緒方洪庵[23]の「適塾」[24]に似通った活気が感じられます。　　　　　　　　（TK）

用語解説

13. 狩野君山（直喜）
1868～1947年、熊本県出身（本名・直喜。君山は号）。漢学者、京都帝国大学教授。

14. 宇野澄江（哲人）
1875～1974年、熊本県出身（本名・哲人。澄江は号）。西洋哲学の手法で中国哲学を読解しました。

15. 古城担堂（貞吉）
1866～1949年、熊本県出身（本名・貞吉。担堂は号）。漢学者、東洋大学教授。熊本県近代文化功労者。

16. 星野恒
プロフィールは58ページ。

17. 桂湖村
プロフィールは58ページ。

18. 小柳司氣太
プロフィールは59ページ。

19. 鈴木虎雄
プロフィールは59ページ。

20. 良寛
プロフィールは10ページ。

21. 寒山詩
中国・唐時代の禅僧・寒山が作った漢詩。

22. 懐素
中国・唐時代の書家で草書の名人。

23. 緒方洪庵
1810～1863年、岡山県出身。江戸時代後期の蘭方医。江戸や長崎で学び、大坂で医者になりました。後に幕府に招かれ、奥医師兼西洋医学所頭取を務めました。日本の洋学教育に多大な足跡を残しました。

24. 適塾
緒方洪庵が大坂（現在の大阪府）で1838年に開いた蘭学塾。全国から塾生が集まり、福沢諭吉や大村益次郎など日本の近代化に貢献した人材を多く輩出しました。

参考画像

燕市長善館史料館
（燕市粟生津）

適塾跡（大阪市）

エピソード52
三餘堂と農本主義

藍澤　南城（あいざわ なんじょう）　1792（寛政4）年 ― 1860（万延元）年　小千谷市

　新潟は学問の盛んな土地柄で、藩校はもとより明治20年代の初め、県内に160余の私塾がありました。そのなかで「北越私学の双璧」とたたえられたのが、粟生津村（現燕市）の「長善館」と南条村（現柏崎市）の「三餘堂」でした。この「三餘堂」を開いたのが藍澤北溟と息子の藍澤南城[1]でした。その学識はもちろん、漢詩人としても世に知られた南城を師と仰ぐ子弟は2000人を超えたといわれています。「三餘」とは、勉強をするのに好都合な三つの余暇という意味で、本来は「読書三餘」といいます。一年のうちでは冬、一日のうちでは夜、時のうちでは雨降りを指します。つまり農作業の余暇に学問に励む「晴耕雨読」を理想とする塾だったのです。実際に南城は、ここで学んでいるのは、農業を生業とする者が過半数だと述べています。これと比較して興味深いのが、大坂の商人たちの寄金によってつくられた私塾「懐徳堂」[2]です。こちらは商売の合間に、暇を見つけて勉強しようというもので、講義の最中でも、商用で急な呼び出しがあれば中座することも許されていました。

　江戸幕府は儒学[3]のなかでも、特に朱子学[4]を重視しました。その思想の根本にあったのが、農業こそが国の基であるという「農本主義」でした。藍澤南城が書き残した「尊農篇」がこれです。そこには「王者の政は農を本と為すなり」とあります。当時の江戸や上方での町人の経済発展について、南城はかなり否定的で

用語解説

1. **藍澤南城**
プロフィールは176ページ。

2. **懐徳堂**
中井竹山（1730〜1804年、江戸中〜後期の儒学者）が第4代学主となった大阪の学問所。

3. **儒学**
孔子の唱えた倫理や政治の規範を体系化したもの。自己の倫理的修養による人格形成から最高道徳「仁」へ到達することを目指しました。

4. **朱子学**
朱熹（エピソード10の用語解説5を参照。）が大成した新しい儒学。敬うことを忘れず、行いを慎んで、外界の事物の理を追究し、知を磨いて人格・学問を完成する実践道徳。

5. **重農主義**
富の唯一の源泉は農業であるとの立場から自然秩序、農業生産を重視する考え方。18世紀後半、フランスなどヨーロッパで広がりました。

6. **重商主義**
国家の保護や干渉で有利な貿易差額を取得し、国富を増大させようとする考え方。15世紀半ば〜18世紀半ばにヨーロッパ諸国が採用した経済政策。

す。つまり商人は農夫と武士から利益を得て、ずるがしこく財貨を増やしている。しかしその巨万の富も浮き雲のように散りやすい。これに対して農業の利益はうすいが、数世代にわたって永続するものだと言います。農業を重んじるか、それとも商業を重んじるべきか、近代のヨーロッパの歴史を顧みても、国家の政策として、この「重農主義」[5]と「重商主義」[6]のいずれをとるかという議論の対立を見ることが出来ます。

　しかし米作りをもって、伝統的な基幹産業としてきた新潟県の在り方を見てみるならば、南城の主張には説得力があるように感じます。三餘堂は1872（明治5）年、南城の養子朴斎（ぼくさい）の代でいったん閉鎖されますが、その子雲岫（うんしゅう）が再開しています。その子孫はいずれも農学部で学び、農政官の実務にたずさわっています。今や新潟県はだれもが認める米産王国ですが、そこには南城以来の「尊農思想」が脈々と受け継がれていることを改めて思います。

（TK）

参考画像

柏崎市南条の三餘堂跡地（中央の杉林）
柏崎市立図書館提供

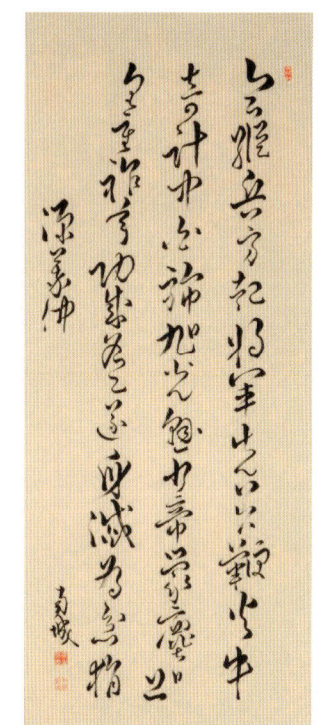

藍澤南城《源義仲》柏崎市立図書館提供

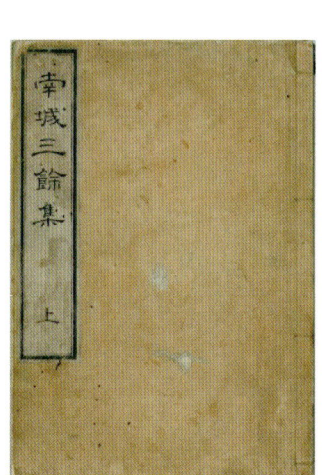

藍澤南城『南城三餘集　上』
新潟県立図書館蔵

CGで再現した江戸時代の大坂の懐徳堂（懐徳堂文庫蔵）

エピソード53
「米百俵」と小林虎三郎

小林 虎三郎（こばやし とらさぶろう）　1828（文政11）年 — 1877（明治10）年　長岡市

徳川幕府旧勢力と奥羽列藩同盟[1]が明治新政府と戦った戊辰戦争で、同盟側についた長岡藩は敗北し、長岡の城下町は焼け野原となりました。小林虎三郎[2]は政府軍と戦うことに反対していたのですが、結局は主戦派に押し切られてしまったのです。戦後、長岡藩の石高は7万4000石から2万4000石と70％近く大幅に減封され、大変な窮乏に陥りました。この時期、虎三郎は開戦に反対したことを新政府から評価され、藩を代表する大参事に任命されました。

1870（明治3）年5月、長岡藩の親戚にあたる三根山藩[3]から救援米100俵が送られてきました。貧窮のどん底にあえぐ藩の武士たちは、すぐさま米を分配するように迫りましたが、虎三郎は「国が興るのも街が栄えるのも、ことごとく人にある。食えないからこそ学校を建て人物を養成するのだ」と切々と訴えました。そして米を売ったお金で、学校に必要な書籍や文具を購入し、坂之上町に国漢学校[4]（現在の長岡市立阪之上小学校）を開校させたのです。この学校では洋学や医学という新しい科目も取り入れ、しかも武士の子どもだけではなく町民の子どもにも門戸を開放しました。

小林虎三郎は22歳の頃、藩主の命令で江戸に出て、佐久間象山[5]の塾に入門し蘭学を修めました。塾には吉田寅次郎（号は松陰）[6]が在籍しており、象山門下の「二虎」と称せられるほど優秀でした。象山は"吉田の胆略、小林の学識、ともに稀世の才（世に稀なる才能）"

用語解説

1．奥羽列藩同盟
明治新政府に対抗した東北25藩の同盟。後に越後6藩（新発田藩、長岡藩、村上藩、村松藩、三根山藩、黒川藩）も加わりましたが敗北。

2．小林虎三郎
プロフィールは177ページ。

3．三根山藩
1634年、長岡藩主牧野忠成が四男定成を分家させたのが始まり。藩邸は新潟市峰岡地区にあり、旧巻町や旧岩室村一帯を治めました。戊辰戦争では官軍につきました。

4．国漢学校
明治の初めに建てられました。それまでの藩校が漢学だけを教えていたのに対し、国学も教えたのでこの名前になりました。長岡市の昌福寺に「長岡国漢学校発祥の地」の碑が立っています。

5．佐久間象山
1811～1864年、長野県生まれ。洋学を学び、塾を開いて西洋の兵法を教えました。門下生に勝海舟、吉田松陰らがいます。河井継之助（長岡市）にも影響を与えました。

6．吉田寅次郎（松陰）
1830～1859年、長州（山口）藩士。幕末の思想家、教育者。松下村塾を開いて高杉晋作、伊藤博文ら明治維新の人材を育てました。

7．松下村塾
幕末の尊王思想家・吉田松陰（1830～1859年）が山口県萩市で開いた私塾。高杉晋作や伊藤博文らを指導しました。

8．山本有三
1887～1974年、栃木県出身。劇作家、小説家。人道主義的な社会劇作家として出発し、後に小説を発表しました。小説『真実一路』『路傍の石』など。文化勲章受章者。

教育・出版・社会

と称賛するほどでした。松陰は松下村塾[7]の教育を通じて、後に明治の元勲と呼ばれる人物を育てました。虎三郎が目指したのは個々に優れた人材の育成よりも、幅広く「富強の本ただ人民の知識を開く外なし」という未来を見据えた教育でした。山本有三[8]の『米百俵』はこのエピソードを戯曲化したものです。「百俵の米も食えばたちまちなくなるが、教育にあてれば明日の一万、百万俵になる」。2001年には小泉純一郎[9]首相（当時）が所信表明演説で、この教訓を引用したことから、小林虎三郎の事績は全国的に知れ渡りました。

　長岡市では《米百俵之碑》を国漢学校跡地に建立、また米の分配を迫る藩士とそれを制する虎三郎をモデルにしたブロンズの《米百俵の群像》を、長岡産業交流会館（ハイブ長岡）前の公園に建てて顕彰しています。　　　　　　　　　　　　　　　　（AM）

用語解説

9．小泉純一郎
1942年～、神奈川県出身。1972年、衆議院議員初当選。厚生大臣、郵政大臣などを経て2001年に第87代内閣総理大臣。在任期間1980日は戦後3番目の長さです。

参考画像

長岡市美術協会「米百俵の群像」
（長岡市千秋　ハイブ長岡前）

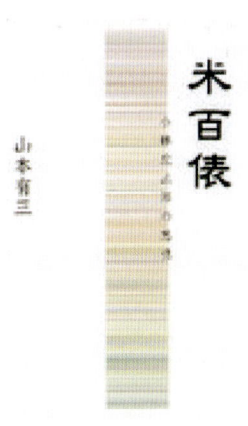

山本有三『米百俵』
小林虎三郎に関する資料、解説を収録

柏崎市名誉市民で日本文学者の
ドナルド・キーン訳
『米百俵』

エピソード㊾
前島密と情報ネットワーク

前島 密　1835(天保6)年 ― 1919(大正8)年　上越市

　「E-Mail」これを軽便化したのがケータイです。E-Mailをそのまま訳せば「電子郵便」です。高田（現上越市）の人、前島密[1]は「日本郵便の父」と呼ばれています。密はとうてい一人ではなし得ないさまざまな事業に関わり、いずれも目を見張る業績をなしとげました。なかでも重要なのが、海運事業、鉄道建設、電気通信事業そして郵便事業の確立です。海運や鉄道は人体にたとえれば血管であり、これを通じて運ばれる血液にあたるのが物資であり人だといえます。さらにこのネットワークを用いて情報を迅速に伝達するのが、電気通信や郵便事業です。それまで手紙は、早足の飛脚[2]によって駅伝競走のようにして届けられました。この仕事を国の事業として、一挙に近代化させたのが前島密でした。

　密は幼い頃に父を亡くし、母の実家がある高田で育ちました。母子２人の生活は貧しく、見かねた叔父に引き取られました。叔父は医者を開業しており、密も将来は医術を学んで身を立てようと考えました。同じ学ぶならば、これからは西洋の医学だと、江戸に出てオランダ語を勉強しました。ちょうどこの頃、ペリーが米国艦隊を率いて江戸湾に現れ、幕府に開国を迫っていました。この脅威にどう立ち向かうか、密は考えます。もっと広く西洋の事情を知らねばならない。それには、国際語として新たに英語を学び直す必要があると覚ります。

用語解説

1. 前島密
プロフィールは178ページ。

2. 飛脚
鎌倉時代に生まれ、江戸時代に発達した手紙、現金、貨物の運送を職業とした人。

3. 大隈重信
1838～1922年、佐賀県出身。政治家。明治維新後、政府の要職に就き地租改正などを推進。1898年、板垣退助と日本初の政党内閣を組織。東京専門学校（現早稲田大）の創立者です。

4. 駅逓
郵便の古い呼び方。

5. 『連邦史略』
南北戦争後のアメリカの地理と歴史をまとめた本の完訳。新島襄にも大きな影響を与えました。

教育・出版・社会

幕末の動乱を経て、密は明治新政府の役人に任命されました。上司は近代化政策を推進する参議大隈重信[3]でした。最初の大仕事は鉄道敷設の計画案でした。そこで実力が認められた密に、次に大隈から任されたのが「駅逓[4]」つまり通信、運送の近代化でした。密が郵便事業に関心をもったのは、長崎で英語塾を開いていた頃のことでした。たまたま『連邦史略』[5]という書を読み、アメリカには一定の料金でだれもが、信書を行き交わせる制度があることを知り、知り合いの宣教師に問うたことがありました。そのおり初めて「スタンプ」を貼った「メール」というものを見せてもらいました。

　実務の一切を託された密は、まるで手探りの状況から事業に着手しました。

　「郵便（メール）」「切手（スタンプ）」「はがき（ポストカード）」という語は、この制度が整えられていく過程で生まれた造語です。そこで誤って「郵便箱」を「垂れ便箱」と読んでしまったという笑い話も残っています。今では郵政は民営化されていますが、この時期、近代化を進めるには国営という強硬な手段が必要でした。当然、昔ながらの飛脚屋たちの抵抗がありました。しかし密はこの問題を、彼らに物品運送を委託する組合を作らせることで解決しました。これが「日本通運株式会社」の前身です。

　近ごろは何ごとも「E-Mail」で済ませて、特別なこと以外に手紙やはがきを出すことが少なくなりました。現代社会で行き交うネットでの情報量はますます増大し、スピードアップしつつあります。しかしその原型は、前島密がつくった近代日本の郵便制度から始まったことは紛れもありません。
　　　　　　　　　　　　　　　　　　　　　　　　　　　　　　　　　　　（TK）

参考画像

1947年発行の普通切手現在の1円切手も前島密の絵柄です。

前田青邨監修　守屋多々志画
《前島密業績絵画》一部

前島記念館（上越市下池部）

図版はすべて郵政博物館提供

エピソード(55)

「博文館文化」と大橋佐平

大橋 佐平
おおはし さへい
1835（天保6）年 — 1901（明治34）年 長岡市

わが国の思想や文化をリードしてきた出版社といえば、岩波書店あるいは中央公論社の名前が挙げられるでしょう。ところがこの「岩波文化」に先んじて、明治の中頃から終わりにかけて全盛を誇り、「博文館文化」という名を残した出版社がありました。創業者は長岡出身の大橋佐平[1]です。

戊辰戦争では「恭順派[2]」に属し、「佐幕派[3]」に命を狙われました。戦後は長岡商人の代表として町の復興に努めました。佐平は長岡で新聞を発行、さらに次々に新規事業を立ち上げましたが、52歳のとき上京して出版社「博文館」を創業します。最初の企画が『日本大家論集』でした。これは当時の著名人が新聞などに発表した論説のうち、「有益多趣味」なものを抜粋して編集したものでした。これが大当たりで、即日完売で１万部以上売れたといいます。

このアイデアから生まれたのが、日本最初の総合雑誌「太陽」[4]でした。シンボルマークは、日本サッカー協会と同じ、３本足の八咫烏[5]、毎月の発行部数は10万部だったといいます。この雑誌が世論形成に果たした役割は大きく、有用な人材と見れば執筆者をどんどん登用し「文化産業」を一手に引き受けた感がありました。

その成功を社会に還元する公益事業として、佐平が構想したのが日本初の私立図書館である「大橋図書館」[6]の設立でした。欧米視察のおり、佐平は至るところに

用語解説

1．大橋佐平
プロフィールは178ページ。

2．恭順派
徳川幕府を倒そうとする討幕側の官軍の方針に従おうとした人たちのこと。

3．佐幕派
尊皇攘夷・討幕に反対して徳川幕府を支持した人たちのこと。「佐」は助けるという意味。

4．「太陽」
1895年に創刊された日本最初の総合雑誌。月刊や半月刊もあり通算で531冊出版されました。欧米列強の文化と対等となることを目指して発刊されましたが、大正デモクラシーの時流に乗り遅れ、1928年廃刊されました。

5．八咫烏
神話で神武天皇が東方の敵を征伐に出かけるとき、熊野から大和へ入る険しい山中の先導役を務めたという烏。また、古代中国の説話で、太陽の中にいるという３本足の烏。

6．大橋図書館
1902年に開館した日本で最初の私立図書館。関東大震災で火災に遭いましたが、その後収集された蔵書は、現在「三康図書館」（東京都港区）に継承されています。

7．大橋新太郎
1863～1944年、長岡市出身。父・佐平の三男。日本有数の大出版社を経営する一方、日本麦酒、日本硝子などの経営にも参加しました。衆議院議員、貴族院議員も務めました。

8．石黒忠悳
プロフィールは29ページ。

9．渋沢栄一
1840～1931年、埼玉県出身。実業家。幕末にヨーロッパに渡り、近代産業や財政制度を見聞。明治維新後は大蔵省に入り、財政・金融制度を立案しました。退官後は第一国立銀行や王子製紙大阪紡績の設立に関わりました。

図書館があるのを見ました。読書人も多く、これがかの地の文運興隆の所以であると痛感したのでした。しかし佐平は病に倒れ、その遺志を継いだ息子の新太郎[7]によって、大橋図書館は1902（明治35）年6月15日の博文館15周年記念日に開館しました。蔵書数は和漢書3万余冊、洋書2千余冊だったといいます。館長は同郷の軍医総監石黒忠悳[8]でした。この図書館を手本に設立されたのが、1908（明治41）年2月に開館した東京市立図書館、現在の都立日比谷図書館です。

　佐平の事業を継承した新太郎は、父親譲りの起業欲から渋沢栄一[9]と手を組んで本来の出版業以外に50以上もの会社や団体の役員を兼任することになりました。この広範な活動が、出版界を席巻していた博文館に益をもたらしたかどうか問題です。この頃から博文館の出版事業は傾き始め、総合雑誌の売り上げは「中央公論」に、出版文化のリーダーシップは岩波書店に奪われていくことになります。現在では博文館は事業を縮小して、主として日記帳の出版社として存続しています。この日記帳も隆盛期の博文館のヒット商品でした。

(TK)

参考画像

開館当時の大橋図書館

大橋 新太郎

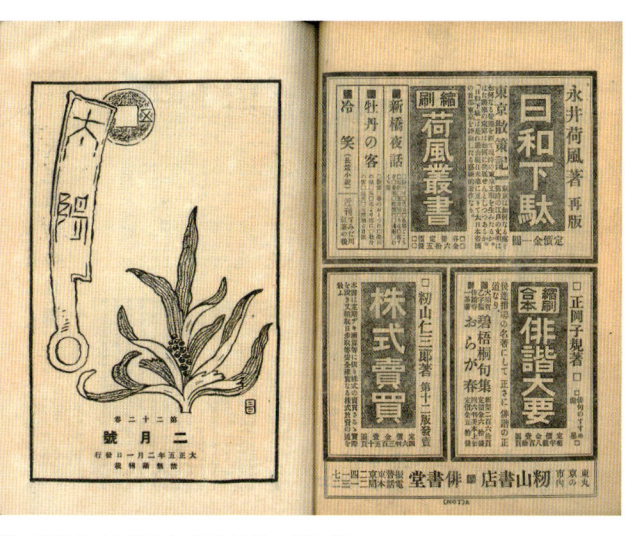

雑誌「太陽」1916（大正5）年2月号　博文館

エピソード㊺
反骨の系譜

河井 継之助（かわい つぎのすけ）　1827（文政10）年 ― 1868（慶応4）年　長岡市

　長く暗い冬を耐えて過ごさねばならない、新潟県人の特性として忍耐強さが挙げられます。だがそのたまったマグマが爆発するかのように、筋の通らぬことがあれば、敢然としておそれず、時の権力に立ち向かい批判する気概があります。これを反骨の精神といいます。歴史を振り返ってみると、都から遠く離れた北辺の越後と佐渡は、中世まで政治や思想、そして芸術文化の分野で既成の権威に抗った人物たちの遠流の地、すなわち流刑地[1]でした。たとえば倒幕を企てた順徳院[2]、日野資朝[3]、能楽の大成者の世阿弥[4]や和歌の革新児京極為兼[5]、鎌倉仏教の親鸞や日蓮がいます。これがその後の新潟独特の反骨の精神の土壌をつくったように思えます。

　その代表が越後と佐渡を統一した戦国武将、上杉謙信でした。その義の心を受け継ぎ、豊臣の天下を奪おうとする徳川家康を弾劾して、「直江状」と呼ばれる挑戦状をたたきつけたのが直江兼続[6]でした。その後、天下分け目の関ヶ原の合戦が始まります。兼続は戦国武将でありながら深い教養をもち「直江版」という、日本最初の銅活字による中国の詩文集「文選」を刊行しています。

　次に挙げるべきが竹内式部[7]です。新潟市中央区本町の医師の息子で、京に上り儒学と神道[8]を修めました。武力で天下をとった徳川幕府を「覇道」と批判し、政治は徳をもって治める「王道」たる朝廷に返上すべしという思想を説きました。幕末の尊王思想の先駆けです。当然、幕府はこれを危険思想と見なし、式部は八丈島流罪に処せられましたが、その途中の三宅島で病死しています。この業績を歴史学者として初めて明らかにしたのが、著名な漢学者で東京大学国史学（日本史研究）の基礎をきずいた星野恒[9]でした。

用語解説

1．流刑地
刑罰として遠方の地に送られることを流罪といい、その送り先のこと。遠流の地ともいい、佐渡の他に壱岐（長崎県）、土佐（高知県）、八丈島・三宅島（ともに伊豆諸島の島）がありました。

2．順徳院
1197〜1242年。兄の土御門天皇から譲られて14歳で即位した順徳天皇のこと。父の後鳥羽上皇とともに鎌倉幕府を倒すため承久の乱をおこしましたが、敗れて佐渡へ配流。

3．日野資朝
1290〜1332年。鎌倉時代の公卿、権中納言。後醍醐天皇の側近で、倒幕の陰謀が発覚して（正中の変）佐渡に流罪となり、その後処刑。

4．世阿弥
1363〜1443年頃。室町時代前期の能役者・能作者。父・観阿弥とともに、卑俗な芸能を能楽と呼ばれる芸術にまで高めました。

5．京極為兼
1254〜1332年。鎌倉時代の公卿、歌人。一時佐渡に流罪となりましたが赦免、その後権大納言になりました。晩年も土佐に流され死去。『玉葉和歌集』の選者。

6．直江兼続
1560〜1620年。戦国から江戸時代初期の武将。上杉謙信に仕え、上杉景勝の執政となりました。関ヶ原の合戦に敗れた後、減封された藩の立て直しに当たりました。

7．竹内式部
1712〜1768年。江戸中期の思想家。京都で塾を開き、門下の公卿が桃園天皇に尊王論をご進講した宝暦事件により追放処分。さらに明和事件に連座して流罪となりました。

8．神道
祖先神や自然神を敬う古来の民間信仰を理論化した日本独自の宗教。

これより時代が下がりますが、柏崎でクーデターを企てた学者がいました。生田萬[10]です。最初は儒学、特に「知行合一」を説く陽明学[11]に強い影響を受けました。その後、平田篤胤[12]の門下となり国学[13]を学びました。その頃に起きた天保の飢饉にあたって、救民の旗をかかげて決起した大塩平八郎に共鳴して、柏崎の陣屋を襲撃しました。同志はたったの５人です。学者の生兵法で自傷して動けなくなり、浜辺で自刃しています。人々の困窮を救おうという志は高いのですが、いかにも直情的で短絡的な行動です。

　幕末から維新にかけての動乱の時期、王政復古を唱える新政府軍と旧幕府勢力の奥羽列藩同盟[14]との間で戦いがありました。戊辰戦争です。長岡藩は家老河井継之助[15]のもとで武装中立を主張したのですが、新政府軍に拒まれやむなく列藩同盟にくみして政府軍と戦火を交え、さんざんに相手を悩ましました。継之助も最新のガトリング機関砲[16]を駆使して奮戦しましたが、傷を負って亡くなります。この戦役で唯一町を焼かれた越後の城下町が長岡でした。

　ことにあたって血が騒ぐ、新潟人の気質を近代という時代に受け継いだ人物が２人いました。それが佐渡出身の北一輝[17]であり、新発田出身の大杉栄[18]です。いずれも日本の近代史に名を残した、だれ知らぬ人のない革命思想家です。　　　　　　　　　　　（TK）

用語解説

9. 星野恒
プロフィールは58ページ。

10. 生田萬
1801〜1837年。江戸時代後期の国学者。

11. 陽明学
中国・明の王陽明が唱えた儒学。

12. 平田篤胤
1776〜1843年、秋田県出身。江戸時代後期の国学者。国学四大人の一人、本居宣長の実証主義から国粋主義的な神秘主義に傾き、これが幕末の尊王攘夷運動に大きな影響を与えました。

13. 国学
『古事記』『日本書紀』『万葉集』など古典の批判・解釈・研究によって、儒教や仏教が渡来する以前の日本固有の文化や精神を明らかにしようとする学問。

14. 奥羽列藩同盟
明治新政府に対抗した東北25藩の同盟。後に越後6藩（新発田藩、長岡藩、村上藩、村松藩、三根山藩、黒川藩）も加わりましたが敗北。

15. 河井継之助
1827〜1868年。幕末の長岡藩の家老。戊辰戦争にあたり藩の中立を求めました。しかし政府軍に入れられず徹底抗戦し、負傷して亡くなりました。

16. ガトリング機関砲
束ねた多数の銃身を手動で回転させながら連続して弾丸を発射する武器。

17. 北一輝
プロフィールは180ページ。

18. 大杉栄
プロフィールは180ページ。

教育・出版・社会

参考画像

直江兼続像（長岡市与板町
兼続お船ミュージアム前）

竹内式部像
（新潟市中央区西海岸公園内）

渡辺崋山『毛武游記』から
「生田萬の肖像」
引用：伊東多三郎『国学者の道』

エピソード㊺
思想弾圧への抵抗者

北 一輝（きた いっき）　1883（明治16）年 ― 1937（昭和12）年　佐渡市

　明治維新を経て、近代国家として生まれ変わった日本は、天皇を君主にいただく天皇制による政治体制から出発しました。第二次世界大戦後、民主化されるまで、この制度が国の根幹をなすものと見なされてきました。その間に、これを揺るがすような事件が次々に勃発しました。その始まりが、幸徳秋水[1]らによって企てられたという、天皇暗殺未遂事件といわれた「大逆事件」でした。

　秋水とその同志は、日露戦争に際して反戦論を唱え、そこから次第に社会主義思想[2]に傾斜していきます。これが政府転覆の危険な陰謀ととらえられたのです。彼らは捕縛され、暗黒裁判[3]で事件は闇に葬られようとしました。この司法に決然と立ち上がった人物がいました。新潟出身の弁護士の平出修[4]です。みな権力をおそれて逃げ腰になるなかで、進んで彼らの弁護を買って出たのです。その時、欧米での判例などを引き、アドバイスをしてくれたのが森鷗外[5]でした。平出はまた与謝野鉄幹[6]、晶子[7]が主宰した、明治浪漫主義という近代短歌の結社「新詩社」を、石川啄木とともに支えた歌人でもあります。

　秋水の思想に共鳴していたのが、関東大震災の混乱のなかで憲兵にとらえられ、妻と甥といっしょに拷問により惨殺された大杉栄[8]でした。大逆事件のおりには、街頭デモでつかまり収監中でした。軍人志望でしたが、陸軍幼年学校在学中に在校生とけんかをし傷害

用語解説

1．幸徳秋水
1871～1911年、高知県出身。社会主義者。日露戦争に反対し、平民新聞を創刊。のち渡米し、帰国後無政府主義に転向。1910年の大逆事件の首謀者として検挙され、翌年処刑されました。

2．社会主義思想
だれもが平等な社会の実現を目指す思想。

3．暗黒裁判
大逆事件の裁判は、一般傍聴のない非公開で行われました。また、大審院（現在の最高裁判所）が審理する一審制（第一審で終審）でした。

4．平出修
プロフィールは103ページ。

5．森鷗外
1862～1922年、島根県出身。東京大学医学部の前身である医学校出身で、ドイツに留学し、軍医総監を務めました。文学にも造詣が深く、夏目漱石と並ぶ明治の文学界の重鎮。

6．与謝野鉄幹
1873～1935年。明治から昭和前期の詩人・歌人。京都府出身。和歌の革新を唱え、「東京新詩社」を創立し、機関誌「明星」を発刊しました。

7．与謝野晶子
1878～1942年、大阪府出身。歌人。東京新詩社に参加し、「明星」で活躍。第1歌集『みだれ髪』は、奔放な愛の情熱を表現し反響を呼びました。長詩「君死にたまふことなかれ」は反戦詩として知られ、『源氏物語』の現代語訳も手掛けました。

8．大杉栄
プロフィールは180ページ。

9．北一輝
プロフィールは180ページ。

教育・出版・社会

事件で退学。その後東京外国語学校（現在の東京外国語大学）で学んだ大杉は、語学の天才で「一犯一語」と称して、投獄されるたびに新しい外国語をマスターしたといいます。ちなみに大杉は、ファーブルの『昆虫記』を日本で最初に翻訳したひとりです。彼の思想は社会主義思想のなかでも過激な「アナーキズム」、つまり「無政府主義」というものでした。破壊的で恐ろしげなイメージがあります。しかし、もとはと言えば、すべて上からの権威や権力を否定し、それぞれが自由に生きようという思想です。その目指すところは、お互いの自主的な横のつながりによる、新しい秩序にもとづく社会の実現にありました。

　大杉と同じく、社会を改革しようとした政治思想ですが、これと真逆な右翼思想を唱えたのが北一輝[9]でした。こちらは「国家社会主義」といい、天皇制という日本の国体を維持しながら、国家を改造していこうというものでした。さらに当時、拡張しつつあった帝国主義の機運に乗じて、軍事力を用いてアジア民族を西欧植民地支配から解放することを目指すという壮大なビジョンを展開しました。これに共感したのが陸海軍の青年将校たちでした。二・二六事件では、著作『日本改造法案大綱』が危険思想と見なされ、クーデターの民間首謀者として逮捕、銃殺刑に処せられました。善悪を超越した不思議なカリスマ性により「魔王」と呼ばれました。　　　　　　　　　　　　　　　　　　（TK）

参考画像

幸徳秋水らが設立した平民社　1904年
引用：鎌田慧『大杉栄　自由への疾走』

二・二六事件で警視庁を占拠した反乱軍兵士
引用：木村時夫『北一輝と二・二六事件の陰謀』

平出 修

大杉 栄
引用：大杉豊編著『日録・大杉栄伝』

ファーブル著　大杉栄訳
『昆虫記（一）』奈良県立図書情報館蔵

エピソード58
人頭税を廃止させた中村十作

中村 十作（なかむら じゅうさく）　1867（慶応3）年 ― 1943（昭和18）年　上越市

　板倉町（現上越市）の小地主の家に生まれた中村十作は1893（明治26）年、早稲田大学を中退し、真珠養殖の夢を抱いて沖縄の宮古島に渡りました。そこで十作は島民が厳しい人頭税の取り立てに苦しみ、半ば奴隷のような有り様であることを知りました。人頭税とは琉球王朝[1]が上級士族をのぞく、宮古島の島民で15歳から50歳までの男女すべてに頭割りで課した悪税です。米の出来ないこの島では税として、男は粟やごまや綿花、女は麻織物を納めさせられました。しかもこの税は、貧富の差、収穫や土地の広さとは無関係に均等に課せられたのですから、貧しい人たちは日々生きていくのが精一杯でした。

　この制度は薩摩藩が琉球を支配下においた1637年から始まり、しかも沖縄本島の琉球王朝と蔵元（島役所）に、島民は二重の税を納めなければなりませんでした。明治維新後も、この旧制度は残されたままでした。新政府の沖縄県庁と琉球王朝の役所に納める課税額は、本島の2倍を超える重税となっていました。そのため島民の間では間引き[2]がさかんに行われ、障がい者は納税義務を免除されるので、自分から手足を切断したりする者まで出ていました。

　十作は驚きました。明治維新から20年以上もたち、憲法も発布され、国会も開設された文明開化の世に、まだ、このような制度が残っているとは。早速、沖縄県の役人や知事に談判をしますが、旧琉球王朝が頑強に抵抗

用語解説

1．琉球王朝
14世紀に沖縄島に三つの小国家ができ、後に統一王朝を樹立。1609年に薩摩藩が征服。明治政府は1872年、琉球藩を設置し7年後、沖縄県を置きました。

2．間引き
口減らし（家計の負担を減らすため養うべき人数を減らすこと）のため親が生まれたばかりの子を殺すこと。

3．帝国議会
1890年、明治憲法のもとで開設された立法機関で、貴族院と衆議院で構成。天皇の大権によって権限は制限されていました。戦後、日本国憲法の成立によって国会になりました。

4．増田義一
プロフィールは179ページ。

5．市島謙吉
プロフィールは105ページ。

6．大隈重信
1838～1922年、佐賀県出身。政治家。明治維新後、政府の要職に就き地租改正などを推進。1898年、板垣退助と日本初の政党内閣を組織。東京専門学校（現早稲田大）の創立者です。

7．高田早苗
1860～1938年、東京都出身。教育家、政治家。大隈重信に協力し、東京専門学校（現早稲田大学）創立に参画しました。早大総長や第2次大隈内閣の文部大臣を務めました。

8．御嶽
神々が訪れる社として、祭祀をつかさどる神女によって神を拝む行事が行われる聖地。南西諸島（九州南端から台湾北東端の間に続く島々の総称）に広く分布している聖地を言います。

教育・出版・社会

するため明治政府の下の沖縄県知事も腰くだけ。大学時代に憲法と議会制度を学んでいた十作は、それならばと帝国議会[3]へ直接、請願することを決意します。

真珠養殖のため準備していた資金を十作は差し出し、島民代表2人と、島の特殊な方言を通訳する人物を連れて本土に出発します。その日、宮古島の港はこれを阻止しようといきりたつ王朝士族たちと、一行に悪税廃止の希望を託す見送りの島民たちとが一触即発、騒然たる状態となりました。東京には、早稲田大学に在学中の弟十一郎（じゅういちろう）と、弟の幼友達で読売新聞記者、後に実業之日本社をおこした増田義一（ますだぎいち）[4]が待ち構えていました。3人は、まず島の実情を社会に訴えるため、新聞社や通信社を回りました。

島の悲惨な様子は東京の各新聞で報道され、大きな反響を呼びました。読売新聞主筆の市島謙吉（いちしまけんきち）[5]と部下の増田は支援者として、早稲田の大隈重信（おおくましげのぶ）[6]や高田早苗（たかたさなえ）[7]を紹介してくれました。そこに上越選出の改進党の代議士や貴族院議員の元老たちも加わり、前近代的な悪法撤廃の声は高まっていきました。しかし当時は、全国からさまざまな請願が山のように寄せられていた時代です。請願が採択されるのはきわめて難しく、審議が先送りされるたびに、十作らは請願書の書き直しを重ねました。

請願から1年半たって、帝国議会はようやく請願を採択、1895年ついに人頭税など沖縄の古い制度が10年後に廃止されることに決まりました。これを見定めた後、ようやく十作は本業の真珠養殖に専念することになります。島民たちがこぞって十作の事業を応援しくれたことは言うまでもありません。十作は「大和から来た神様」として崇（あが）められ、「御嶽（うたき）[8]」という島の守り神に祭られました。雪国新潟と雪を知らない南国沖縄の人々を結ぶ、知られざる縁の物語です。

(AM)

参考画像

人頭税石（宮古島市）

中村十作記念館（上越市板倉区稲増）

請願書の写し

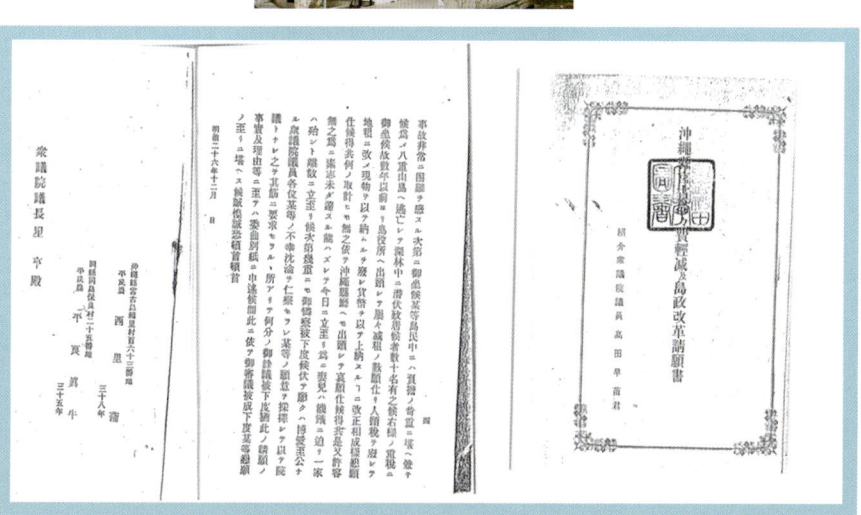

教育 ❶

北越私学の雄「長善館」創設者
鈴木 文臺
〈すずき ぶんたい〉

生没年	1796（寛政8）年 － 1870（明治3）年
出身地	燕市
職　業	長善館創始者・漢学者

医家の次男で、江戸時代から明治にかけて粟生津村（現燕市）にあった私塾「長善館」の創設者。17歳の時、良寛の前で「論語」「唐詩選」を講義してほめられました。その後、江戸に出て学び、帰郷後、37歳で長善館を開設。子弟には時勢の動向にも留意するように勧める一方、四書五経を中心とした経学、文選、李白等の詩文、『十八史略』などの史書を延べ435人の塾生に教えました。長善館は文臺の死後も3代にわたって引き継がれ、近代の黎明期に公共事業、教育界、政界で活躍する人材を1000人以上を世に送り出しました。柏崎にあった「三餘堂」と並び「北越私学の双璧」と呼ばれました。

ココで発見 ▶燕市長善館史料館（燕市粟生津）

長善館学校規則

1. 授業を受ける時は口をすすぎ、手を洗うこと
2. 昼食後は線香半本の間が休み ←時計の代り
3. 一のつく日は詩作会の後午後、髪をとかし入浴をする
4. 朝は早く起き夜は亥の刻（午後9～11時）までとする ※年少者はこの限りではない
「こんな学校どうですか？」

教育 ❷

「尊農思想」を説いた私塾
藍澤 南城
〈あいざわ なんじょう〉

生没年	1792（寛政4）年 － 1860（万延元）年
出身地	小千谷市
職　業	教育者

江戸時代後期の儒学者。父の北溟は、小千谷市にあった私塾「朝陽館」（現在の片貝小学校の前身）の塾主でした。南城は、朝陽館で学んだ後15歳で江戸に出て、儒学を学びました。27歳のとき帰郷し、南条村（現柏崎市）に私塾「三餘堂」を創設。「三餘」とは、「年の餘り＝冬」「日の餘り＝夜」「時の餘り＝雨」という農作業の三つの余暇を学問の好機とする、という意味です。県内だけでなく、県外からも人が集まり、多くの門人を輩出したといいます。燕市にあった「長善館」と並び「北越私学の双璧」と称されました。南城は漢詩を好み、生涯に2000編もの詩を作りました。

ココで発見 ▶柏崎ふるさと人物館（柏崎市東本町）

教育 ③

「米百俵」の精神
小林 虎三郎
〈こばやし とらさぶろう〉

生没年
1828(文政11)年 －
1877(明治10)年

出身地
長岡市

職業
教育者

明治維新後、長岡の復興に尽力し、教育の重要性を説いた長岡藩の大参事（現在の副知事にあたる役職）。藩校「崇徳館」で学んだ後、江戸に出て佐久間象山の門下に入り、長州藩の吉田寅次郎（松陰）と並んで「二虎」と称されるほど優秀な成績を修めました。戊辰戦争の際は、官軍との開戦に反対。その後、戦争に敗れ困窮する長岡藩で、何よりも教育が必要であると説き、支藩の三根山藩から送られた米100俵を配給せずに売却して、国漢学校創設の資金に充てました。このエピソードは、山本有三の戯曲『米百俵』に描かれ、現在でも広く知られています。

ココで発見
▶ 長岡市郷土史料館、碑（長岡市御山町　悠久山公園）
▶ 米百俵の群像（長岡市千秋　ハイブ長岡前）

教育 ④

日本で最初の保育園創設
赤沢 鍾美
〈あかざわ あつとみ〉

生没年
1864(元治元)年 －
1937(昭和12)年

出身地
新潟市

職業
教育者

日本で最初の保育園を作った人物です。1878（明治11）年、13歳で小学校臨時教員採用試験に合格します。新潟市の四番堀小学校、鏡渕校、西堀校、洲崎校、豊照校に勤めましたが、1890（明治23）年、臨時教員の待遇が大幅ダウン（約20分の1）されたのを機に、自ら「修身学舎」を開設しました。同年、「新潟静修学校」と改名し、学校教育だけでなく、幼児保育にも取り組んでいくことになります。これが、現在も続く「赤沢保育園」の母体であり、日本で最初の保育園です。

ココで発見
▶ 赤沢保育園（新潟市中央区東湊町通）

教育 ⑤

「有恒学舎」創設
増村 朴斎
〈ますむら ぼくさい〉

生没年
1868(慶応4)年 －
1942(昭和17)年

出身地
上越市

職業
教育者・漢学者

郷土の子弟を育てるという夢を育み、14歳で上京し、啓蒙思想家から道徳至上主義を学びました。1896（明治29）年、帰郷して有恒学舎（現県立有恒高等学校）を開校。「有恒学舎」の額は勝海舟の書で、井上円了から届けられました。自らは倫理の授業を受け持ち、1906年に英語教師に會津八一を迎えます。八一は4年間在職し、朴斎を師と仰ぎました。板倉村初代村長、村の教育委員会初代会長、1921（大正10）年から5年間は県教育会長を歴任。県教育功労者に選ばれ、帝国教育会からも表彰されました。1940（昭和15）年藍綬褒章受章。

ココで発見
▶ 増村朴斎記念館（上越市板倉区針）
▶ 銅像（新潟県立有恒高校）

通信 ❶

郵政事業の父
前島 密
〈まえじま ひそか〉

生没年
1835(天保6)年－1919(大正8)年

出身地
上越市

職業
日本郵便の父・東京専門学校校長

幼い頃、高田の私塾「文武済美堂」で学んだ後、上京し、幕府の役人になりました。維新後は明治政府に採用され、郵便制度の確立に奔走しました。従来の飛脚制度を廃止し、「郵便」「切手」「はがき」などの名称を決め、消印や特定郵便局の制度も発案しました。1872(明治5)年には、日本全国同じ料金で配達される郵便制度がスタート。この他、現在の日本通運や日本郵船の土台となる会社の設立、北越鉄道の開通をはじめ、東京専門学校(現早稲田大学)の第2代校長就任、盲唖学校の創立など教育分野でも尽力しました。1902(明治35)年に男爵の位を授与され、晩年は貴族院議員としても活躍しました。

ココで発見 ▶前島記念館(上越市下池部)

新聞 ❶

安吾の父・漢詩人五峰
坂口 仁一郎
〈さかぐち にいちろう〉

生没年
1859(安政6)年－1923(大正12)年

出身地
新潟市

職業
漢詩人・新聞人

新津(新潟市秋葉区)の大地主の家に生まれ、私塾「絆己楼」(聖籠町)で学び、漢詩に親しみました。郡会議員、県会議員を務めた後、1902(明治35)年に衆議院議員に当選します。代議士として、新発田街道の新設、阿賀野川改修の促進など郷土の発展に多大な貢献をしました。この間、新潟新聞社の社長も務めます。政治活動の他に、漢詩人・坂口五峰としての活動でも有名。上杉謙信、良寛、鈴木牧之など、広く新潟全域から古今の漢詩文を収集し、名著『北越詩話』上下巻としてまとめました。長男献吉は新潟日報社第2代社長、五男は小説家・坂口安吾。

ココで発見 ▶文学碑(新潟市新津図書館裏)

出版 ❶

日本初の総合雑誌「太陽」創刊
大橋 佐平
〈おおはし さへい〉

生没年
1835(天保6)年－1901(明治34)年

出身地
長岡市

職業
出版人

北越新報社、越佐毎日新聞社を創設するなど活躍した後、1886(明治19)年に上京します。解剖学者・小金井良精(長岡市出身)の紹介で借りた土地に出版社「博文館」を開設。翌年、雑誌「日本大家論集」を刊行して大成功を収め、日本有数の大手出版社になります。1895(明治28)年に発刊した雑誌「太陽」は、日本初の総合雑誌で、高山樗牛や長谷川天渓が編集長を務め、多彩な分野から著名な執筆者を集めました。晩年、私立の大橋図書館(現三康図書館)設立に取り組み、息子・新太郎に引き継がれ実現しました。新太郎は50社以上の大企業経営に参画し、貴族院議員にまでなりました。

ココで発見 ▶大橋図書館の蔵書は、三康文化研究所付属図書館(東京都港区芝公園)に受け継がれています。http://www.f2.dion.ne.jp/~sanko/

教育・出版・社会

出版 ❷

「実業之日本社」設立
増田 義一
〈ますだ ぎいち〉

生没年
1869（明治2）年－
1949（昭和24）年

出身地
上越市

職業
出版人・政治家

「実業之日本社」を設立した出版人。地元で代用教員を務めたのち高田新聞に入社。翌年に上京し東京専門学校（現早稲田大学）で学びます。卒業後、市島謙吉が主筆を務める読売新聞社に入社。この頃、同郷の先輩・中村十作が沖縄の宮古島人頭税廃止請願に上京した際、世論に訴える報道のため支援し、請願実現に尽力しました。1897（明治30）年、出版社を買い受けて「実業之日本社」を興し、のちに新渡戸稲造を顧問に迎え、社の名声を高めました。1912（明治45）年、郷里から衆議院議員に立候補して当選。再選以降は副議長や予算委員長などを歴任、戦後まで議員を務めました。

ココで発見 ▶ 中村十作記念館（上越市板倉区稲増）で十作とともに紹介されています。

出版 ❸

「豪華本」の第一書房
長谷川 巳之吉
〈はせがわ みのきち〉

生没年
1893（明治26）年－
1973（昭和48）年

出身地
出雲崎町

職業
出版人・文芸評論家

22歳で上京、出版社で雑誌の編集に携わり、1923（大正12）年、独立して第一書房を立ち上げます。最初の出版は松岡譲の『法城を護る人々』で、増刷を重ねる大成功を収めました。堀口九萬一・大學の翻訳や著作も多く世に出しています。当時の出版界では薄利多売の円本ブームの中、第一書房は装丁にこだわり、『上田敏詩集』、堀口大學詩集『月下の一群』、『萩原朔太郎詩集』などで豪華本を出し続け、日本の出版史に名を残しました。不遇の作家や学者の出版を助け反骨ぶりを示しました。また、江戸初期の画家・岩佐又兵衛の名作《山中常盤物語絵巻》を海外流出から守ったこともあります。

ココで発見 ▶ 長谷川郁夫『美酒と革嚢 第一書房・長谷川巳之吉』（河出書房新社、2006年）に詳しく書かれています。

出版 ❹

ベースボールマガジン社設立
池田 恒雄
〈いけだ つねお〉

生没年
1911（明治44）年－
2002（平成14）年

出身地
魚沼市

職業
出版人

スポーツジャーナリストで、ベースボールマガジン社の創立者です。小千谷中学（旧制）出身。早稲田大学在学中から博文館の雑誌「野球界」の編集に携わり、卒業後は編集長を務めました。1946（昭和21）年、自身の立ち上げた恒文社から「ベースボールマガジン」を創刊しました。その後、誌名を冠した会社として独立します。86（昭和61）年には当時のソビエト連邦に野球を紹介するなど、スポーツを通した国際交流にも尽力しました。89（平成元）年、その功績がたたえられ、雑誌記者としては初めて野球殿堂入りしました。国際交流などで得たコレクションは多彩な分野にわたります。

ココで発見 ▶ 池田記念美術館（南魚沼市浦佐）

教育・出版・社会

思想 ❶

「魔王」といわれた革命家
北 一輝
〈きた いっき〉

生没年	1883(明治16)年 － 1937(昭和12)年
出身地	佐渡市
職業	思想家

佐渡市両津の醸造家の長男。中学時代、佐渡新聞に「国民対皇室の歴史的観察」を発表し、世の非難を浴びました。21歳で上京し早稲田大学に学び、幸徳秋水ら社会主義者と交流。23歳の著作『国体論及び純正社会主義』で明治憲法による体制を批判し、明治維新の本質とは、天皇は国民の天皇であり、基本的人権や言論の自由を保障し、貴族などの階級制度がない男女平等社会だと主張しました。1919（大正8）年に『日本改造法案大綱』を著し、皇道派軍人の必読書となりますが、二・二六事件の理論的指導者とみなされ銃殺刑に。危険思想とされた北の主張は、第二次世界大戦後の占領政策で実現されました。

ココで発見 ▶彰徳碑（佐渡市両津八幡若宮神社）

思想 ❷

非戦論から無政府主義へ
大杉 栄
〈おおすぎ さかえ〉

生没年	1885(明治18)年 － 1923(大正12)年
出身地	香川県
職業	思想家

香川県丸亀で軍人家庭に生まれ、父親の転勤で4歳から14歳まで育った新発田を故郷としました。新発田中学（旧制）で校長留任を求め同盟休校し、放校処分に。東京外国語学校（現東京外国語大学）に入学、幸徳秋水や堺利彦らの非戦論に共鳴して平民社に頻繁に出入りするようになります。1906（明治39）年に発表した「新兵諸君に与ふ」が新聞紙条例違反で起訴されます。大震災直後の23（大正12）年9月16日、妻の伊藤野枝らとともに憲兵隊に連行され、殺害されました。一方、ファーブルの『昆虫記』（日本初訳）やダーウィンの『種の起原』を翻訳したことでも知られています。

ココで発見 ▶新発田城址公園のイチョウの木は、1895年の新発田大火の際、大杉が避難した場所といわれています。

思想 ❸

宮古島の人頭税廃止を実現
中村 十作
〈なかむら じゅうさく〉

生没年	1867(慶応3)年 － 1943(昭和18)年
出身地	上越市
職業	真珠養殖家、人権運動家

板倉町（現上越市）の庄屋の五男。20歳で海軍に入りますが、訓練中に負傷し除隊します。その後、早稲田大学に進学しますが、学費が続かず中退し、真珠養殖家を目指し宮古島に渡りました。島では琉球王朝の古い制度が残っており、島民を奴隷的に支配していました。帝国議会の請願制度を学んでいた十作は、養殖業の資金を提供し、人頭税廃止請願運動を起こします。帝国議会に向けて上京すると、新潟県人や早稲田人脈に助けられ、請願は2年がかりで採択されました。266年続いた人頭税は廃止され、十作は島民から「大和から来た神様」と敬われ、島民の協力で、日本初の黒真珠養殖にも成功しました。

ココで発見 ▶中村十作記念館（上越市板倉区稲増）

（プロフィールの執筆はAM、KA）

あとがき

　近年、首都東京への一極集中から、改めて地方創生の声が高まっています。地方創生を目指す原動力となるのは、何よりも郷土愛であり、文部科学省もその指導要領の中で、郷土を愛する心を育むことをその重点的な課題として掲げています。郷土愛、その根本にあるのは、わが郷土が守り伝えてきた歴史的な伝統と文化ではないでしょうか。

　それでは新潟が誇るべき文化とは何か。すでに「まえがき」で述べたように、新潟の文化とは「ものの文化」ではなくて「人の文化」です。新しい時代を切り開いていった新潟人の文化的創造力に注目すること、それが新潟の文化とは何かを理解する鍵です。形として残されたものではない、「文化の記憶」をもう一度、掘り起こし若い世代に伝えることで、郷土新潟への強い愛と高い誇りをもってもらいたいという思いでつくられたのが、この『みんなで伝えよう　にいがた文化の記憶』です。

　ここで取り上げた新潟出身もしくはゆかりの深い文化人は109人にのぼります。構成は分野別にくくられ、その前半は彼らの業績にまつわるエピソードを中心にした読み物ですが、そこから子どもたちの関心がさらに広く深い知識へとつながるように工夫してあります。後半は楽しいマンガを交えながら、それぞれの人物が生涯をかけて何をなしとげ、いかに生きたかを簡潔にまとめた解説となっています。学校教育の副教材として用いるとしても、どこからどう始めるかという類の副読本ではなく、国語、社会科、理科、美術、音楽、倫理道徳のいずれの教科目にも、自由に対応できる柔らかな構成になっています。

　若者向けに分かりやすく書かれた副読本という体裁です。その内容は読んでいただければ気づかれると思いますが、かなりの文献資料を読み込んでおり、一般の方々が読まれてもそれだけの手ごたえは感じられるはずです。この『みんなで伝えよう　にいがた文化の記憶』が単なる学校教材にとどまることなく、広く県民の皆さんに読み伝えられることを希望しております。

　最後に、この本を作るにあたり、新潟県教育庁、新潟県立図書館、新潟市教育委員会、新潟日報社、その他多くの方々からご協力をいただきましたことに、厚く御礼申し上げます。

2015（平成27）年5月　執筆者一同
にいがた文化の記憶館
館　　　長　神林　恒道（TK）
事務局長　武藤　　斌（AM）
事務局長代理　高岡　信也（ST）
学 芸 員　石垣　雅美（MI）
学 芸 員　秋岡　啓子（KA）

索引

- **太字の人物名**は、新潟県出身またはゆかりの人物です。
- **太字のページ数**は、その人物について詳しく書かれているページです。
- ページ数の後ろの「上・中・下」は、プロフィールページの項目の位置を示します。

あ
- 藍澤雲岫 ……… 163
- **藍澤南城** ……… 160, **162**, **163**, **176下**
- 藍澤朴斎 ……… 163
- **藍澤北溟** ……… 162, 176下
- **會津八一** ……… 9, 10, 14, 26, 30下, 31下, 35中, 65, **82**, **83**, 84, 95, **99下**, 105中, 106, 127, 139上, 177下
- 青木繁 ……… 136上
- **青野季吉** ……… **105下**
- **青山杉作** ……… 147, **150**, **151**, **157下**
- 赤沢鍾美 ……… 177中
- 赤塚不二夫 ……… 131
- 芥川龍之介 ……… 70, 74
- 浅草〆香 ……… 154下
- **浅島誠** ……… **33下**
- 浅田宗伯 ……… 35上
- アポリネール ……… 86, 100下
- **天田昭次** ……… **125**, **141下**
- 天野為之 ……… 94
- **新井満** ……… 74, 77
- **有田八郎** ……… 57, 61上, 146上
- アンデルセン ……… 66, 67

い
- 井伊直弼 ……… 139上
- 井伊直安 ……… 139上
- **生田萬** ……… 171
- **池田謙斎** ……… 12, 16, 18, **28下**
- 池田多沖 ……… 12
- **池田恒雄** ……… **179下**
- **石川雲蝶** ……… 124
- 石川啄木 ……… 103中, 172
- **石黒敬七** ……… 96下, 149, 155下
- **石黒忠悳** ……… 13, 14, **29下**, 48, 62下, 64中, 169
- **石田名香雄** ……… **36上**
- **石田吉貞** ……… **62上**
- **石塚三郎** ……… 20, 21, 35下, 126
- 石ノ森章太郎 ……… 130

- 市川信次 ……… 127
- 市川団十郎 ……… 92
- 市河米庵 ……… 142下
- **市島謙吉（春城）** ……… 58上, **94**, **95**, **105中**, 106, 175, 179上
- 伊藤仁斎 ……… 160
- **伊藤誠哉** ……… **33上**
- **伊藤赤水（五代）** ……… **125**, **141上**
- **伊藤赤水（三代）** ……… 141上
- 伊藤野枝 ……… 96下, 180中
- 伊藤博文 ……… 94
- 稲垣平助 ……… 72, 98上
- **井上円了** ……… 29下, **48**, **49**, **62下**, 177下
- 井上馨 ……… 132, 145下
- イプセン ……… 150
- **入澤達吉** ……… 14, 16, 17, 18, **30下**, **31上**
- 岩佐又兵衛 ……… 179中
- 岩崎小弥太 ……… 42
- **岩田正巳** ……… **138上**

う
- ウィルソン、フローレンス ……… 72, 73, 98上
- 上杉景勝 ……… 2
- **上杉謙信** ……… 2, 8, 94, **170**, **178中**
- **上田悌子** ……… **56**, **57**
- 上田敏 ……… 57, 86, 87, 103下
- 上野彦馬 ……… 126
- 内村鑑三 ……… 64上
- **内山賢次** ……… **104上**
- 宇野重吉 ……… 151
- **宇野澄江（哲人）** ……… 161
- **瓜生繁子** ……… **56**, **154上**
- 瓜生外吉 ……… 57, 154上

え
- **遠藤実** ……… 147, **152**, **153**, **155上**

お
- 大国主命 ……… 2
- 大隈重信 ……… 94, 105中, 167, 175
- 大倉喜七郎 ……… 145中

大倉喜八郎	29下, 132, **134**, **135**, **145中**		尾竹竹坡	**112**, 113, **136下**, 138下
大塩平八郎	171		小野塚喜平次	54, **55**, **64中**
大杉栄	171, **172**, **173**, **180中**		小柳司氣太（柳々子）	41, **59上**, 161
大田蜀山人	92		折口信夫	91
大月静夫	62上	か	懐素	161
大庭利雄	98下		梶田半古	114, **137上**
大庭みな子	74, **76**, **77**, 98下		勝海舟	**36中**, 177下
大橋佐平	**168**, **169**, **178下**		カッサンドル	128
大橋新太郎	**169**, 178下		桂湖村（五十郎）	40, **58下**, 161
大山巌	56		加藤土師萌	140下
大山（山川）捨松	56, **154上**		金子健二	**103下**
岡倉一雄	111		金子彦二郎	46, **47**, **62中**
岡倉古志郎	111		狩野永徳	121
岡倉妙	111		狩野君山（直喜）	161
岡倉天心（覚三）	72, 107, 109, **110**, **111**, 112,113,114,115,**136上**, 136下, 137上, **144上**		狩野芳崖	111
			亀倉雄策	**128**, **129**, **143下**
			亀田鵬斎	10, **35上**, 92, **142下**
緒方洪庵	12, 28下, 161		加山又造	139下
岡田紅陽	**126**, **144下**		河井継之助	17, **29上**, 98上, 108, **170**, **171**
岡田正平	126, 144下			
尾形光琳	115		川上音二郎	156上
岡本かの子	96下		川上貞奴	156上
小川未明	**66**, **67**, 84, **96上**		川上善兵衛	32下, **36中**
小川亮作	80, **81**, **104下**		川田芳子	**156上**
荻野久作	**15**, **31上**		川端玉章	112, **136下**
荻野トメ	31上		川端康成	92
荻生徂徠	44, 160		川端龍子	120
尾崎行雄	94		寒山	161
小山内薫	151		カント	49
小沢栄太郎	151		蒲原有明	81
織田作之助	68	き	キーン、ドナルド	73
小田嶽夫	74, 77, 87, **102下**		菊池寛	70, 74
織田信長	2, 8, 116		岸輝子	151
尾台浅嶽	35上		岸田国士	151
尾台榕堂	**12**, **35上**		北一輝	171, **172**, **173**, **180上**
尾竹越堂	112		喜田貞吉	26, 37中
尾竹国観	**112**, 113		北里柴三郎	20, 29上

	北の湖	141下		小山正太郎	107, 108, 109, 112, 136上
	北原白秋	90, 91, 101下			
	京極為兼	2, 170		小山良運	108
く	陸羯南	40		近藤喜文	145上
	久保田きぬ子	56, 57, 61上	さ	斎藤茂吉	90, 99下
	久保田万太郎	151		堺利彦	180中
	久保寺保久	122		坂口安吾	64下, 65, 68, 69, 74, 75, 97上, 121, 178中
	久米正雄	70, 103上			
	倉石武四郎	44, 45, 59下, 60下		坂口謹一郎	23, 24, 25, 32下
	倉石典太	44		坂口献吉	178中
	倉田百三	71		坂口仁一郎（五峰）	64下, 178中
	グリム	66		坂本繁二郎	136上
	黒田清輝	109		坂本竜馬	126, 132
け	玄宗皇帝	47		佐久間象山	13, 29下, 48, 164, 177上
こ	小池和男	38		佐々木象堂	124, 125, 140上
	小泉純一郎	165		佐佐木信綱	62中
	小泉八雲	103下		佐藤春夫	104下
	康熙帝	42		山東京山	92, 93
	孔子	40, 43, 49, 160		山東京伝	92, 93, 105上
	小唄勝太郎（眞野かつ）	154下	し	シートン	104上
	幸田延	56, 154上		シーボルト	12
	幸田露伴	56, 154上		シェークスピア	135, 150
	幸徳秋水	103中, 172, 180上, 180中		式亭三馬	92
				式場麻青	35中
	顧愷之	115		式場隆三郎	35中, 122, 123
	小金井良精	15, 18, 19, 30上, 178下		拾得	161
	コクトー、ジャン	86		十返舎一九	92, 142下
	古城担堂（貞吉）	161		幣原喜重郎	54, 64中
	ゴッホ	35中, 122, 123		司馬凌海（島倉伊之助）	13, 28上
	後藤新平	13		渋沢栄一	169
	小林古径	114, 115, 137上		島倉千代子	152
	小林幸子	152, 155上		島崎藤村	89
	小林虎三郎	15, 18, 30上, 54, 164, 165, 177上		島村抱月	78, 84, 100上, 104中, 150
	小林まこと	131		清水司	34上
	小堀鞆音	112		釈迦	49
	小山作之助	157上		朱熹	40
				順徳院	2, 170

	聖徳太子	46	高畑勲	145上
	庄内屋シン	155下	高浜虚子	14, 31下
	新沢基栄	131	高山樗牛	178下
	親鸞	2, 124, 170	滝沢修	151
す	菅原道真	46	滝沢馬琴	92, 93, 105上
	杉良太郎	152	瀧澤美恵子	74, 77
	杉田玄白	18	竹内栖鳳	116, 137下
	杉本鉞子	72, 73, 98上	竹添井々（進一郎）	161
	杉本松之助	72, 98上	武田信玄	2
	鈴木大拙	72	竹内式部	170
	鈴木虎雄（豹軒）	40, 41, 42, 59下, 62中, 161	竹久夢二	118
			建部遯吾（水城）	64下
	鈴木文臺	10, 160, 161, 176上	竹山屯	14, 15
	鈴木牧之	92, 93, 105上, 178中	太宰治	68
	鈴木牧水	105上	伊達政宗	97下
	鈴木三重吉	66	田中耕太郎	64上
	スタニスラフスキー	150	田中美知太郎	50, 51, 63中
	ストリンドベリ	150	玉川宣夫	125, 142上
せ	世阿弥	2, 53, 63下, 170	俵屋宗達	115
	清少納言	46	ち チェーホフ	78
	関野貞	26, 27, 37中	チョーサー	103下
	関谷四郎	142上	血脇守之助	20
	関谷正治	138上	つ 津田梅子	56, 154上
	千昌夫	152	土田杏村（茂）	63上, 71, 103上, 117, 137下
	千田是也	151, 157下		
	千利休	132	土田麦僊（金二）	63上, 106, 116, 117, 137下
そ	荘子	41		
	相馬御風	9, 10, 84, 85, 90, 100上	綱淵謙錠	75
	ソクラテス	49, 50, 51	坪井正五郎	19
	蘇東坡	84	坪内逍遙	67, 84, 94, 96上, 99下, 105中, 150
た	ダーウィン	104上, 180中		
	大正天皇	16, 30下	坪田譲治	96上
	タウト、ブルーノ	68	て デーニッツ	18, 30上
	高田早苗	94, 105中, 175	デカルト	48
	高野素十	14, 31下	勅使河原蒼風	129
	高橋誠一郎	61下	手塚治虫	130
	高橋由一	108	寺田ヒロオ	130
	高橋留美子	131	天智天皇	26

と	陶淵明	47	ぬ	貫名菘翁	142下
	東野英治郎	151, 157下		沼河比売	2
	堂本印象	139上	ね	根津嘉一郎（青山）	133
	徳川家茂	35上	の	野口雨情	84
	徳川家康	2, 97下, 170		野口シカ	21, 126
	杜甫	47, 59下		野口英世	17, 20, 21, 29上, 35下, 126, 144下
	富岡惣一郎	**144中**			
	朝永振一郎	30下		**野坂昭如**	75
	土門拳	129	は	ハイヤーム、オマル	80, 104下
	豊臣秀吉	2, 116, 133, 145下		ハウプトマン	150
	鳥井信治郎	32下		パウンド、エズラ	89, 101上
	トルストイ	78, 79, 84, 104上, 104中, 150		萩原朔太郎	101上
				白居易（白楽天）	25, 46, 47
な	直江兼続	**170**		**長谷川海太郎（谷譲次、牧逸馬、林不忘）**	75, **102中**
	直木三十五	102上		**長谷川泰**	**17**, 18, **29上**
	永井荷風	86, 87, 149, 155下		長谷川天渓	178下
	永井玄栄	154上		長谷川等伯	116
	中井竹山	160		**長谷川巳之吉**	71, **179中**
	中江藤樹	160		旗野餘太郎	20, 35下
	中田瑞穂（穭翁）	**14, 15, 31下**		浜口雄幸	54, 64中
	仲代達矢	151		**濱口今夜**	**14, 31下**
	中原淳一	76, 119		浜田広介	96上
	中原中也	87		**濱谷浩**	**127**
	中村十一郎	175		原卓也	104中
	中村十作	**174, 175, 179上, 180下**		原富太郎（三渓）	114, 133, 137上
	中村白葉	104中		**原久一郎**	**78, 79, 104中**
	中谷宇吉郎	93		ハリス	132
	夏目漱石	70, 71, 103上, 103中, 103下, 106	ひ	ビートルズ	153
				東山千栄子	151
	夏目筆子	70, 103上		ピカソ	86
	ナポレオン3世	132		土方与志	151
	並河成資	**22, 36下**		菱田春草	111, 144上
	南原繁	55, 64中		日野資朝	2, 170
に	新美南吉	9		**平出修**	**103中, 172**
	西田幾多郎	63上		平櫛田中	111
	西脇順三郎	**88, 89, 101上**		**平澤興**	**14, 32上**
	日蓮	2, 124, 170		平田篤胤	171
	新渡戸稲造	72, 96下, 144下, 179上			

	平塚らいてう ……… 96下		前田青邨 ……… 115
ふ	プーシュキン（プーシキン） ……… 90, 101下		巻菱湖 ……… **142下**
	ファーブル ……… 173, 180中		正岡子規 ……… 10, 40, 58下, 59下, 90
	フェノロサ ……… 110, 112, 144上		増田義一 ……… 175, **179上**
	フォンタネージ ……… 108, 109		益田孝（鈍翁） ……… 56, 106, **132**, **133**, **145下**, 154上
	蕗谷虹児 ……… 76, 96下, **118**, **119**, 136下, **138下**, 155下		益田孝義（鷹之助） ……… 154上
	福井謙一 ……… 30下		増村朴斎 ……… **177下**
	福沢諭吉 ……… 44, 61下, 94		松岡映丘 ……… 138上
	藤蔭静樹（藤間静枝） ……… 96下, 147, **148**, **149**, 155下		**松岡譲** ……… **70**, **71**, **103上**, 179中
	藤子不二雄 ……… 130		松永安左エ門（耳庵） ……… 133
	藤沢周 ……… 74, 77		松本良順 ……… 13
	藤島桓夫 ……… 155上		松本良甫 ……… 13, 28上
	藤島武二 ……… 88		**魔夜峰央** ……… 131
	藤田嗣治 ……… 119		丸山真男 ……… 55
	藤間勘右衛門（二世） ……… 148, 155下		円山溟北 ……… 146上
	藤原定家 ……… 62上	み	**三浦小平（初代）** ……… 140下
	舟木一夫 ……… 152		**三浦小平二** ……… **125**, **140下**
	プラトン ……… 50, 51, 63中		**三浦常山（三代）** ……… 140下
へ	ベートーベン ……… 32上		三木露風 ……… 84
	ペリー ……… 132, 166		ミケランジェロ ……… 124
	ベルツ ……… 16, 18, 19, 30上		三島由紀夫 ……… 57, 61上, 118, 138下
	ペロー ……… 66		水木しげる ……… 48
ほ	ボードウィン ……… 12		**水島あやめ** ……… **76**, **99上**
	ボードレール ……… 87		水島新司 ……… 130
	星新一 ……… 19, 30上		**三波春夫（南篠文若）** ……… **157中**
	星野恒（豊城） ……… **58上**, 94, 105中, 161, 170		宮崎駿 ……… 145上
	堀口九萬一 ……… 86, 100下, 179中		宮英子 ……… 101下
	堀口捨己 ……… 127		**宮柊二** ……… **90**, **91**, **101下**
	堀口大學 ……… 70, **86**, **87**, **100下**, **103上**, 118, 138下, 179中		**宮田藍堂（初代）** ……… 125, 140上
	ポンペ ……… 13, 28上		三好達治 ……… 87
	本間薫山 ……… 141下		**三輪晃久** ……… **139上**
ま	**前島密** ……… **159**, **166**, **167**, **178上**		**三輪大次郎** ……… **139上**
			三輪晃勢 ……… **139上**
		む	紫式部 ……… 46
			村山知義 ……… 151
			村山半牧 ……… 10
		め	明治天皇 ……… 12

も	孟子	40	**り**	李白	25, 47, 176上
	森鷗外	13, 16, 19, 29下, 30上, 40, 58下, 70, 75, 103中, 106, 172		良寛	7, **8**, **9**, **10**, 84, 85, 100上, 105上, 142下, 161, 176上, 178中
	森昌子	152	**る**	ルソー	104上
	諸口十九	156上	**ろ**	老子	41
	諸橋轍次	**40**, **42**, **43**, **60上**, **64下**, 160		ロープシン（サビンコフ）	105下
や	屋井先蔵	**37上**		蝋山政道	55, 64中
	柳生宗矩	97下		ローランサン、マリー	86, 100下
	安田善次郎	134		魯迅	102下, 118, 138下
	安田善之助	53	**わ**	鷲尾雨工	**102上**
	安田靫彦	115, 136下		渡辺崋山	92
	山岡荘八	**74**, **75**, **97下**		渡辺文子	76
	山川捨松	56, 154上		渡邉義雄	**126**, **127**, **143上**
	山下清	35中, **122**, **123**			
	山中伸弥	30下			
	山本悌二郎	**146上**			
	山本有三	165, 177上			
よ	楊貴妃	47			
	横山大観	111, 113, 116, 136下, 144上			
	横山操	**120**, **121**, **139下**			
	与謝野晶子	172			
	与謝野鉄幹	84, 86, 100上, 103中, 172			
	吉岡弥生	17, 29上			
	吉川幸次郎	45, 59下			
	吉田松陰（寅次郎）	106, 160, 164, 165, 177上			
	吉田東伍	**52**, **53**, **63下**, 95, 105中			
	吉野作造	55, 64中			
	吉屋信子	**76**, **96下**, **99上**, 149, 155下			
	米川正夫	104中			
ら	ライト、フランク・ロイド	135, 145中			

	施 設 名	住 所	電 話
1	巻菱湖記念時代館	新潟市東区河渡庚296-33　株式会社創三舎2階	025-271-9567
2	旧市長公舎　安吾　風の館	新潟市中央区西大畑町5927-9	025-222-3062
3	敦井美術館	新潟市中央区東大通1-2-23　北陸ビル	025-247-3311
4	新潟県立図書館	新潟市中央区女池南3-1-2	025-284-6001
5	新潟市會津八一記念館	新潟市中央区万代3-1-1　新潟日報メディアシップ5階	025-282-7612
6	ほんぽーと　新潟市立中央図書館	新潟市中央区明石2-1-10	025-246-7700
7	みなとぴあ　新潟市歴史博物館	新潟市中央区柳島町2-10	025-225-6111
8	新潟大学旭町学術資料展示館	新潟市中央区旭町通2-746	025-227-2260
9	新潟白山神社	新潟市中央区一番堀通1-1	025-228-2963
10	北方文化博物館　新潟分館	新潟市中央区南浜通2-562	025-222-2262
11	北方文化博物館	新潟市江南区沢海2-15-25	025-385-2001
12	吉田文庫（一般公開閉鎖中。ただし、イベント時に公開。）	新潟市秋葉区大鹿624	0250-23-7070
13	新潟市曽我・平澤記念館	新潟市南区味方213-1	025-373-6600
14	雪梁舎美術館	新潟市西区山田451	025-377-1888
15	新潟市立黒埼図書館	新潟市西区金巻746-4	025-377-5300
16	遠藤実記念館 実唱館	新潟市西蒲区越前浜6913-1	0256-77-2777
17	中之口先人館	新潟市西蒲区中之口363	025-375-1112
18	入澤記念庭園	長岡市中之島西野300-1	［平日］0258-61-2011（長岡市中之島支所 地域振興課教育支援係）
19	駒形十吉記念美術館	長岡市今朝白2-1-4	0258-35-6111
20	長岡市郷土史料館	長岡市御山町80-24　悠久山公園内	0258-35-0185
21	長岡市北越戊辰戦争伝承館	長岡市大黒町39-2	0258-21-2688
22	長岡市立中央図書館	長岡市学校町1-2-2	0258-32-0658
23	新潟県立近代美術館	長岡市千秋3-278-14	0258-28-4111
24	新潟県立歴史博物館	長岡市関原町1丁目字権現堂2247-2	0258-47-6130
25	長岡市中之島文化センター展示室	長岡市中之島3807-3	0258-66-1310
26	良寛の里　わしま	長岡市島崎3938	0258-74-3700
27	長岡市与板歴史民俗資料館	長岡市与板与板乙4365	0258-72-2021
28	三条市歴史民俗産業資料館	三条市本町3-1-4	0256-33-4446
29	諸橋轍次記念館	三条市庭月434-1	0256-47-2208
30	柏崎ふるさと人物館	柏崎市東本町1-4-11	0257-21-8817
31	ドナルド・キーン・センター柏崎	柏崎市諏訪町10-17	0257-28-5755
32	市島邸（新潟県指定文化財）	新発田市天王1563	0254-32-2555
33	刀剣伝承館・天田昭次記念館	新発田市月岡温泉827（月岡カリオンパーク内）	0254-32-1121
34	蕗谷虹児記念館	新発田市中央町4-11-7	0254-23-1013
35	小千谷市立図書館　西脇順三郎記念室・記念画廊	小千谷市土川1-3-7	0258-82-2724
36	良寛展示室	加茂市幸町2-3-5　加茂文化会館内	0256-53-0842
37	大棟山美術博物館	十日町市松之山1222	025-596-2051
38	株式会社玉川堂（見学は平日のみ、団体見学は要事前予約）	燕市中央通り2-2-21	0256-62-2015
39	燕市産業史料館	燕市大曲4330-1	0256-63-7666
40	燕市長善館史料館	燕市粟生津97	0256-93-5400
41	燕市分水良寛史料館	燕市上諏訪9-9	0256-97-2428
42	糸魚川歴史民俗資料館《相馬御風記念館》	糸魚川市一の宮1-2-2	025-552-7471
43	岡倉天心六角堂	妙高市赤倉	0255-87-2165（赤倉温泉 観光協会）
44	岩の原葡萄園　川上善兵衛資料室	上越市北方1223	025-528-4002
45	小川未明文学館	上越市本城町8-30　高田図書館内	025-523-1083
46	小林古径記念美術館	上越市本城町7-7　高田公園内	025-523-8680
47	上越市立高田図書館	上越市本城町8-30	025-523-2603
48	前島記念館	上越市下池部1317-1	025-524-5550
49	坂口記念館	上越市頸城区鵜ノ木148	025-530-3100
50	中村十作記念館	上越市板倉区稲増109-1	［平日］0255-78-2141（上越市板倉区総合事務所 教育・文化グループ）
51	増村朴斎記念館	上越市板倉区針555-2　　［水～金］0255-78-2141（上越市教育委員会 事務局板倉分室）［土日］0255-78-3829（直通）	
52	阿賀野市立水原中学校市民図書室	阿賀野市学校町9-9（水原中学校内）	0250-47-8068
53	阿賀野市立吉田東伍記念博物館	阿賀野市保田1725-1	0250-68-1200
54	赤泊郷土史料館	佐渡市赤泊2458	0259-87-3141
55	佐渡市立佐渡博物館　土田麦僊素描コレクション	佐渡市八幡2041	0259-52-2447
56	佐渡歴史伝説館	佐渡市真野655	0259-55-2525
57	新穂歴史民俗資料館	佐渡市新穂瓜生屋492	0259-22-3117
58	魚沼市　宮柊二記念館	魚沼市堀之内117-6	025-794-3800
59	池田記念美術館	南魚沼市浦佐5493-3	025-780-4080
60	鈴木牧之記念館	南魚沼市塩沢1112-2	025-782-9860
61	南魚沼市トミオカホワイト美術館	南魚沼市上薬師堂142	025-775-3646
62	良寛記念館	出雲崎町米田1	0258-78-2370
63	湯沢町歴史民俗資料館「雪国館」	湯沢町湯沢354-1	025-784-3965
64	津南町公民館図書室	中魚沼郡津南町大字下船渡丁2806-3	025-765-3134
65	函館市文学館	函館市末広町22-5	0138-22-9014
66	中野区立哲学堂公園	東京都中野区松が丘1-34	03-3951-2515
67	吉屋信子記念館（一般公開日は不定期のため事前問合せ）	鎌倉市長谷1-3-6	0467-25-2030（鎌倉市教育部教育総務課 生涯学習センター）
68	岡田紅陽写真美術館	山梨県南都留郡忍野村忍草2838-1	0555-84-3222

行ってみよう　調べてみよう！　顕彰施設一覧（市町村コード順）

参考文献

- 『會津八一全集』全12巻、中央公論社、1982－1984年
- 『青山杉作』青山杉作追悼記念刊行会、1957年
- 岡田民雄『イタリア軒物語』新潟日報事業社、1976年
- 『市島春城随筆集』全11巻、クレス出版、1996年
- 北川フラム編『逸格の系譜　愚の行方』、現代企画室、2007年
- 東洋大学創立百周年記念論文集編纂委員会編『井上円了選集』東洋大学、1987－2004年
- 山岡賢次『いまなぜ家康か　父・山岡荘八と徳川家康』、講談社、1982年
- 新潟日報社編『今なぜ天心かバルビゾンか』新潟日報社、2003年
- 『入澤達吉　入澤先生の文と人』入澤達吉先生生誕百年記念会、1965年
- 『岩田正巳画集』美術出版協会、1983年
- 山内玄三郎『大世積綾舟　人頭税廃止と黒真珠に賭けた中村十作の生涯』言叢社、1983年
- 多田建次『海を渡ったサムライの娘　杉本鉞子』玉川大学出版会、2003年
- 生田澄江『瓜生繁子　もう一人の女子留学生』文芸春秋企画出版、2009年
- 入澤達吉『雲荘随筆』大畑書店、1933年
- 新潟日報社編『越佐が生んだ日本的人物』新潟日報社、1965年
- 砂川幸雄『大倉喜八郎の豪快なる生涯』草思社、2001年
- 『大倉集古館五百選』大倉文化財団、1997年
- 『大庭みな子全集』全25巻、日本経済新聞社、2009－2011年
- 『岡倉天心全集』全8巻、平凡社、1979－1981年
- 岡倉一雄『岡倉天心をめぐる人々』中央公論美術出版、1998年
- 尾竹親『尾竹竹坡伝　その反骨と挫折』東京出版センター、1968年
- 南原繁／蝋山政道『小野塚喜平次　人と業績』岩波書店、1963年
- 瀬戸内晴美編集『女の一生　人物近代女性史④　恋と芸術への情念』講談社、1980年
- 高橋誠一郎『回想九十年』筑摩書房、1973年
- 『回想の西脇順三郎』三田文学ライブラリー、1984年
- 三輪晁勢監修『画集晁勢』光琳社、1981年
- 小川正隆・田中一光・永井一正編『亀倉雄策のデザイン』六耀社、1963年
- 村山吉広『漢学者はいかに生きたか』大修館、1999年
- 原田種成『漢文のすすめ　諸橋「大漢和」編纂秘話』新潮社、1992年
- 『郷土の碩学』新潟日報事業社、2004年
- 『近代日本思想大系』全36巻、筑摩書房、1974年－1987年
- 『現代漫画博物館1945-2005』小学館、2006年
- 『小林古径展』東京国立近代美術館、日本経済新聞社、2005年
- 『小山正太郎先生』不同舎旧友会、1934年
- 『坂口謹一郎　酒学集成』全5巻、岩波書店、1997－1998年
- 鈴木貞美編『雑誌「太陽」と国民文化の形成』思文閣出版、2001年
- 『佐藤哲三展』新潟県立近代美術館、1995年
- シートン著、内山賢次訳『シートン動物記』全15巻、評論社、1983年
- 式場俊三編『式場隆三郎めぐりあい　人や物や』限定私家版、1977年
- 長井実『自叙益田孝翁伝』中央公論社、1989年
- 松本和男『詩人　堀口大學』白鳳社、1996年
- 渡久山寛三『島燃ゆ　宮古島人頭税廃止運動』月刊沖縄社、1985年
- 高橋誠一郎『新修浮世絵二百五十年』中央公論美術出版、1961年
- 『世阿弥発見　吉田東伍と能楽研究の歩み』早稲田大学演劇博物館、2009年
- 山本悌二郎『宋元明清書画名賢詳伝』復刻版全4巻、思文閣、1973年
- 糸魚川市教育委員会編『相馬御風　その生涯と作品』1991年
- 紅野敏郎／相馬文子『相馬御風の人と文学』名著刊行会、1982年
- 星新一『祖父・小金井良精の記』河出書房新社、1974年
- 小林弘『大光コレクション　先見の眼差し駒形十吉』新潟日報事業社、2003年
- 工藤美代子『黄昏の詩人　堀口大學とその父のこと』マガジンハウス、2001年
- 『田中美知太郎全集』全14巻、筑摩書房、1968－1971年
- 工藤英太郎『丹下左膳を読む　長谷川海太郎の仕事』西田書店、1998年

- 岡上鈴江『父未明とわたし』樹心社、1982年
- 倉石武四郎『中国語五十年』岩波書店、1973年
- 『土田杏村全集』全15巻、第一書房、1935年
- 内山武夫編著『土田麦僊画集』毎日新聞社、1990年
- 『定本小川未明童話全集』全16巻、講談社、1976-1978年
- 『定本　坂口安吾全集』全13巻、冬樹社、1967-1971年
- 白崎秀雄『鈍翁益田孝』上下巻、新潮社、1981年
- 『奈良の古寺と仏像　會津八一のうたにのせて』日本経済新聞社、2010年
- 『新潟市音楽芸能史』新潟市音楽芸能協会、1977年
- 『新潟の絵画100年展』市制100周年記念、新潟日報社、1989年
- 『にいがたの工芸作家100人』新潟日報事業社、1997年
- 『20世紀　にいがた　100シーン』上下巻、新潟日報社、2000年
- 吉村昭『日本医家伝』講談社、1971年
- 『日本近代思想大系』全23巻、岩波書店、1988年-1992年
- 中村義一『日本近代美術論争史』求龍堂、1981年
- 『日本人名大事典』全7巻、平凡社、1979年
- 「日本の伝統美と技を守る人々、文化庁月報」No.537、文化庁、2013年
- 清水勲『年表　日本漫画史』臨川書店、2007年
- 美術フォーラム21刊行会編『美術フォーラム21　第24号　特集：漫画とマンガ、そして芸術』醍醐書房、2011年
- 長谷川郁夫『美酒と革嚢　第一書房・長谷川巳之吉』河出書房新社、2006年
- 関口安義『評伝　松岡譲』小沢書店、1991年
- ファーブル著、大杉栄訳『ファーブル昆虫記』明石書店、2005年
- 『蕗谷虹児　愛の抒情画集』平凡社、1985年
- 杉捷夫『フランス文学雑筆』白水社、1939年
- 杉捷夫『フランス文芸批評史』上巻、筑摩書房、1977年
- 市島春城『文人墨客を語る』翰墨同好会、1935年
- 伊藤勲『ペイタリアン西脇順三郎』小沢書店、1999年
- 足立康編『法隆寺再建非再建論争史』龍吟社、1941年
- 大橋一章『法隆寺　薬師寺　東大寺　論争の歩み』グラフ社、2006年
- 田中穰『炎の画家　横山操』講談社、1976年
- 春名好重『巻菱湖伝』春潮社、2000年
- 夏目房之介／竹内オサム編著『マンガ学入門』ミネルヴァ書房、2009年
- 上地雄大『宮古島人頭税廃止の指揮官　中村十作と駆ける』新星出版、2004年
- 宮柊二／宮英子『宮柊二歌集』岩波書店、1992年
- 『明治文学全集』全99巻、筑摩書房、1965-1989年
- 『山下清　山下清放浪日記』日本図書センター、2002年
- 尾竹俊亮『闇に立つ日本画家　尾竹国観伝』図書出版まろうど社、1995年
- 木田元『闇屋になりそこねた哲学者』晶文社、2003年
- 田辺聖子『ゆめはるか吉屋信子』上下巻、朝日新聞社、1999年
- 『横山操遺作展』朝日新聞社、1977年
- 『よみがえる日本の近代　石塚三郎旧蔵　明治・大正ガラス乾板写真』ニコン・ニッコールクラブ、1999年
- オマル・ハイヤーム著、小川亮作訳『ルバイヤート』岩波文庫初版、岩波書店、1949年
- 石塚三郎『わが友　野口英世』社会教育協会、1953年
- 早稲田大学大学史編集所『早稲田大学百年史第一巻』早稲田大学出版部、1978年
- 東文研アーカイブデータベース（東京文化財研究所ホームページ）　http://www.tobunken.go.jp/materials/
- 「伝統工芸青山スクエア」ホームページ　http://kougeihin.jp/
- 「にいがたの匠の技」ホームページ　http://www.niigata-ipc.or.jp/kogei/（Webサイト最終確認日2015年5月31日）

※ここでは基本的なもの、比較的入手しやすいものに限って記載しました。書名の50音順で並んでいます。

『みんなで伝えよう　にいがた文化の記憶』編成委員会（肩書は当時）

金井　健一　（新潟県 教育庁 総務課 企画主幹）

荻野　真美　（新潟県 教育庁 義務教育課 指導主事）

上村　陽子　（新潟県立図書館 副館長・業務第一課長）

有本　教子　（新潟県立図書館 業務第1課 課長代理）

渋谷　徹　（新潟市 教育委員会 学校支援課 副参事・指導主事）

森沢　真理　（新潟日報社 論説編集委員室 次長）

橋本　佳周　（新潟日報社 編集局 文化部 部長代理）

八木　浩幸　（新潟日報社 経営管理本部 社長室 秘書主管）

みんなで伝えよう　にいがた文化の記憶

2015（平成27）年7月13日　初版　第1刷　発行

監　修　神林　恒道（にいがた文化の記憶館館長）
編著者　公益財団法人　にいがた文化の記憶館
発　行　公益財団法人　にいがた文化の記憶館
　　　　〒950-0088　新潟市中央区万代3-1-1
　　　　新潟日報メディアシップ5階
　　　　TEL 025-250-7171　FAX 025-250-7040
　　　　http://www.nmmc.jp
制作・発売　新潟日報事業社
　　　　〒950-8546　新潟市中央区万代3-1-1
　　　　新潟日報メディアシップ14階
　　　　TEL 025-383-8020　FAX 025-383-8028
　　　　http://nnj-book.jp
印刷・製本　株式会社ウィザップ
　　　　4コマ漫画および似顔絵 ©ワークアウト／アライハルミ

© The Niigata Memorial Museum of Culture 2015 Printed in Japan

ISBN978-4-86132-607-3 C0023

本書のコピー、スキャン、デジタル化等の無断複製は著作権法上での例外を除き禁じられています。本書を代行業者等の第三者に依頼してスキャンやデジタル化することは、たとえ個人や家庭内での利用であっても著作権法上認められておりません。
乱丁・落丁本は送料小社負担にてお取り替えします。